全国中等卫生职业教育规划教材
供中等卫生职业教育各专业使用

医用化学基础

主　编　张彩霞　张　勇

副主编　刘　蕖　呼俊森　张宗霞

编　者　(以姓氏笔画为序)

丁宏伟　安徽省淮南卫生学校
方迎春　皖北卫生职业学院
刘　蕖　重庆市医药卫生学校
吴晓辉　南昌市卫生学校
张　勇　皖北卫生职业学院
张宗霞　威海市卫生学校
张彩霞　许昌学院医学院
尚　杰　周口职业技术学院
呼俊森　衡水卫生学校
郑学锋　许昌学院医学院

科学出版社
北　京

内 容 简 介

本书内容强调准确定位、科学严谨，坚持"必需为准、够用为度""就业为导向、能力为本位"，注重培养学生分析和解决问题的能力，同时兼顾教材的实用性和可读性。全书重点介绍与生物化学、药理学等相关医学学科的有关知识，分为理论教程和实验指导两部分，各章标有学习要点、重点提示，章节后面附有讨论与思考题及习题。相关网络教学资料和 APP 数字化辅助教材呈现知识点、考点练习题、教学大纲、PPT 软件等内容。

本书供全国中等卫生职业院校各专业使用。

图书在版编目(CIP)数据

医用化学基础/张彩霞,张勇主编.—修订本.—北京:科学出版社,2016
全国中等卫生职业教育规划教材
ISBN 978-7-03-048658-5

Ⅰ.医… Ⅱ.①张…②张… Ⅲ.医用化学-中等专业学校-教材
Ⅳ.R313

中国版本图书馆 CIP 数据核字(2016)第 127431 号

责任编辑：郝文娜　杨小玲／责任校对：赵桂芬
责任印制：李　彤／封面设计：黄华斌

版权所有，违者必究。未经本社许可，数字图书馆不得使用

科学出版社 出版
北京东黄城根北街 16 号
邮政编码：100717
http://www.sciencep.com

北京凌奇印刷有限责任公司 印刷
科学出版社发行　各地新华书店经销

*

2016 年 6 月第 一 版　开本：787×1092　1/16
2022 年 8 月第五次印刷　印张：11 1/4　插页：1
字数：261 000
定价：25.00 元
(如有印装质量问题，我社负责调换)

全国中等卫生职业教育规划教材编审委员会
（修订版）

主任委员 于晓谟　毕重国　张　展

副主任委员 封银曼　林　峰　王莉杰　代加平　邓　琪
　　　　　　 秦秀海　张继新　张　蕴　姚　磊

委　　员（以姓氏笔画为序）
　　　丁来玲　王　萌　王　静　王　燕　王月秋
　　　王建春　王春先　王晓宏　王海燕　田廷科
　　　生加云　刘东升　刘冬梅　刘岩峰　安毅莉
　　　孙晓丹　李云芝　杨明荣　杨建芬　吴　苇
　　　汪　冰　宋建荣　张石在　张生玉　张伟建
　　　张荆辉　张彩霞　陈德荣　周洪波　周溢彪
　　　赵　宏　柳海滨　饶洪洋　宫国仁　姚　慧
　　　耿　杰　高云山　高怀军　黄力毅　符秀华
　　　董燕斐　韩新荣　曾建平　靳　平　潘　洁

编辑办公室 杨小玲　郝文娜　徐卓立　康丽涛　杨卫华
　　　　　　　车宜平

全国中等卫生职业教育规划教材
教 材 目 录
（修订版）

1	解剖学基础	于晓谋	袁耀华	主编
2	生理学基础	柳海滨	林艳华	主编
3	病理学基础	周溢彪	刘起颖	主编
4	生物化学概论		高怀军	主编
5	病原生物与免疫学基础	饶洪洋	张晓红	主编
6	药物学基础	符秀华	付红焱	主编
7	医用化学基础	张彩霞	张　勇	主编
8	就业与创业指导	丁来玲	万东海	主编
9	职业生涯规划		宋建荣	主编
10	卫生法律法规		李云芝	主编
11	信息技术应用基础	张伟建	程正兴	主编
12	护理伦理学		王晓宏	主编
13	青少年心理健康		高云山	主编
14	营养与膳食指导	靳　平	冯　峰	主编
15	护理礼仪与人际沟通	王　燕	丁宏伟	主编
16	护理学基础	王　静	冉国英	主编
17	健康评估	张　展	袁亚红	主编
18	内科护理	董燕斐	张晓萍	主编
19	外科护理	王　萌	张继新	主编
20	妇产科护理	王春先	刘胜霞	主编
21	儿科护理	黄力毅	李砚池	主编
22	康复护理	封银曼	高　丽	主编
23	五官科护理		陈德荣	主编
24	老年护理		生加云	主编
25	中医护理	韩新荣	朱文慧	主编
26	社区护理		吴　苇	主编
27	心理与精神护理		杨明荣	主编
28	急救护理技术		杨建芬	主编
29	护理专业技术实训		曾建平	主编
30	产科护理	潘　洁	李民华	主编
31	妇科护理	王月秋	吴晓琴	主编
32	母婴保健	王海燕	王莉杰	主编
33	遗传与优生学基础	田廷科	赵文忠	主编

全国中等卫生职业教育规划教材
再版说明
（修订版）

《全国中等卫生职业教育规划教材（护理、助产专业）》在编委会的组织下，在全国各个卫生职业院校的支持下，从2009年发行至今，已经走过了8个不平凡的春秋。在8年的教学实践中，教材作为传播知识的有效载体，遵照其实用性、针对性和先进性的创新编写宗旨，落实了《国务院关于大力发展职业教育的决定》精神，贯彻了《护士条例》，受到了卫生职业院校及学生的赞誉和厚爱，实现了编写精品教材的目的。

这次修订再版是在前两版的基础上进行的。编委会全面审视前两版教材后，讨论制定了一系列相关的修订方针。

1. 修订的指导思想　实践卫生职业教育改革与创新，突出职业教育特点，紧贴护理、助产专业，有利于执业资格获取和就业市场。在教学方法上，提倡自主和网络互动学习，引导和鼓励学生亲身经历和体验。

2. 修订的基本思路　首先，调整知识体系与教学内容，使基础课更侧重于对专业课知识点的支持、利于知识扩展和学生继续学习的需要，专业课则紧贴护理、助产专业的岗位需求、职业考试的导向；其次，纠正前两版教材在教学实践中发现的问题；最后，调整教学内容的呈现方式，根据年龄特点、接受知识的能力和学习兴趣，注意纸质、电子、网络的结合，文字、图像、动画和视频的结合。

3. 修订的基本原则　继续保持前两版教材内容的稳定性和知识结构的连续性，同时对部分内容进行修订和补充，避免教材之间出现重复及知识的棚架现象。修订重点放在四个方面：①根据近几年新颁布的卫生法规和卫生事业发展规划及人民健康标准，补充学科的新知识、新理论等内容；②根据卫生技术应用型人才今后的发展方向，人才市场需求标准，结合执业考试大纲要求增补针对性、实用性内容；③根据近几年的使用中读者的建议，修正、完善学科内容，保持其先进性；④根据学生的年龄和认知能力及态度，进一步创新编写形式和内容呈现方式，以更有效地服务于教学。

现在，经过全体编者的努力，新版教材正式出版了。教材共涉及33门课程，可供护理、助产及其他相关医学类专业的教学和执业考试选用，从2016年秋季开始向全国卫生职业院校供应。修订的教材面目一新,具有以下创新特色。

1. 编写形式创新 在保留"重点提示,适时点拨"的同时,增加了对重要知识点/考点的强化和提醒。对内容中所有重要的知识点/考点均做了统一提取,标列在相关数字化辅助教材中以引起学生重视,帮助学生拓展、加固所学的课程知识。原有的"讨论与思考"栏目也根据历年护士执业考试知识点的出现频度和教学要求做了重新设计,写出了许多思考性强的问题,以促进学生理论联系实际和提高独立思考的能力。

2. 内容呈现方式创新 为方便学生自学和网络交互学习,也为今后方便开展慕课、微课等学习,除了纸质教材外,本版教材创新性提供了手机版 APP 数字化辅助教材和网络教学资源。其中网络教学资源是通过网站形式提供教学大纲和学时分配以及讲课所需的 PPT 课件(包含图表、影像等),手机版数字化教辅则通过扫描二维码下载 APP,帮助学生复习各章节的知识点/考点,并收集了大量针对性强的各类练习题(每章不低于 10 题,每考点 1~5 题,选择题占 60% 以上,专业考试科目中的案例题不低于 30%,并有一定数量的综合题),还有根据历年护士执业考试调研后组成的模拟试卷等,极大地提高了教材内涵,丰富了学习实践活动。

我们希望通过本次修订使新版教材更上一层楼,不仅继承发扬该套教材的针对性、实用性和先进性,而且确保其能够真正成为医学教材中的精品,为卫生职教的教学改革和人才培养做出应有的贡献。

本套教材第 1 版和第 2 版由军队的医学专业出版社出版。为了配合当前实际情况,使教材不间断地向各地方院校供应,根据编委会的要求,修订版由科学出版社出版,以便为各相关地方院校做好持续的出版服务。

感谢本系列教材修订中全国各卫生职业院校的大力支持和付出,希望各院校在使用过程中继续总结经验,使教材不断得到完善和提高,打造真正的精品,更好地服务于学生。

编委会
2016 年 6 月

修订版前言

本教材依据教育部、国家卫生计生委颁发的中等职业教育医药卫生类护理、助产、康复技术等专业教学计划和教学大纲的要求,结合我国城乡卫生事业发展对中等卫生专业人才的需求特点编写而成。内容强调准确定位、科学严谨,坚持"必需为准、够用为度""就业为导向、能力为本位",注重培养学生分析和解决问题的能力,同时兼顾教材的实用性和可读性,体现中职教材的鲜明特色。

化学是医学的基础课,本教材根据教学大纲,针对培养目标进行编写。本教材的编写内容有所侧重,重点介绍与生物化学、药理学等相关医学学科的有关知识,为进一步学习医学专业课打下基础。全书分理论教程和实验指导两部分,各章标有学习要点、重点提示,章节后面附有讨论与思考题及习题,为了方便教学还配有相关网络资料和手机版数字化辅助教学资料,内含教学大纲、PPT软件、知识点、各类练习题等,可供老师备课和学生课后练习消化知识。

在本书的编写过程中,我们参考了本科、专科有关教材和相关书籍,并得到了许昌学院医学院、皖北卫生职业学院、重庆市医药卫生学校、威海市卫生学校、衡水卫生学校、周口职业技术学院、淮南卫生学校、南昌市卫生学校等的大力支持,在此一并表示衷心的感谢。

由于编者水平有限,书中存在的缺点和不足之处,恳请广大读者批评指正。

编 者
2016年6月

目 录

第1章 绪论 …………………………… (1)
　一、化学的概念 ………………………… (1)
　二、化学——医学发展的基础 …… (1)
　三、医用化学的学习方法 …………… (2)
第2章 物质结构和元素周期律 ……… (4)
　第一节 原子的组成和同位素 …… (4)
　　一、原子的组成 ……………………… (4)
　　二、同位素及应用 …………………… (6)
　　三、原子核外电子排布的表示法
　　　 ………………………………………… (7)
　　四、原子结构与元素性质的关系
　　　 ………………………………………… (7)
　第二节 元素周期律和元素周期表
　　　 ………………………………………… (8)
　　一、元素周期律 ……………………… (8)
　　二、元素周期表 ……………………… (9)
　　三、微量元素与人体健康 ………… (13)
　第三节 化学键 ………………………… (14)
　　一、离子键 …………………………… (14)
　　二、共价键 …………………………… (15)
　　三、分子间作用力和氢键 ………… (17)
　第四节 配位化合物 …………………… (17)
　　一、配位化合物的概念 …………… (17)
　　二、配位化合物的组成 …………… (18)
　　三、配离子和配合物的命名 ……… (19)
　　四、配合物的应用 …………………… (20)
　第五节 氧化还原反应 ………………… (20)
　　一、氧化还原反应 …………………… (20)
　　二、常用的氧化剂和还原剂 ……… (23)
第3章 溶液 …………………………… (27)
　第一节 物质的量 ……………………… (27)
　　一、物质的量及其单位 …………… (27)

　　二、摩尔质量 ………………………… (28)
　　三、有关物质的量的计算 ………… (29)
　　四、气体摩尔体积 …………………… (30)
　第二节 溶液的浓度 …………………… (30)
　　一、溶液浓度的表示方法和计算
　　　 ………………………………………… (30)
　　二、溶液浓度的换算 ………………… (34)
　　三、溶液的配制和稀释 …………… (34)
　第三节 溶液的渗透压 ………………… (36)
　　一、渗透现象和渗透压 …………… (36)
　　二、渗透压与溶液浓度的关系 … (37)
　　三、渗透压在医学上的意义 ……… (38)
　　四、晶体渗透压与胶体渗透压 … (39)
第4章 电解质溶液 …………………… (42)
　第一节 弱电解质的电离平衡 …… (42)
　　一、强电解质和弱电解质 ………… (42)
　　二、弱电解质的电离平衡 ………… (43)
　第二节 水的电离和溶液的pH
　　　 ………………………………………… (45)
　　一、水的电离 ………………………… (45)
　　二、溶液的酸碱性和pH ………… (45)
　第三节 离子反应 ……………………… (47)
　　一、离子反应和离子方程式 ……… (47)
　　二、离子反应发生的条件 ………… (48)
　第四节 盐的水解 ……………………… (48)
　　一、盐水解特性 ……………………… (48)
　　二、盐水解的主要类型 …………… (49)
　　三、盐类水解在医学上的应用 … (50)
　第五节 缓冲溶液 ……………………… (50)
　　一、缓冲作用和缓冲溶液 ………… (50)
　　二、缓冲溶液的类型和组成 ……… (51)
　　三、缓冲溶液在医学上的意义 … (51)

第5章 有机化合物的概述 (54)
  一、有机化合物的概念 (54)
  二、有机化合物的特性 (54)
  三、有机化合物的结构 (55)
  四、有机化合物的分类 (56)

第6章 烃 (60)
第一节 烷烃 (60)
  一、烷烃的分子结构和通式 (60)
  二、烷烃的同分异构 (61)
  三、烷烃的命名 (62)
  四、烷烃的性质 (64)
  五、医药上常用的烷烃 (65)
第二节 烯烃和炔烃 (66)
  一、烯烃和炔烃的结构 (66)
  二、烯烃和炔烃的命名 (66)
  三、烯烃和炔烃的同分异构 (67)
  四、烯烃和炔烃的性质 (68)
第三节 闭链烃 (70)
  一、脂环烃 (70)
  二、芳香烃 (71)

第7章 醇、酚和醚 (79)
第一节 醇 (79)
  一、醇的结构和分类 (79)
  二、醇的命名 (80)
  三、醇的性质 (81)
  四、常见的醇 (82)
第二节 酚 (83)
  一、酚的结构、分类和命名 (83)
  二、酚的性质 (84)
  三、重要的酚 (85)
第三节 醚 (85)
  一、醚的结构、命名 (85)
  二、重要的醚 (86)

第8章 醛和酮 (89)
第一节 醛和酮结构、分类和命名 (89)
第二节 醛和酮的性质 (90)
  一、醛和酮的物理性质 (90)
  二、醛和酮的化学性质 (90)
第三节 常见的醛和酮 (92)
  一、甲醛 (92)
  二、乙醛 (92)
  三、苯甲醛 (92)
  四、丙酮 (92)

第9章 羧酸及取代羧酸 (95)
第一节 羧酸 (95)
  一、羧酸的结构、分类和命名 (95)
  二、羧酸的性质 (96)
  三、医药中常见的羧酸 (98)
第二节 取代羧酸 (99)
  一、羟基酸 (99)
  二、酮酸 (100)
  三、重要的羟基酸和酮酸 (101)

第10章 胺和酰胺 (106)
第一节 胺和季铵盐 (106)
  一、胺和季铵盐的结构、分类和命名 (106)
  二、胺和季铵盐的性质 (107)
  三、重要的胺及其衍生物 (109)
第二节 酰胺 (109)
  一、酰胺的结构与命名 (109)
  二、酰胺的化学性质 (110)
  三、医学上常见的酰胺 (110)

第11章 杂环化合物与生物碱 (113)
第一节 杂环化合物 (113)
  一、杂环化合物的分类与命名 (113)
  二、杂环化合物及其衍生物 (114)
第二节 生物碱 (116)
  一、生物碱的性质 (116)
  二、常见的生物碱 (117)

第12章 酯和脂类 (120)
第一节 酯 (120)
  一、酯的分类、结构和命名 (120)
  二、酯的性质 (121)
第二节 油脂 (122)
  一、油脂的组成与结构 (122)
  二、油脂的性质 (123)

三、油脂的乳化 ……………（124）
第三节 类脂 ………………………（124）
　　一、磷脂 …………………………（124）
　　二、甾族化合物 …………………（125）
　　三、医学中的甾族化合物 ………（126）
第13章 糖类 …………………………（129）
第一节 单糖 ………………………（129）
　　一、葡萄糖 ………………………（129）
　　二、果糖 …………………………（131）
　　三、核糖和2-脱氧核糖 …………（131）
　　四、单糖的主要化学性质 ………（132）
第二节 双糖和多糖 ………………（133）
　　一、常见的双糖 …………………（133）
　　二、常见的多糖 …………………（134）
第14章 氨基酸和蛋白质 ……………（139）
第一节 氨基酸 ……………………（139）
　　一、氨基酸的结构、分类和命名
　　　………………………………（139）
　　二、氨基酸的性质 ………………（141）

第二节 蛋白质 ……………………（143）
　　一、蛋白质的组成和结构 ………（143）
　　二、蛋白质的性质 ………………（144）
实验部分 ……………………………（148）
　　一、化学实验室规则 ……………（148）
　　二、常用化学仪器的使用及注意事项
　　　………………………………（149）
　　三、化学试剂规格 ………………（152）
实验一　化学实验基本操作 ……（152）
实验二　溶液的配制与稀释 ……（155）
实验三　烃的化学性质 …………（157）
实验四　醇和酚的性质 …………（158）
实验五　醛和酮的性质 …………（159）
实验六　羧酸和酯的性质 ………（160）
实验七　糖类化合物的性质 ……（161）
实验八　蛋白质 …………………（162）
《医用化学基础》数字化辅助教学资料
　………………………………………（164）
彩图　元素周期表 …………………（167）

第1章

绪 论

学习要点
1. 化学及其研究的对象
2. 医用化学基础的内容及其特点
3. 化学与医学的关系

一、化学的概念

自然界是由物质构成的,物质是人类生存和生活的基础。自然界中物质的种类繁多,存在形式也各不相同。化学就是研究物质的组成、结构、性质、变化规律及其应用的一门自然科学。化学研究的范围非常广泛,依据所研究手段、目的和任务的不同,化学又分为无机化学、有机化学、分析化学和生物化学等分支学科。

化学作为一门历史悠久而又充满活力的学科,处在不断地发展之中。从古至今,化学就在不断地发展和运用,如铁、铜等金属的冶炼,烧制陶器,酒的酿造等都是早期的化学成就。煤、石油、天然气等化石燃料的开发、造纸术的发明和发展,为人类文明进步发挥了巨大作用。现代化学研究的成果之一——硅晶体半导体,是制造各种电子芯片的基础,推动了现代计算机科学的发展,成为信息化社会发展的基础。

化学在其发展的过程中,直接或间接地促进了相关学科的发展,并几乎与所有学科相互渗透,形成越来越多的交叉学科、边缘学科,如医用化学、农业化学、环境化学、地球化学、海洋化学、计算机化学等。在20世纪末,国际纯粹和应用化学联合会(IUPAC)提出:"化学是21世纪的中心学科"。化学与其他所有学科分担着生命、材料、能源和环境科学等一系列高技术的任务。

二、化学——医学发展的基础

化学的发展从来都是与医学的发展相互融合、相互伴随的。一方面,医学的发展促进化学不断研究新的工艺流程和研发新药;另一方面,化学的发展又为医学的发展提供了技术和物质支撑,新的药物和新的工艺促进了医学的进一步发展。

药物是人类预防、诊断、治疗疾病的重要武器,利用药物治疗疾病是化学对医学和人类的重大贡献之一。现代化学的发展,为药物的发展开辟了一个崭新的天地,依靠化学,可以研究药物的组成、结构,从本质上认识药物,进而在工厂里大规模地合成药物。当今,合成药物已达几千种,95%来自化学合成。没有化学就没有现代药物,就不会有现代医学。

1799年,英国化学家戴维(H. Davy)发现了一氧化二氮的麻醉作用,医药化学家后来又发现了更多更有效的麻醉药物,如乙醚、盐酸普鲁卡因等,使无痛外科手术成为可能。

1932年,德国科学家多马克(G. Domagk)发现了一种能有效治愈细菌性致命感染的偶氮磺胺药物,使一位患细菌性败血症的孩子得以康复,他因此获诺贝尔生理学和医学奖。此后,化学家先后研究出许多新型的磺胺药物,作为抗生素、抗病毒药物及抗肿瘤药物,使许多长期危害人类健康和生命的疾病得到控制。20世纪人类的平均寿命从40岁提高到70多岁,主要的功臣之一被认为是药物化学家,最重要的药物就是抗生素。

化学和医学的关系主要表现在以下几个方面。

(一)化学是研究人体内一切生理现象和病理现象的重要基础

人体本身就是一个复杂的化学系统,时刻都在发生着各种各样的化学反应。人体的各种组织是由蛋白质、脂肪、糖类、维生素、无机盐和水等上万种物质组成,这些物质由60多种化学元素构成。它们在人体中发生的化学变化引起生理上的变化。

(二)物质的化学结构及性质决定药物的作用和疗效

药物的主要作用是调整因疾病而引起机体的种种异常变化,抑制或杀死病原微生物,帮助机体战胜感染。为了准确使用药物,达到预防和治疗疾病的目的,就有必要对药物的组成成分、结构、理化性质以及它们在人体内发生的变化和作用有一定的了解。同时,医务人员进行药液的配制及消毒、药品的使用和保管等都需要利用化学知识和化学实验基本技能。

(三)化学原理和方法是诊断疾病的主要手段

化学在诊断疾病方面起着核心的作用。在临床上,经常运用化学原理和化学方法对各种人体组织和体液进行分析检验,为诊断疾病提供科学的依据。血液和尿液的检查是体检中不可缺少的常规项目,它就是医药化学家发明的,例如要确诊糖尿病,需要用化学方法测定尿液中葡萄糖、丙酮等的含量。

(四)通过化学方法研究并人工合成生物分子

1965年,我国的科学工作者用化学方法合成了世界上第一个具有生物活性的蛋白质——结晶牛胰岛素,这是我国科技人员在奋力攀登世界科学高峰,为祖国在基础医学研究方面争得的一项世界冠军。这一成果促进了生命科学的发展,开辟了人工合成蛋白质的时代。

三、医用化学的学习方法

中职化学学习与初中、高中学习有很大的差别。中职学习是内容多,课堂授课容量大,要求学生有较强的接受能力、独立思考能力和自学能力,同学们需要尽快适应新的要求,调整学习方法。首先,上课专心听讲,积极思考;课后认真阅读教材,加深理解,对大量的新知识及时消化吸收。其次,注意归纳对比,学会总结,在理解的基础上反复记忆,切忌死记硬背。再次,注意养成良好的自学习惯,为终身学习奠定扎实基础。要重视化学实验,实验是学习化学、体验化学和探究化学的重要途径。日常生活和医务工作中有很多化学现象,对它们观察、探究和思考,可以加深对化学原理的理解,开阔我们的眼界。成功的关键在于激发自己对身边的现象产生兴趣,学习并逐步掌握科学的方法和养成良好的科学习惯。

讨论与思考

1. 化学的概念是什么？
2. 化学与医学有何联系？

(张彩霞)

第 2 章

物质结构和元素周期律

学习要点
1. 原子结构和性质的关系
2. 元素周期律和元素周期表
3. 化学键的概念及分类

物质的结构决定其性质。因此,认识物质的结构和构成物质的分子、原子、离子等粒子的组成,以及与物质性质的关系,是深入学习化学的基础。本章将在初中已学过的物质结构初步知识的基础上,进一步学习原子的组成和结构及其与元素性质的关系、元素周期律、化学键等方面的知识。

第一节 原子的组成和同位素

人类通过长期的科学研究和大量的科学实验验证得出:世界是由物质构成的,而物质是由分子、原子、离子等基本粒子组成。分子是由原子构成的,离子是带电的原子或原子团。

一、原子的组成

自然界的物质有几千万种,而构成这些物质的原子只有 400 多种。原子是由带正电的原子核和核外带负电的电子构成的。每个原子中原子核所带的正电量与核外电子所带的负电量相等,整个原子呈现电中性。

科学实验证明,原子核由质子和中子构成。每个质子带一个单位正电荷,中子不带电。因此,原子核的核电荷数由质子数决定。不同的元素含有不同的核电荷数,按核电荷数由小到大的顺序给元素编号,所得的序号称为元素的原子序数,故:

原子序数=核电荷数=核内质子数=核外电子数

例如:第 6 号元素碳,碳原子的核电荷数是 6,原子序数为 6,原子核内有 6 个质子,核外有 6 个电子。

构成原子的粒子及其性质见表 2-1。质子和中子的质量都很小,使用很不方便,科学上通常用它们的相对质量,其近似整数值为1。与质子和中子的质量相比,电子的质量更小,其相对质量可忽略不计。将每个原子核内所有的质子和中子的相对质量取近似整数值相加所得的数值,称为质量数。质量数用 A 表示,质子数用 Z 表示,中子数用 N 表示,显然:

$$质量数=质子数+中子数$$
$$A = Z + N$$

表2-1 构成原子的粒子及其性质

构成原子的粒子	电子	原子核	
		质子	中子
电性和电量	一个电子带一个单位负电荷	一个质子带一个单位正电荷	不带电
质量(kg)	9.109×10^{-31}	1.673×10^{-27}	1.675×10^{-27}
相对质量	1/1836	1.007	1.008

注:相对质量是指相对^{12}C原子质量的1/12(约1.66×10^{-27}kg)相比较所得的数值。

如以$^{A}_{Z}X$代表一个质量数为 A,质子数为 Z 的原子,那么,组成原子的粒子间的关系可表示如下:

$$原子\,^{A}_{Z}X \begin{cases} 原子核 \begin{cases} 质子\ Z\ 个 \\ 中子(A-Z)\ 个 \end{cases} \\ 核外电子\ Z\ 个 \end{cases}$$

例如:$^{14}_{6}C$表示碳原子的质量数为14,质子数为6,中子数为8,核外电子数为6,碳元素的原子序数为6。

化学反应中,原子失去电子成为阳离子,得到电子成为阴离子。因此,同种元素的原子与离子间的区别仅仅是核外电子数不同(表2-2)。

表2-2 几种原子和离子的组成

原子和离子	原子序数	质量数	质子数	中子数	核外电子数
$^{37}_{17}Cl$	17	37	17	20	17
$^{37}_{17}Cl^-$	17	37	17	20	18
$^{23}_{11}Na$	11	23	11	12	11
$^{23}_{11}Na^+$	11	23	11	12	10

重点提示

原子、分子和离子是构成物质的粒子,分子是由原子构成的,离子是原子失去或得到电子形成的,掌握原子的组成是学习物质结构的基础。元素符号左上角数字、左下角数字、右上角数字、右下角数字及正上方数字分别表示质量数、质子数、电荷数、原子个数和化合价。

二、同位素及应用

元素是具有相同核电荷数(即相同质子数)的同一类原子的总称。同种元素几种不同原子的质子数相同。如果同种元素原子的原子核内含有不同数量的中子时,可形成同种元素的多种不同原子。如氢元素有 3 种不同的原子(表 2-3),显然是由于原子核内中子数不同引起的。这种质子数相同、中子数不同的同种元素的不同原子互称为同位素。

表 2-3　氢元素的 3 种不同原子的组成

符号	名称	俗称	质子数	中子数	核电荷数	质量数
$^{1}_{1}H$	氕	氢	1	0	1	1
$^{2}_{1}H$	氘	重氢	1	1	1	2
$^{3}_{1}H$	氚	超重氢	1	2	1	3

大多数元素都有同位素。如碳元素有 $^{12}_{6}C$、$^{13}_{6}C$ 和 $^{14}_{6}C$ 3 种同位素;钴元素有 $^{59}_{27}Co$ 和 $^{60}_{27}Co$ 两种同位素;碘元素有 $^{127}_{53}I$ 和 $^{131}_{53}I$ 两种同位素;铀元素有 $^{234}_{92}U$、$^{235}_{92}U$ 和 $^{238}_{92}U$ 3 种同位素。同一种元素的各种同位素,其核电荷数、质子数、核外电子数相同,中子数和质量数不同,它们的物理性质有差异,而化学性质基本相同。

在天然存在的元素中,不论是化合态还是游离态,各同位素原子所占的百分比一般是不变的。通常所说的某种元素的相对原子质量,是按照各种天然同位素原子所占的百分比计算出来的相对原子质量。如氯元素在自然界中存在 $^{35}_{17}Cl$ 和 $^{37}_{17}Cl$ 两种同位素,相对原子质量分别为 34.97 和 36.96,其百分含量分别为 75.77% 和 24.23%,所以氯元素的近似相对原子质量是:34.97×75.77% +36.96×24.23% = 35.45

同位素有的是天然存在的,有的是人造的;有的稳定,有的具有放射性。

$$同位素\begin{cases}稳定性同位素\\放射性同位素\begin{cases}天然放射性同位素\\人造放射性同位素\end{cases}\end{cases}$$

许多同位素,特别是放射性同位素,在工农业生产、科学研究和日常生活中具有重要的用途。利用放射性同位素在发生衰变或聚变过程中释放出的巨大能量,可制造核武器或用于发电,如 ^{2}H、^{3}H 可用作制造氢弹和作热核反应堆的原料,用 $^{235}_{92}U$ 制造原子弹和作核反应堆的燃料;通过测定 $^{14}_{6}C$ 的含量,可推算出文物或化石的"年龄";放射线很容易被灵敏的仪器检测,常用放射性同位素作示踪原子,如在农业肥料中加一些放射性同位素,就可知道某种作物在不同的生长期最需要含哪种元素的肥料;放射线能抑制和破坏细胞的生长活动,如用 $^{60}_{27}Co$ 照射马铃薯、洋葱、大蒜等,可抑制发芽、长霉并能延长保存期等。

放射性同位素在医药卫生中也有着广泛的应用。在药物中加入放射性同位素,可用于药物的吸收、代谢、作用机制的研究,以及疾病的诊断等。如 ^{3}H 用于脱氧核糖核酸和核糖核酸形成过程的研究,用 $^{131}_{53}I$ 被甲状腺吸收量来确定甲状腺的功能状态等;由于放射线具有很强的穿透能力,可用放射性同位素扫描来诊断脑、肝、肾、肺等病变;临床上还用放射线来治疗某些疾病和用于医疗器材的消毒,如用 $^{60}_{27}Co$ 远距离治疗机在体外照射来杀伤颅脑内、鼻咽部、肺、食管及淋巴系统等深部位的肿瘤。

三、原子核外电子排布的表示法

化学上常用不同的方式表示原子核外电子排布情况,比较简单的是原子结构示意图和电子式两种。

(一) 原子结构示意图

原子结构示意图是用小圆圈加弧线的方式表示;小圆圈代表原子核,圆圈内的+Z 表示核电荷数(质子数);弧线表示电子层,弧线上的数字表示该电子层上的电子数。这种表示方法简单明了,图 2-1 为 4 种元素的原子结构。

氢原子　　　氧原子　　　钠原子　　　钙原子

图 2-1　4 种原子结构

(二) 电子式

电子式是用元素符号表示原子核和内层电子,并在元素符号周围用·或×表示原子最外层电子的化学式。第 11~18 号元素原子的电子式见图 2-2。

$$Na\cdot \quad \cdot Mg\cdot \quad \cdot \overset{\cdot}{Al}\cdot \quad \cdot \overset{\cdot}{Si}\cdot \quad \cdot \overset{\cdot}{\underset{\cdot}{P}}\cdot \quad \cdot \overset{\cdot\cdot}{\underset{\cdot}{S}}\cdot \quad :\overset{\cdot\cdot}{\underset{\cdot}{Cl}}\cdot \quad :\overset{\cdot\cdot}{\underset{\cdot\cdot}{Ar}}:$$

钠原子　镁原子　铝原子　硅原子　磷原子　硫原子　氯原子　氩原子

图 2-2　第 11~18 号元素原子的电子式

四、原子结构与元素性质的关系

元素的性质与原子的电子层结构,特别是与原子的最外层电子数的关系非常密切。例如,稀有气体除氦原子的最外层电子数为 2 个外,其余原子最外层电子数都是 8 个,它们的化学性质很稳定,通常很难与其他物质发生化学反应。所以,不论原子有几个电子层,一般认为最外层有 8 个电子(最外层是 K 层时有 2 个电子)的结构是一种相对稳定的结构。而其他元素的原子是一种不稳定的结构,都有失去电子或得到电子的倾向,使其最外层达到稳定结构。

元素的金属性是指原子失去电子成为阳离子的趋势;元素的非金属性是指原子得到电子成为阴离子的趋势。

金属元素的原子最外层电子数通常少于 4 个,在化学反应中比较容易失去电子,使次外层成为最外层,达到 8 个电子的稳定结构。元素的原子失去电子越容易,则生成的阳离子越稳定,该元素的金属性就越强;反之越弱,如:

$$\underrightarrow{\text{钾(K)}\quad \text{钠(Na)}\quad \text{镁(Mg)}\quad \text{铝(Al)}}$$
原子失去电子的能力依次减弱,金属性依次减弱

非金属元素的原子最外层电子数通常多于 4 个,在化学反应中比较容易得到电子,使最外

层变为8个电子的稳定结构。元素的原子得到电子越容易,则生成的阴离子越稳定,该元素的非金属性就越强;反之越弱。如：

氟(F)　氯(Cl)　溴(Br)　碘(I) →
原子得到电子的能力依次减弱,非金属性依次减弱

第二节　元素周期律和元素周期表

一、元素周期律

自然界的所有客观事物都是互相联系和具有内部规律的。为了认识元素性质之间存在的规律性变化,将第3~18号元素原子的最外层电子数、原子半径、主要化合价以及元素的金属性和非金属性列成表2-4。

表2-4　第3~18号元素性质的周期性变化

原子序数	元素名称	元素符号	最外层电子数	原子半径 (10^{-10}m)	最高正化合价、负化合价	金属性和非金属性
3	锂	Li	1	1.52	+1	活泼金属元素
4	铍	Be	2	0.89	+2	金属元素
5	硼	B	3	0.82	+3	不活泼非金属元素
6	碳	C	4	0.77	+4　-4	非金属元素
7	氮	N	5	0.75	+5　-3	活泼非金属元素
8	氧	O	6	0.74	-2	很活泼非金属元素
9	氟	F	7	0.71	-1	最活泼非金属元素
10	氖	Ne	8	—*	0	稀有气体
11	钠	Na	1	1.86	+1	很活泼金属元素
12	镁	Mg	2	1.60	+2	活泼金属元素
13	铝	Al	3	1.43	+3	金属元素
14	硅	Si	4	1.17	+4　-4	不活泼非金属元素
15	磷	P	5	1.10	+5　-3	非金属元素
16	硫	S	6	1.02	+6　-2	活泼非金属元素
17	氯	Cl	7	0.99	+7　-1	很活泼非金属元素
18	氩	Ar	8	—*	0	稀有气体

*稀有气体元素的原子半径测定的依据与其他元素不同,数值不具有可比性,故不列出。

仔细比较表中各元素的性质,可以发现,随着原子序数的递增,元素的各种性质都呈现出周期性变化,即每间隔一定数目的元素之后,又出现了与前面元素性质相类似的元素。

（一）原子最外层电子数的周期性变化

从3号元素锂至10号元素氖,原子最外层电子数由1个递增至8个(由于K层最多为2个电子,所以氢与氦的原子最外层电子数分别为1个和2个),达到稳定结构;从11号元素钠至18号元素氩,原子最外层电子数也从1个递增到8个。若对18号以后的元素继续研究,同样发现,每隔一定数目的元素,也会重复出现原子最外层电子数从1个递增至8个的情况。后

面的元素,原子最外层电子数也有这样的变化趋势。因此可得出结论:随着原子序数的递增,元素原子的最外层电子数呈现周期性变化。

(二)原子半径的周期性变化

从表2-4中可看出,由锂到氟,随原子序数的递增,原子半径由大逐渐变小;再由钠到氯,随原子序数的递增,原子半径也由大逐渐变小。后面的元素,原子半径也有类似的变化趋势。因此可得出结论:随着原子序数的递增,元素原子的半径呈现周期性变化。

(三)元素化合价的周期性变化

从11号元素至18号元素,化合价的变化基本上延续了3号元素至10号元素的变化:最高正化合价由+1依次递增到+7(氧、氟例外);非金属元素的负化合价由-4递变到-1,且最高正化合价与负化合价的绝对值之和为8;稀有气体元素的化合价为0。18号以后的元素的化合价也有相似的变化。因此可得出结论:元素的化合价随原子序数的递增而呈现周期性的变化。

(四)元素金属性和非金属性的周期性变化

从表中可看出,由锂至氖,由钠至氩,随着原子序数的递增,两组元素都是从活泼金属开始,金属性逐渐减弱,再逐步过渡至非金属,非金属性逐渐增强,到活泼的非金属,最后是稀有气体。18号以后的元素,其金属性和非金属性也有类似的规律性变化。因此可得出结论:随着原子序数的递增,元素的金属性和非金属性呈现周期性变化。

综上所述,可归纳出结论:元素的性质随着原子序数的递增呈现周期性变化的规律称为元素周期律。

元素原子核外电子排布的周期性变化是元素性质周期性变化的实质。因此,元素周期律深刻地揭示了原子结构和元素性质的内在联系。必须指出的是,元素性质的周期性变化,并不是简单地和机械地重复,而是一种循环的递进的变化。

二、元素周期表

对目前已确认的112种元素,根据元素周期律,先把电子层数相同的元素,按原子序数递增的顺序从左到右排成横行,再将不同横行中最外层电子数相同和性质相似的元素,按电子层数递增的顺序由上而下排成纵列,制成的一张元素表称为元素周期表(彩图)。

元素周期表是元素周期律的具体表现形式,反映了元素间相互联系及发展变化的规律,是学习化学及有关学科的重要工具。

(一)元素周期表的结构

1. 周期 周期表中共有7个周期,一个横行称为一个周期。把具有相同的电子层数又根据原子序数递增顺序排列的一组元素称为一个周期。依次用阿拉伯数字1,2,3……7表示。周期序数等于该周期元素原子具有的电子层数。

各周期元素的数目不完全相同。第1周期只有2种元素,第2周期和第3周期各有8种元素,第4周期和第5周期各有18种元素,第6周期有32种元素,第7周期目前只有26种元素,还未填满。第1、2、3周期含元素数目较少称为短周期,第4、5、6周期含元素数目较多称为长周期,未填满的第7周期称为不完全周期。

第6周期中,从57号元素镧(La)至71号元素镥(Lu),总计15种元素,它们原子的电子层结构和性质十分相似,总称为镧系元素。第7周期中,从89号元素锕(Ac)至103号元素铹

(Lr),总计 15 种元素,它们原子的电子层结构和性质也十分相似,总称为锕系元素。为使周期表的结构紧凑,将全体镧系元素和锕系元素分别按周期各放在同一格内,并按原子序数递增的顺序,把它们分两行另列在表的下方。

2. 族　周期表中共有 16 个族。在周期表中有 18 个纵行,除第 8、9、10 三个纵行总标为一个族外,其余 15 个纵行,各标为一个族。族的序数用罗马数字 Ⅰ、Ⅱ、Ⅲ 等表示。

(1)主族:由短周期元素和长周期元素共同构成的族,称为主族。共有 7 个主族。主族元素的族序数用 A 标明,如 ⅠA、ⅡA……ⅦA。主族序数等于该主族元素原子的最外层电子数。

(2)副族:完全由长周期元素构成的族,称为副族。共有 7 个副族。副族元素的族序数用 B 标明,如 ⅠB、ⅡB……ⅦB。

(3)第Ⅷ族:第 8、9、10 纵行在周期表中构成的一个族,称为第Ⅷ族。全部由长周期元素构成,共有 9 种元素。

元素周期表中部的第Ⅷ族和全部副族元素,共计 60 多种元素,通称为过渡元素。这些元素都是金属,所以又把它们称为过渡金属元素。

(4)0 族:由稀有气体元素构成的族,称为 0 族。这些元素原子的最外层电子结构为稳定结构,化学性质很不活泼,一般难以和其他物质发生化学反应,它们的化合价通常为 0 价,因此称为 0 族。

重点提示

　　元素周期表的结构要掌握 7 个周期中有 3 个短周期、3 个长周期和 1 个不完全周期,16 个族中有 7 个主族、7 个副族、1 个第Ⅷ族和 1 个 0 族;掌握周期序数与电子层数的关系及主族序数与最外层电子数的关系。

(二)元素的性质与元素在周期表中位置的关系

元素在周期表中的位置,决定了该元素的原子结构和一定的性质。所以,可根据某元素在周期表中的所处位置,推测它的原子结构和某些性质。下面以元素的金属性和非金属性为例,来说明周期表中元素的性质及递变规律。

元素金属性的强弱,可从其单质跟水或酸反应置换出氢气的难易程度,以及它的最高价氧化物的水化物——氢氧化物的碱性强弱来判断。而元素非金属性的强弱,可从其单质跟氢气生成气态氢化物的难易程度以及氢化物的稳定性,以及它的最高价氧化物的水化物——含氧酸的酸性强弱来判断。

1. 同周期元素性质的递变规律　在同一周期中,各元素原子的核外电子层数相同,而从左至右,核电荷数依次增多,原子半径逐渐减小,失电子能力逐渐减弱,得电子能力逐渐增强。故得出结论:同周期元素从左到右,金属性逐渐减弱,非金属性逐渐增强。这个结论可从第 3 周期(11~18 号)元素性质的递变中得到证明。

(1)第 11 号元素钠是非常活泼的金属元素。

【实验 2-1】　取一个盛有少量水的小烧杯,用镊子取金属钠约绿豆大 1 块,用滤纸吸干表面的煤油,放入烧杯后,观察现象。向反应后的溶液中加入 2 滴酚酞试液,仔细观察颜色变化。

实验表明,金属钠与冷水可剧烈反应,钠粒熔化成液态,变成小球,受到生成氢气的推动在水面上快速游动,发出轻微的嘶嘶声。生成的氢氧化钠是强碱,加入酚酞试液呈红色。

$$2Na+2H_2O \xrightarrow{冷水} 2NaOH+H_2\uparrow$$

（2）第12号元素镁是活泼金属元素。

【实验2-2】 取两小段镁带,用砂纸摩擦去掉表面的氧化膜,放入试管内。向试管中加入3ml水,并滴入2滴酚酞试液,观察现象。然后,加热试管到水沸腾,再观察现象。

实验表明,镁的单质不易跟冷水反应,但能跟沸水起化学反应,放出氢气,溶液遇酚酞呈淡红色。生成的氢氧化镁的碱性比氢氧化钠弱,说明镁的金属活动性不如钠强。

$$Mg+2H_2O \xrightarrow{加热} Mg(OH)_2+H_2\uparrow$$

（3）第13号元素铝是金属元素。

【实验2-3】 取1小段镁带和1小块铝片,用砂纸摩擦去掉表面的氧化膜,分别放入两支试管内,各加2ml 1mol/L盐酸,观察现象。

实验表明,铝和镁都能跟盐酸反应,置换出氢气,但镁跟酸的反应比铝与酸的反应剧烈,说明铝的金属活动性不如镁强。

$$Mg+2HCl = MgCl_2+H_2\uparrow$$
$$2Al+6HCl = 2AlCl_3+3H_2\uparrow$$

铝的氧化物（Al_2O_3）既能跟酸反应,又能跟碱反应,表现出两性,称两性氧化物。

$$Al_2O_3+6HCl = 2AlCl_3+3H_2O$$
$$Al_2O_3+2NaOH = \underset{偏铝酸钠}{2NaAlO_2}+H_2O$$

【实验2-4】 在试管内加入少量$AlCl_3$溶液,再滴加NaOH稀溶液到产生大量$Al(OH)_3$白色絮状沉淀为止。将$Al(OH)_3$沉淀分盛在两支试管中,然后分别加入稀H_2SO_4溶液和过量的NaOH溶液,观察现象。

实验表明,铝的氧化物对应的水化物氢氧化铝[$Al(OH)_3$]既可跟酸起反应,也可跟碱起反应,称为两性氢氧化物。$Al(OH)_3$跟碱反应时,分子式可写成H_3AlO_3（铝酸）。

$$2Al(OH)_3+3H_2SO_4 = Al_2(SO_4)_3+6H_2O$$
$$H_3AlO_3+NaOH = NaAlO_2+2H_2O$$

以上实验说明铝已表现出一定的非金属性,是两性元素。

（4）第14号元素硅是不活泼非金属元素。只有在高温下,硅才能与氢气反应生成气态氢化物甲硅烷（SiH_4）;硅的氧化物二氧化硅（SiO_2）是酸性氧化物,对应的水化物硅酸（H_2SiO_3）是很弱的酸。

（5）第15号元素磷是非金属元素。磷的蒸气和氢气起反应生成气态氢化物磷化氢（PH_3）,但十分困难;磷的最高价氧化物是P_2O_5,对应的水化物磷酸（H_3PO_4）是中强酸。

（6）第16号元素硫是活泼的非金属元素。在加热的条件下,硫能跟氢气化合生成气态氢化物硫化氢（H_2S）,硫化氢稳定性较差,在较高温度下发生分解;硫的最高价氧化物是SO_3,对应的水化物硫酸（H_2SO_4）是强酸。

（7）第17号元素氯是很活泼的非金属元素。氯气跟氢气在光照或点燃时能发生爆炸,生成气态氢化物氯化氢（HCl）,氯化氢十分稳定。氯的最高价氧化物是Cl_2O_7,对应的水化物是高氯酸（$HClO_4$）。高氯酸的酸性比硫酸的酸性还强。

(8)第18号元素氩是一种稀有气体元素。

可以看出,第3周期元素性质的变化规律是:

$$\underset{\text{金属性逐渐减弱,非金属性逐渐增强}}{\text{Na Mg Al Si P S Cl}} \longrightarrow \underset{\text{稀有气体元素}}{\text{Ar}}$$

对其他周期的元素性质进行同样的研究,得出的结论是类似的。

2. 同主族元素性质的递变规律　同一主族元素中,虽然各元素原子的最外层电子数相同,但从上到下,电子层数依次增多,原子半径逐渐增大,失去电子的能力逐渐增强,得到电子的能力逐渐减弱。因而得出结论:同主族元素从上到下,金属性逐渐增强,非金属性逐渐减弱。这个结论可从第ⅠA族碱金属和第ⅦA族卤素的性质递变中得到证明。

第ⅠA族元素都是活泼的金属元素,其最高价氧化物的水化物——氢氧化物几乎都是强碱,故该族元素又称为碱金属。

【实验2-5】　在两个烧杯内各放入一些水,然后各取绿豆大小的钠、钾,用滤纸吸干表面的煤油,分别投入两个烧杯中,观察现象并比较。反应完毕后,分别向两个烧杯中滴入几滴酚酞试液,观察溶液的颜色变化。

实验表明,钾同钠一样也能与水反应,生成氢气和氢氧化钾。但钾跟水的反应比钠与水的反应更剧烈,反应放出的热使生成的氢气燃烧,并发生轻微的爆炸,从而证明钾比钠的金属性更强。

铷、铯与水的反应比钾与水的反应还要剧烈,它们遇水立即燃烧,甚至发生爆炸。可见在第ⅠA族元素中,元素的金属性按照锂、钠、钾、铷、铯从上至下的顺序逐渐增强。

第ⅦA族卤素氟、氯、溴、碘、砹,它们的非金属性按照从上至下的顺序逐渐减弱。

副族元素和第Ⅷ族元素性质的变化规律比较复杂,这里不再讨论。

按照以上元素性质的递变规律,可在元素周期表中对金属元素和非金属元素进行分区(表2-5)。表中虚线的左方是金属元素,右方是非金属元素;左下方钫是金属性最强的元素,右上

表2-5　主族元素的金属性和非金属性递变

周期	族								
		ⅠA	ⅡA	ⅢA	ⅣA	ⅤA	ⅥA	ⅦA	0
1	金属性逐渐增强	非金属性逐渐增强 →						非金属性逐渐增强	稀有气体元素
2		Li	Be	B	C	N	O	F	
3		Na	Mg	Al	Si	P	S	Cl	
4		K	Ca	Ga	Ge	As	Se	Br	
5		Rb	Sr	In	Sn	Sb	Te	I	
6		Cs	Ba	Tl	Pb	Bi	Po	At	
7		Fr	Ra						
		金属性逐渐增强							

方氟是非金属性最强的元素;周期表最右边一个纵行是 0 族的稀有气体元素。由于元素的金属性和非金属性之间没有严格的界线,因此位于虚线分界线附近的元素,既能表现出一定的金属性,又能表现出一定的非金属性。

> **重点提示**
>
> 元素的性质与元素在周期表中位置的关系,主要是学会应用同周期元素从左到右,金属性逐渐减弱,非金属性逐渐增强和同主族元素从上到下,金属性逐渐增强,非金属性逐渐减弱两个结论。

三、微量元素与人体健康

自然界中存在的元素大多数是构成人体的元素,但许多元素在人体组织和体液中分布不均匀,图 2-3 为某些元素在人体组织、体液中富集情况。此外,不同的元素在人体中的含量也不一样,我们把占人体质量 0.01% 以上的元素称为常量元素,而把占人体质量 0.01% 以下的元素称为微量元素。常量元素如氧、碳、氢、氮、钙、磷、硫、钾、钠、氯、镁等,它们的总质量占人体质量 99.95% 以上。

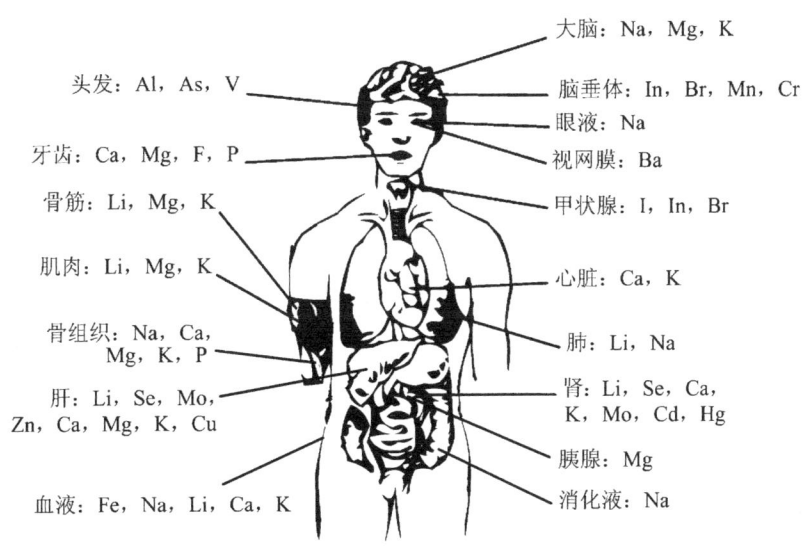

图 2-3 元素在人体组织、体液中分布情况

人体内的微量元素根据其生理功能可分为两类:一类是必需微量元素,有十几种,如铁、氟、碘、锌、硒、钴、铜、锰、钼等,是维持人体正常生理功能的重要元素;另一类是有毒微量元素,主要是重金属元素,如铅、汞、镉、砷等,多是因环境污染,通过食物链、空气进入人体内,有些可在体内蓄积,引起急性或慢性中毒而危害健康,有些可致畸、致癌,甚至造成死亡。

必需微量元素含量虽少,但对人体的生长、发育、衰老、疾病乃至死亡都起着十分重要的作用,是构成各种生命活动的重要物质如蛋白质、酶、激素、维生素等必不可少的组成成分。例如,铁是构成血红蛋白的成分;锌是构成多种激素、酶和遗传物质的必需元素;钴是维生素 B_{12}

的成分等。

必需微量元素在食物中分布较广,一般情况下人们可通过均衡饮食来满足机体对必需微量元素的需要。但由于食物中的微量元素含量与土壤、水中的微量元素的含量有关。因此,微量元素缺乏呈地区性分布。例如:地方性甲状腺肿和克汀病高发区多为内陆缺碘地区;低氟地区儿童龋齿发病率高;克山病区硒缺乏等。故补充必需微量元素应有明确的针对性,如我国广大内陆地区普遍食用碘盐。

必须指出,必需微量元素在体内也不是越多越好,一旦摄入量过多,会造成在体内蓄积而引起中毒,特别是有些微量元素的正常生理浓度和中毒剂量很接近,如铜是人体必需微量元素,若摄入量超过正常生理需要(成人每日每千克体重不超过 0.5mg)时,会引起铜中毒。因此,不能盲目地补充微量元素。

第三节 化 学 键

元素的原子以不同的种类、数目和排列方式相互作用结合成各种分子,这些分子是构成世界的物质基础。原子能结合成分子说明原子之间存在着相互作用,特别是直接相邻原子之间的作用更强烈,难以破坏,是使原子互相连结形成分子的主要因素。分子中相邻的原子(离子)之间强烈的相互作用称为化学键。

原子相互作用形成化学键时,原子核没有变化,只是原子核外电子排布发生了变化,特别是最外层电子数及排布方式发生了改变。由于各种元素原子的核外电子排布不同,各原子之间的相互作用也不同。因此,化学键有几种不同的类型。

$$
\text{化学键}\begin{cases}\text{离子键}\\ \text{共价键}\begin{cases}\text{非极性共价键}\\ \text{极性共价键}\end{cases}\\ \text{金属键}\end{cases}
$$

本节主要介绍离子键与共价键。

一、离 子 键

(一)离子键的形成

以钠和氯气反应生成氯化钠为例。钠原子的最外层只有一个电子,很容易失去,而氯原子的最外层有 7 个电子,容易得到一个电子,因而双方可通过得失电子使最外层都成为 8 个电子的稳定结构。当钠和氯气反应时,发生了电子转移,形成了带正电荷的钠离子(Na^+)和带负电荷的氯离子(Cl^-)。同种电荷相互排斥,异种电荷相互吸引。阴、阳离子之间带有异种电荷通过静电相互吸引,但与此同时,两离子的原子核之间、核外电子之间会产生斥力。当两离子接近到某一距离时,引力和斥力达到平衡,便形成了稳定的化学键。这种阴、阳离子之间通过静电相互作用所形成的化学键,称为离子键。离子键的本质是静电相互作用。

易失电子成为阳离子的活泼金属元素(如 K、Ca、Na、Mg 等)与易得电子成为阴离子的活泼非金属元素(如 F、O、Cl、Br 等)之间相互化合时形成的化学键是离子键。如 NaCl、K_2O、CaF_2 等化合物都是由离子键形成的。

离子键的形成可用电子式表示,如:

氯化钠（NaCl）　　　　Na× + ·$\overset{..}{\underset{..}{Cl}}$: ⟶ Na⁺[×$\overset{..}{\underset{..}{Cl}}$:]⁻

氧化钾（K₂O）　　　　K× + ·$\overset{..}{\underset{..}{O}}$· + ×K ⟶ K⁺[×$\overset{..}{\underset{..}{O}}$×]²⁻ K⁺

氟化钙（CaF₂）　　　　:$\overset{..}{\underset{..}{F}}$· + ×Ca× + ·$\overset{..}{\underset{..}{F}}$: ⟶ [:$\overset{..}{\underset{..}{F}}$×]⁻ Ca²⁺ [×$\overset{..}{\underset{..}{F}}$:]⁻

(二) 离子化合物

由离子键形成的化合物称为离子化合物。如：NaCl、KCl、Na₂O、MgO、CaF₂、KBr 等。

离子化合物中元素的化合价，就是该离子所带的电荷数。如：Na^+、K^+ 是 +1 价，Ca^{2+}、Mg^{2+} 是 +2 价，Cl^-、Br^- 是 -1 价，O^{2-}、S^{2-} 是 -2 价。

二、共 价 键

(一) 共价键的形成

当吸引电子能力相同或相差不大的元素的原子间相互作用时，不能通过得或失电子形成阴、阳离子，只能通过共用电子对的形式形成化学键。如两个氢原子形成一个氢分子时，由于其得失电子的能力相同，电子不能从一个氢原子转移到另一个氢原子，而是在两个氢原子之间共用，形成共用电子对。共用电子对绕两个氢原子的原子核运动，使每个氢原子都有 2 个电子的稳定结构，从两个氢原子通过共用电子对结合成一个氢分子。这种原子间通过共用电子对所形成的化学键，称为共价键。共价键的本质是共用电子对。

非金属元素原子间相互结合时形成的化学键是共价键。如 H_2、Cl_2、O_2、HCl、H_2O、NH_3 等分子都是由共价键形成的。

需要说明的是，原子间形成共价键时，两原子间可以共用一对电子，也可共用两对或三对电子，分别形成共价单键、共价双键、共价三键。

共用电子对也可用短线表示。当用短线表示共用电子对时，则能反映出分子结构，表示分子结构的化学式称为结构式。如：H—H。

用电子式表示共价键的形成，如：

氢气(H_2)　　　　H· + ·H ⟶ H:H　　或　H—H

氧气(O_2)　　　　·$\overset{..}{O}$· + ·$\overset{..}{O}$· ⟶ $\overset{..}{O}$::$\overset{..}{O}$　　或　O=O

氮气(N_2)　　　　:$\overset{.}{N}$· + ·$\overset{.}{N}$: ⟶ :N:::N:　　或　N≡N

氯化氢(HCl)　　　　H× + ·$\overset{..}{\underset{..}{Cl}}$: ⟶ H×$\overset{..}{\underset{..}{Cl}}$:　　或　H—Cl

水(H_2O)　　　　H× + ·$\overset{..}{\underset{..}{O}}$· + ×H ⟶ H×$\overset{..}{\underset{..}{O}}$×H　　或　H—O—H

氨气(NH_3)　　　　3H× + ·$\overset{..}{N}$· ⟶ H×$\overset{..}{N}$×H　　或　H—N—H
　　　　　　　　　　　　　　　　　　　　　　　　 H　　　　　　　　H

共价键还有一种特殊形式，其成键原子间共用电子对是由一个原子单独提供并和另一个原子共用，这种特殊形式的共价键又称配位键。如氨气跟氯化氢反应生成氯化铵。

$$NH_3 + HCl = NH_4Cl$$

其中氨分子与氢离子间以配位键结合形成铵离子(NH_4^+)。这是因为氨分子中的氮原子最外电子层上还有一对尚未共用的电子对,习惯上称为孤电子对,氢离子核外没有电子。当氨分子与氢离子相互作用时,氮原子上的孤电子对就和氢离子共用,形成配位键。这种共用电子对由一个原子单向提供而与另一个原子共用形成的共价键称为配位键。

配位键可用箭头"→"表示,箭头指向接受电子的原子。氨分子与氢离子形成铵离子可表示如下:

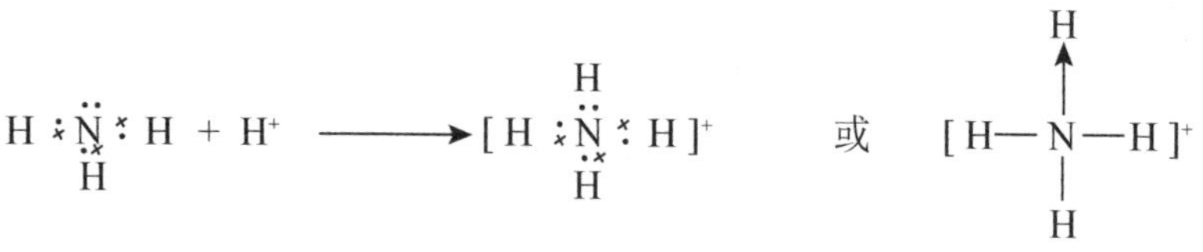

(二) 共价键的类型

按照共用电子对在两原子是否存在偏移现象,共价键分为非极性共价键和极性共价键。

1. 非极性共价键 由同种元素的原子间形成的共价键,两个原子吸引电子的能力相同,共用电子对不偏向任何一个原子,这种共价键称为非极性共价键,简称非极性键。如 H—H、O=O、N≡N 键都是非极性键。非金属单质双原子分子中的化学键都属于非极性键。如 H_2、O_2、Cl_2、N_2、I_2 等双原子分子。

2. 极性共价键 由不同种元素的原子间形成的共价键,由于两原子吸引电子的能力不同,共用电子对必然偏向吸引电子能力较强的原子一方,这样的共价键称为极性共价键,简称极性键。如 H—Cl 键是极性键,共用电子偏向 Cl 原子一方。不同种元素原子间形成的共价键属于极性键。如 HF、HCl、HBr、H_2O、NH_3、CO_2 等。

形成共价键的两原子吸引电子的能力相差越大,形成极性键的极性越强。如共价键的极性:H—F>H—Cl>H—Br>H—I。

(三) 共价化合物

全部由共价键形成的化合物称为共价化合物。如 H_2O、HCl、NH_3、CO_2、H_2SO_4 等都是共价化合物。

共价化合物中元素的化合价是该元素一个原子与其他原子之间形成共用电子对的数目,共用电子对偏向的一方为负价,偏离的一方为正价。例如,H_2O 中,H 为+1 价、O 为-2 价;HCl 中,H 为+1 价、Cl 为-1 价;NH_3 中,H 为+1 价、N 为-3 价。

由多原子构成的分子中常含有两种或两种以上的化学键。例如:

氢氧化钠(NaOH)中 Na^+ 和 OH^- 之间是离子键,O—H 之间是共价键。

氯化铵(NH_4Cl)中 NH_4^+ 和 Cl^- 之间是离子键,NH_4^+ 中有 3 个 N—H 是共价键,1 个 N—H 是配位键。

> **重点提示**
>
> 化学键是分子中相邻原子或离子间的强烈相互作用,而分子间作用力和氢键是分子之间的微弱作用力。

三、分子间作用力和氢键

(一) 分子间作用力

化学键是分子中相邻的原子(离子)之间强烈的相互作用。任何物质的分子之间还存在一种微弱作用力。我们把这种分子与分子之间的作用力称为分子间作用力。分子间作用力是由荷兰物理学家范德华首先提出来的，又称为范德华力。分子间作用力大小与分子的极性大小、相对分子质量的大小有关。但分子间的作用力与化学键相比要弱得多。分子间作用力仅对物质的物理性质有一定的影响。如熔点、沸点、溶解度等。

(二) 氢键

人们在研究同主族非金属元素氢化物的熔、沸点变化规律时发现：H_2O 的沸点比 H_2S 高，NH_3 的沸点比 PH_3 高、HF 的沸点比 HCl、HBr、HI 都要高。这些事实与"结构相似，相对分子质量越大的物质的熔、沸点越高"的分子间作用规律不相符。原因是在 H_2O、NH_3、HF 等分子之间存在着一种比分子间作用力稍强的作用力——氢键。下面以水为例来说明什么是氢键。

水分子是极性分子，由于氧原子对电子的吸引能力很强，使氧氢键中的共用电子对强烈地被拉向氧原子一边，而偏离氢原子较远；氢原子核外只有一个电子层，这就使氢原子几乎成了一个裸露的带正电荷的原子核。这个氢原子就可以与另一个水分子中带负电荷的氧原子相吸引，使水分子之间产生较强的结合力。凡与非金属性很强的元素原子(F、O、N)形成共价键的氢原子还可以再和这些元素的已成键的另一个原子相作用，这种相互作用称为氢键。氢键是一种特殊的分子间作用力，它不是化学键，作用力比化学键弱得多，但比普通分子间作用力要略强。为区别化学键，氢键用"……"表示，如水分子间氢键可表示为

$$\begin{matrix} H & & H & & H & \\ | & & | & & | & \\ O\!\!-\!\!H & \cdots\cdots & O\!\!-\!\!H & \cdots\cdots & O\!\!-\!\!H \end{matrix}$$

分子间形成氢键对物质的某些物理性质会产生影响。如具有氢键的化合物的熔、沸点比没有氢键的同类化合物要高，如 H_2O、NH_3、HF。能和水分子形成氢键的物质在水中的溶解度增大，如氨气极易溶于水，就是氨分子与水分子间可形成氢键。

氢键也可在分子内形成，如蛋白质、核酸分子内都存在氢键，可以说氢键是这些高分子化合物维持空间结构的重要作用力。

第四节 配位化合物

配位化合物是一类结构复杂、应用广泛、普遍存在的化合物，简称配合物。它与医学等科学的关系非常密切，如生物体内的金属离子大多数都是以配合物的形式存在，它们在生命活动中起着十分重要的作用。

一、配位化合物的概念

【演示实验2-1】 在两支试管中各加入 2ml 硫酸铜溶液，然后分别加入少量的氢氧化钠溶液、氯化钡溶液。观察现象。

实验表明：在硫酸铜溶液中加氢氧化钠溶液出现硫酸铜蓝色沉淀，表示溶液中有铜离子

存在：

$$CuSO_4 + 2NaOH = Cu(OH)_2\downarrow + Na_2SO_4$$

加入氯化钡溶液,产生硫酸钡白色沉淀,表示溶液中有硫酸根离子存在：

$$CuSO_4 + BaCl_2 = BaSO_4\downarrow + CuCl_2$$

【演示实验 2-2】 在试管中加入 2ml 硫酸铜溶液,滴加适量的氨水,观察现象。再将反应后的溶液分装在两支试管中,在一支试管中加入少量氯化钡溶液,在另一支试管中加少量氢氧化钠溶液,观察现象。

实验表明：在硫酸铜溶液中加入氨水,开始产生碱式硫酸铜[$Cu_2(OH)_2SO_4$]浅蓝色沉淀,继续加入氨水,至浅蓝色沉淀刚好消失,变成深蓝色溶液。在此深蓝色溶液中加氯化钡溶液,出现硫酸钡白色沉淀,表示溶液中有游离的硫酸根离子存在；向上述溶液中加氢氧化钠溶液却无氢氧化铜沉淀和氨气产生,表示铜离子和氨分子已形成稳定的结合。

经进一步分析证实,在深蓝色溶液中,生成了一种复杂的离子——四氨合铜(Ⅱ)离子[$Cu(NH_3)_4$]$^{2+}$。

$$CuSO_4 + 4NH_3 = [Cu(NH_3)_4]SO_4$$

这种由一个金属阳离子和一定数目的中性分子或阴离子构成的复杂离子称为配离子；由配离子和带有相反电荷的其他离子构成的化合物称为配合物。如：

配离子：[$Cu(NH_3)_4$]$^{2+}$ 四氨合铜(Ⅱ)离子

配合物：[$Cu(NH_3)_4$]SO_4 硫酸四氨合铜(Ⅱ)

二、配位化合物的组成

配合物是由配离子和带相反电荷的其他离子所结合成的化合物。在配离子中含有金属离子,在金属离子周围结合着若干个中性分子或阴离子。图2-4是配合物硫酸四氨合铜(Ⅱ)的组成,其中(a)是结构示意图,(b)是组成说明。

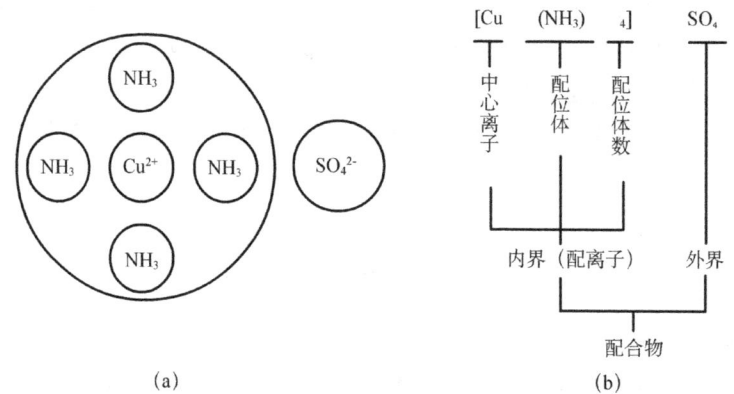

(a) (b)

图 2-4 配合物的构成

(一)中心离子

配离子中的金属阳离子位于配合物的中心,是配合物的形成体,称为中心离子。过渡元素的金属离子是常见的中心离子,如 Ag^+、Cu^{2+}、Zn^{2+}、Hg^{2+}、Fe^{3+}、Fe^{2+} 等。

(二) 配位体

与中心离子直接相结合在其周围的中性分子或阴离子,称为配位体。配位体必须有孤电子对,其孤电子对与中心离子共用,形成配位键。即配离子中的中心离子与配位体是以配位键相结合的,由于中心离子与配位体相距较近,结合紧密,常称为配合物的内界,书写配离子的化学式用方括弧表示。常见的配位体有 NH_3、H_2O、F^-、Cl^-、CN^-、SCN^- 等。配位体中与中心离子直接结合提供孤电子对的原子称为配位原子,常见的配位原子有 O、N、S、F、Cl、Br 等。

(三) 配位数

配位原子与中心离子形成的配位键的总数,称为中心离子的配位数。如: $[Cu(NH_3)_4]SO_4$ 中,中心离子 Cu^{2+} 的配位数为 4;$[Fe(CN)_6]^{3-}$ 中,中心离子 Fe^{3+} 的配位数是 6。一些常见的中心离子配位数见表 2-6。

表 2-6 一些常见金属离子的配位数

配位数	金属阳离子
2	Ag^+、Cu^+、Au^+
4	Cu^{2+}、Zn^{2+}、Co^{2+}、Ni^{2+}、Hg^{2+}、Pt^{2+}
6	Fe^{2+}、Fe^{3+}、Al^{3+}、Ca^{2+}、Cr^{3+}、Co^{2+}、Co^{3+}

(四) 外界离子

配合物中距离中心离子较远的离子,与配离子以离子键相结合,它构成配合物的外界,称为外界离子。

常见配合物的分子组成见表 2-7。

表 2-7 几种常见配合物的分子组成

配合物	配离子			外界离子
	中心离子	配位体	配位数	
$[Cu(NH_3)_4]SO_4$	Cu^{2+}	NH_3	4	SO_4^{2-}
$[Ag(NH_3)_2]Cl$	Ag^+	NH_3	2	Cl^-
$K_3[Fe(CN)_6]$	Fe^{3+}	CN^-	6	K^+
$K_2[HgI_4]$	Hg^{2+}	I^-	4	K^+

三、配离子和配合物的命名

配合物的命名原则服从一般无机化合物的命名原则,与无机化合物命名相比,更复杂的地方在于配离子的命名。

(一) 配离子的命名

配离子的命名方法按照如下顺序:配位数(用中文数字表示)+配位体名称+合+中心离子名称+中心离子化合价(放在括号内,用罗马数字表示)+离子。例如:

$[Cu(NH_3)_4]^{2+}$ 四氨合铜(Ⅱ)离子

$[Ag(NH_3)_2]^+$ 二氨合银(Ⅰ)离子

[Fe(SCN)$_6$]$^{3-}$　六硫氰合铁(Ⅲ)离子
[Fe(CN)$_6$]$^{4-}$　六氰合铁(Ⅱ)离子

(二) 配合物的命名

按照阴离子在前、阳离子在后原则,分别称为:某化某、某酸某或氢氧化某。例如:

[Cu(NH$_3$)$_4$]SO$_4$　硫酸四氨合铜(Ⅱ)
[Cu(NH$_3$)$_4$]Cl$_2$　氯化四氨合铜(Ⅱ)
K$_3$[Fe(SCN)$_6$]　六硫氰合铁(Ⅲ)酸钾
Na$_4$[Fe(CN)$_6$]　六氰合铁(Ⅱ)酸钠
[Ag(NH$_3$)$_2$]OH　氢氧化二氨合银(Ⅰ)

四、配合物的应用

配合物的应用非常普遍,已应用在很多领域,如:核反应堆材料的生产;有色金属和稀有金属的提炼;激光材料,超导材料的分离提纯;石油化工及有机合成中配位催化剂的制备;药物生产以及高分子材料,电镀、印染、鞣革、硬水软化、化学分析等诸多领域都应用到配合物知识。

第五节　氧化还原反应

氧化还原反应是一类非常重要的化学反应,它跟工农业生产、科学研究、医药卫生和生命活动都有密切的关系。氧化还原反应的重要性在于反应中能放出能量,释放能量的形式有多种,可以是热能、电能和光能。如:天然气、石油、煤的燃烧为生产和生活提供热能;电池为手机等提供电能;糖类、脂肪、蛋白质等在体内氧化提供生命活动所需要的能量等。

一、氧化还原反应

(一) 氧化还原反应的特征

在初中化学中,曾根据反应中物质是否得氧或失氧,把化学反应分为氧化反应和还原反应。由于在同一反应中,如果有物质得到氧,必然有另一物质失去氧,得氧与失氧是同时进行的,即氧化反应和还原反应是在同一个化学反应中同时发生的两个过程,无法分割,因此常合称为氧化还原反应。如氢气还原氧化铜的反应,其中有得氧与失氧同时发生,就是一个氧化还原反应。

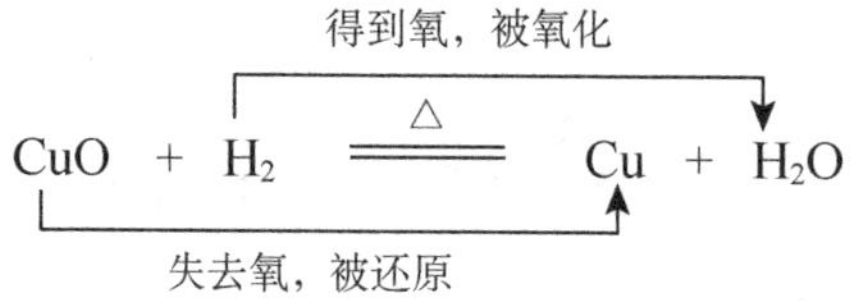

$$\text{CuO} + \text{H}_2 \xrightarrow{\Delta} \text{Cu} + \text{H}_2\text{O}$$

（得到氧，被氧化；失去氧，被还原）

但这种从得氧或失氧的角度分析氧化还原反应有很大的局限性,只能分析有得失氧的反应,并不能反映氧化还原反应的本质。下面从元素化合价升降的角度分析这类反应。

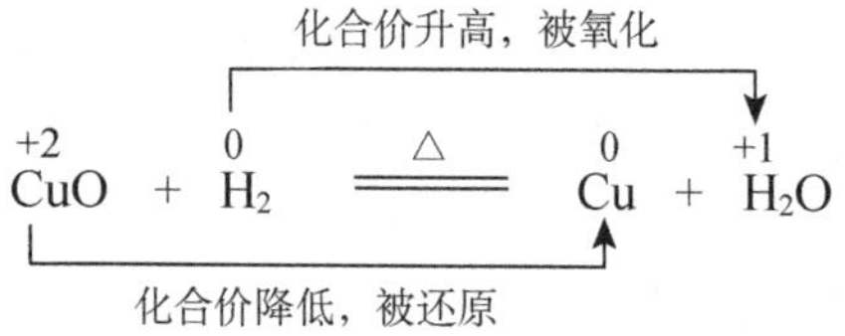

$$\overset{+2}{\text{Cu}}\text{O} + \overset{0}{\text{H}_2} \xrightarrow{\Delta} \overset{0}{\text{Cu}} + \text{H}_2\overset{+1}{\text{O}}$$

（化合价升高，被氧化；化合价降低，被还原）

反应中氢元素的化合价从氢气中的 0 价升高为水中的+1 价,铜元素的化合价从氧化铜中的+2 价降低为单质铜中的 0 价。反应前后元素的化合价有升高和降低变化。

又如水蒸气在高温下与碳的反应:

$$\text{H}_2\text{O} + \text{C} \xrightarrow{\text{高温}} \text{H}_2 + \text{CO}$$

化合价降低,被还原(H：+1→0)
化合价升高,被氧化(C：0→+2)

以此方法分析大量的氧化还原反应,可以得出这样的结论:物质所含元素化合价升高的反应称为氧化反应;物质所含元素化合价降低的反应称为还原反应;有元素化合价升降的化学反应称为氧化还原反应。氧化还原反应的特征是:反应前后元素的化合价有升降变化。

再从化合价升降变化的角度来分析没有得氧和失氧的反应:

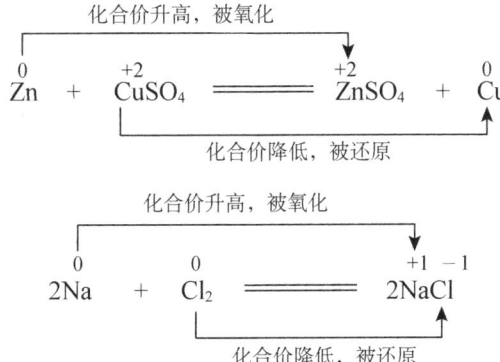

$$2\text{Na} + \text{Cl}_2 = 2\text{NaCl}$$
化合价升高,被氧化
化合价降低,被还原

上述两个反应中,反应前后元素的化合价都有升降变化,都是氧化还原反应。

$$\overset{+1-2+1}{\text{NaOH}} + \overset{+1-1}{\text{HCl}} = \overset{+1-1}{\text{NaCl}} + \overset{+1-2}{\text{H}_2\text{O}}$$

氢氧化钠与盐酸的反应前和反应后,元素的化合价无变化,该反应是非氧化还原反应。
根据反应前和反应后有无化合价升降,化学反应分为氧化还原反应和非氧化还原反应。

(二) 氧化还原反应的本质

元素的化合价与电子的得失或偏移有密切关系,因此不难推出,氧化还原反应和电子的转移关系密切。

如金属钠与氯气生成氯化钠的反应。钠原子的最外层有 1 个电子,氯原子的最外层有 7 个电子,当钠与氯反应时,钠原子失去 1 个电子成为带正电荷的钠离子,氯原子得到 1 个电子成为带负电荷的氯离子。此反应中,发生的电子转移,可用下面的化学方程式表示,式中"e^-"表示电子。

$$2\text{Na} + \text{Cl}_2 = 2\text{NaCl}$$
失去$2×e^-$,化合价升高,被氧化
得到$2×e^-$,化合价降低,被还原

也可用箭头表示不同种元素的原子间发生的电子转移情况。

$$2Na + Cl_2 \xrightarrow{2e^-} 2NaCl$$

又如氯气和氢气的反应，由于生成的氯化氢是共价化合物，氯原子和氢原子都没有完全失去或得到电子，电子的转移是以元素原子间共用电子对发生偏移形式实现的。在氯化氢分子中，共用电子对偏离氢原子，偏向氯原子，故氢为+1价，氯为-1价。共用电子对的偏移也能引起元素化合价发生升降变化。

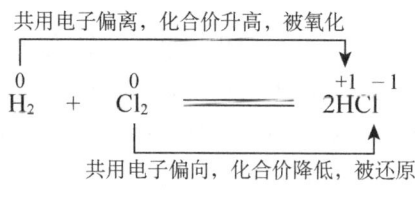

$$H_2 + Cl_2 \xrightarrow{2e^-} 2HCl$$

由此可得出氧化还原反应的本质：反应中发生了电子的得失或共用电子对的偏移，即发生了电子的转移。凡是有电子转移的反应称为氧化还原反应。

氧化还原反应中，电子转移（得失或偏移）和化合价升降的关系如下。

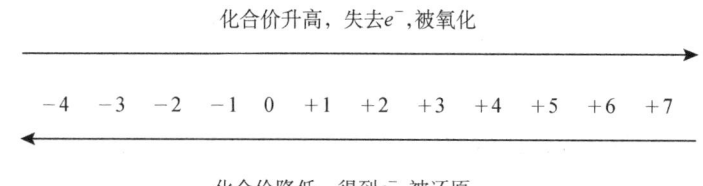

(三) 氧化剂和还原剂的概念

氧化剂和还原剂都是反应物，它们共同参加氧化还原反应。在反应中，电子从还原剂转移到氧化剂。

在反应中化合价降低或得到电子的物质称为氧化剂。其所含元素的化合价降低。氧化剂具有氧化性，反应时本身被还原。

在反应中化合价升高或失去电子的物质称为还原剂。其所含元素的化合价升高。还原剂具有还原性，反应时本身被氧化。

例如：

$$\underset{氧化剂}{\overset{+2}{Cu}O} + \underset{还原剂}{\overset{0}{H_2}} \xrightarrow{\triangle} \overset{0}{Cu} + \overset{+1}{H_2}O$$

失去$2 \times e^-$，化合价升高，被氧化

得到$2 \times e^-$，化合价降低，被还原

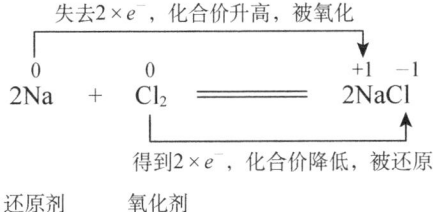

氧化剂和还原剂可以是不同的反应物,也可以是同一种反应物。如:

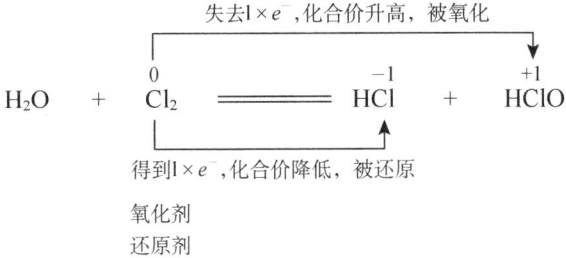

这个反应中,氯气既是氧化剂,又是还原剂,称为自身氧化还原反应。

氧化剂、还原剂参加反应后生成的产物,分别称为还原产物、氧化产物。

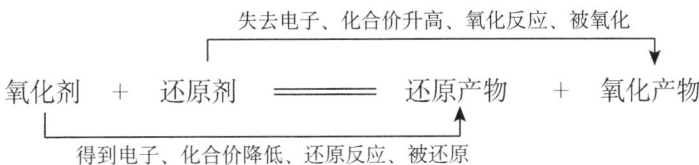

重点提示

氧化还原反应的内容	氧化剂	还原剂
化合价升降	化合价降低	化合价升高
电子得失	得到电子	失去电子
自身性质	氧化性	还原性
发生的反应	还原反应	氧化反应

二、常用的氧化剂和还原剂

氧化剂和还原剂的种类很多。活泼的非金属元素的单质(如 F_2、Cl_2、O_2 等)、高价的含氧化合物(如 $KMnO_4$、$KClO_4$、$K_2Cr_2O_7$、HNO_3、浓 H_2SO_4 等)、某些氧化物或过氧化物(如 MnO_2、H_2O_2)等都可作氧化剂;活泼的金属元素的单质和某些非金属单质(如 Na、Mg、Zn、C、H_2)、低价金属离子(如 Fe^{2+}、Sn^{2+}、Cu^+)、低价化合物(如 CO、SO_2、H_2S、$Na_2S_2O_3$、$NaNO_2$、KI)等可作为还原剂。下面重点介绍几种与医药卫生关系密切的氧化剂和还原剂。

(一) 高锰酸钾($KMnO_4$)

高锰酸钾俗称灰锰氧,是强氧化剂,为深紫色、有光泽的晶体,易溶于水,水溶液根据浓度高低呈暗紫红色到浅紫红色。医学上简称 P.P 粉,常用其稀溶液作为外用消毒剂。

(二)过氧化氢(H_2O_2)

纯净过氧化氢为无色黏稠液,可与水以任意比例混和,其水溶液称为双氧水。过氧化氢受热、光照、接触灰尘等均易分解。双氧水有消毒杀菌作用。医药上常用3%(质量分数)的过氧化氢水溶液作为外用消毒剂,清洗创口。高浓度的过氧化氢溶液有较强的氧化性,对皮肤有很强的刺激作用,使用时应稀释。

(三)硫代硫酸钠($Na_2S_2O_3$)

市售的硫代硫酸钠含5个分子结晶水($Na_2S_2O_3 \cdot 5H_2O$),俗名大苏打或海波,为无色晶体,易溶于水,具有较强的还原性,易被空气氧化。医药上用硫代硫酸钠治疗慢性荨麻疹或作解毒剂。

讨论与思考

1. 所有原子的原子核都是由质子和中子构成的,这句话对吗?
2. 简述元素性质与原子的最外层电子数的关系。
3. 元素性质呈现哪些周期性变化?元素性质周期性变化的实质是什么?
4. 离子键和共价键分别在什么情况下形成?其本质分别是什么?

习 题

一、名词解释

1. 原子序数 2. 元素同期律 3. 化学键 4. 氢键 5. 氧化还原反应

二、填空题

1. 原子由带正电荷的_____和带负电荷的_____构成。原子核由带正电荷的_____和不带电荷的_____构成。

2. 将原子核内所有的质子和中子的相对质量近似整数加起来,所得的数值称为_____,用符号_____表示,核电荷数用符号_____表示,则原子 X 的组成可表示为_____。

3. 同一周期元素原子的_____相同,从左到右,_____逐渐增强,_____逐渐减弱。

4. 同一主族元素,其原子的_____相同,从上而下,_____依次增多,原子半径_____,金属性_____,非金属性_____。

5. 配位键是一种特殊的_____,两原子间的_____是由_____单独提供,并与_____所共用。

6. 氧化还原反应的特征是:反应前后,元素_____有_____变化。元素化合价_____的反应是氧化反应,元素化合价_____的反应是还原反应。

三、选择题

1. 某元素的元素符号为 X,其核电荷数为 a,中子数为 b,此元素的原子构成可表示为(　　)

A. $_b^a X$ B. $_a^b X$ C. $_a^{a+b} X$ D. $_{a+b}^a X$

2. 下列互为同位素的一组是(　　)

A. $_{11}^{23}Na$ 和 $_{11}^{23}Na^+$ B. $_8^{16}O$ 和 $_8^{18}O$ C. $_{19}^{40}K$ 和 $_{20}^{40}Ca$ D. $_{17}^{35}Cl$ 和 $_{17}^{35}Cl^-$

3. 下列元素原子核外具有4个电子层的是(　　)
   A. $_6C$　　　　B. $_7N$　　　　C. $_{18}Ar$　　　　D. $_{19}K$
4. 元素周期表结构中,与元素原子核外电子层数有关的是(　　)
   A. 周期　　　B. 主族　　　C. 副族　　　D. 分区
5. 元素的化学性质主要取决于元素原子的(　　)
   A. 核电荷数　　B. 质量数　　C. 核外电子层数　　D. 最外层电子数
6. 元素化学性质发生周期性变化的根本原因是(　　)
   A. 元素核电荷数逐渐增大　　　　B. 元素原子核外电子排布呈现周期性变化
   C. 元素原子半径呈现周期性变化　　D. 元素化合价呈现周期性变化
7. 下列物质中,既含有离子键、又含有共价键和配位键的是(　　)
   A. Na_2O　　B. $NaOH$　　C. HCl　　D. NH_4Cl
8. 下列物质中,含有极性键的非极性分子是(　　)
   A. HCl　　B. H_2O　　C. CO_2　　D. NH_3
9. 下列物质分子间能形成氢键的是(　　)
   A. HCl　　B. H_2O　　C. H_2S　　D. CH_4
10. 下列叙述正确的是(　　)
    A. 共价化合物中可能存在离子键　　B. 离子化合物中可能存在共价键
    C. 含极性键的分子一定是极性分子　　D. 非极性分子中一定存在非极性键

四、简答题

1. 指出16号元素硫的原子序数、核电荷数、核内质子数和核外电子数。
2. 根据元素性质递变规律,指出元素周期表中金属性最强和非金属性最强的元素。
3. 指出 F_2、Br_2、CO_2、NH_3 分子中共价键的类型。
4. 氧化还原反应的特征和本质分别是什么?

五、写出下列配离子或配合物的名称、化学式

1. $[Cu(NH_3)_4]SO_4$
2. $K_3[Fe(CN)_6]$
3. $[Ag(NH_3)_2]OH$
4. $K_2[HgI_4]$
5. 六氰合钴(Ⅱ)离子
6. 四碘合汞(Ⅱ)酸钾

六、下列反应中,哪些是氧化还原反应?若是氧化还原反应,注明氧化剂和还原剂

1. $CaCO_3 + 2HCl = CaCl_2 + CO_2\uparrow + H_2O$
2. $2KI + Cl_2 = 2KCl + I_2$
3. $2KMnO_4 + 16HCl = 2MnCl_2 + 5Cl_2\uparrow + 2KCl + 8H_2O$
4. $Cl_2 + H_2O = HClO + HCl$
5. $2Na + 2H_2O = 2NaOH + H_2\uparrow$

答案:
一、名词解释　略

二、填空题

1. 原子核　核外电子　质子　中子

2. 质量数　A　Z　$^A_Z X$

3. 电子层数相同　非金属性　金属性

4. 最外层电子数　电子层数　逐渐增大　逐渐增强　逐渐减弱

5. 共价键　共用电子对　一个原子　另一个原子

6. 化合价　升降　升高　降低

三、选择题

1. C　2. B　3. D　4. A　5. D　6. B　7. D　8. C　9. B　10. B

四、简答题

1. 16、16、16、16

2. Fr　F

3. F_2、Br_2 分子中是非极性共价键　CO_2、NH_3 分子中是极性共价键

4. 特征是化合价升降　本质是电子得失

五、写出下列配离子或配合物的名称、化学式

1. 硫酸四氨合铜(Ⅱ)　2. 六氰合铁(Ⅲ)酸钾　3. 氢氧化二氨合银(Ⅰ)

4. 四碘合汞(Ⅱ)酸钾　5. $[Co(CN)_6]^{4-}$　6. $K_2[HgI_4]$

六、下列反应中,哪些是氧化还原反应？若是氧化还原反应,注明氧化剂和还原剂

1. 非氧化还原反应

2. 氧化还原反应　KI 是还原剂　Cl_2 是氧化剂

3. 氧化还原反应　$KMnO_4$ 是氧化剂　HCl 是还原剂

4. 氧化还原反应　Cl_2 是氧化剂和还原剂

5. 氧化还原反应　Na 是还原剂　H_2O 是氧化剂

(丁宏伟　张彩霞)

第 3 章

溶 液

学习要点
1. 物质的量的概念及有关计算
2. 物质的量浓度、质量浓度的概念及有关计算
3. 渗透压与溶液浓度的关系,渗透压在医学上的意义

溶液在自然界中是十分常见的体系,大部分化学反应只有在溶液中才能发生反应。人体的各种体液是溶液,营养物质的运输和转化、食物的消化和吸收、代谢废物的排泄等都离不开溶液。本章主要介绍物质的量和溶液的相关知识。

第一节 物 质 的 量

世界是物质的,宏观上的物质都是由数量巨大的原子、分子、离子等微观粒子构成的。物质之间的化学反应,如果只取一个或几个原子、分子或离子来进行,是做不到的。因为单个或几个粒子不仅难以称量,而且难以观察到反应现象。在实际工作中,分子、原子或离子都是以特定数目的"集体"的宏观形式出现的,所以科学实验和工作上,很需要引入一个物理量把宏观的物质质量与粒子数目联系起来,这个物理量就是"物质的量"。

一、物质的量及其单位

(一)物质的量

物质的量与质量、时间、长度、温度等一样,是国际单位制(SI)7个基本物理量之一,是衡量物质所含微粒多少的物理量,物质的量用符号"n"表示。某物质基本单元 B 的物质的量可表示为 n_B 或 $n(B)$。例如:

氢原子的物质的量可表示为 n_H 或 $n(H)$;

氢离子的物质的量可表示为 n_{H^+} 或 $n(H^+)$;

氢分子的物质的量可表示为 n_{H_2} 或 $n(H_2)$。

物质的基本单元可以是原子、离子、分子等粒子,根据需要,物质的基本单元也可以是某些

粒子的特定组合。"物质的量"是个物理量,是特定的专有名词,不能拆开理解。

(二)摩尔——物质的量的单位

1971年第14届国际计量大会通过决议,规定物质的量的单位是摩尔,符号mol,简称摩。

摩尔一词来源于拉丁文moles,原意为大量和堆集的意思。科学上应用0.012kg ^{12}C(即12g ^{12}C)来衡量碳原子集体。经实验测定,12g ^{12}C 中所含的原子数目约为 $6.02×10^{23}$ 个,这个数值最先是由意大利科学家阿佛加德罗测定的,故称为阿佛加德罗常数,用符号 N_A 表示,$N_A=6.02×10^{23}/mol$。

由摩尔的定义可知:

1molH 含有 $6.02×10^{23}$ 个氢原子;

1molH$^+$ 含有 $6.02×10^{23}$ 个氢离子;

1molO$_2$ 含有 $6.02×10^{23}$ 个氧分子;

1molH$_2$O 含有 $6.02×10^{23}$ 个水分子;

即1mol任何物质都含有 $6.02×10^{23}$ 个基本单元。继而得出:

0.5molH$^+$ 含有 $0.5×6.02×10^{23}$ 个氢离子;

2molH$^+$ 含有 $2×6.02×10^{23}$ 个氢离子;

物质的量(n)是与物质基本单元数(N)成正比的物理量,它们之间的关系如下。

$$物质的量=\frac{基本单元数(粒子数)}{阿佛加德罗常数}$$

$$n=\frac{N}{N_A} \quad 或 \quad N=n N_A$$

从 $N=nN_A$ 可以推知:物质的量相等的任何物质,它们所含的基本单元数(微粒数)一定相同;若要比较几种物质所含基本单元数目的大小,只需比较它们的物质的量的多少即可。物质的量这个物理量只适用于微观粒子,使用摩尔作单位时,所指粒子必须十分准确,且粒子的种类要用化学式表示。可以是分子、原子、离子、电子及其他粒子,或这些粒子的特定组合。如:$n(H)$、$n(H_2)$、$n(H_2O)$、$n(H_2SO_4)$ 等。例如:我们只能说1mol氢原子、1mol氢离子或1mol氢分子,笼统地说1mol氢是不准确的。

二、摩尔质量

1mol物质的质量称为摩尔质量。即该物质的质量与该物质的物质的量之比。摩尔质量的符号为 M。

物质的量、摩尔质量与物质的质量之间的关系可以用下式表示。

$$物质的量=\frac{物质的质量}{摩尔质量}$$

$$n=\frac{m}{M}$$

摩尔质量的国际制基本单位是kg/mol,但在化学上使用不方便,化学上常用g/mol作单位。某物质基本单元B的摩尔质量的表示方法为 M_B 或 $M(B)$,如氢原子的摩尔质量表示为 M_H 或 $M(H)$。

一种元素的相对原子质量是以一个 ^{12}C 的质量的 1/12 作为标准,其他元素原子的质量跟它相比较所得的数值,如氢的相对原子质量是1,氧的相对原子质量是16,铁的相对原子质量是56,等等。1个碳原子的质量跟1个氧原子的质量之比为12∶16,1mol碳原子跟1mol氧原子所含有的原子数相同,都是$6.02×10^{23}$。根据摩尔的定义,1mol碳原子的质量是12g,则1mol氧原子的质量就是16g。

同理推知,原子的摩尔质量若以g/mol为单位,则数值上等于该种原子的相对原子质量。例如:

H的相对原子质量是1,1molH的质量是1g,即$M(H)=1$ g/mol;

Na的相对原子质量是23,1molNa的质量是23g,即$M(Na)=23$g/mol;

Fe的相对原子质量是56,1molFe的质量是56g,即$M(Fe)=56$g/mol。

由于相对分子质量等于化学式中各原子的相对原子质量的总和,同样地也可以推知,原子的摩尔质量若以g/mol为单位,则数值上等于该种分子的相对分子质量。例如:

O_2的相对分子质量是32,1molO_2的质量是32g,即$M(O_2)=32$g/mol;

H_2的相对分子质量是2,1molH_2的质量是2g,即$M(H_2)=2$g/mol;

H_2O的相对分子质量是18,1molH_2O的质量是18g,即$M(H_2O)=18$g/mol;

CO_2的相对分子质量是44,1mol CO_2的质量是44g,即$M(CO_2)=44$g/mol。

我们同样也可以推知1mol离子的质量。由于电子的质量极其微小,离子失去或得到的电子的质量通常可以略去不计。因此,离子的摩尔质量可以看成形成离子的原子或原子团的摩尔质量。例如:

1molNa^+的质量是23g,即$M(Na^+)=23$g/mol;

1molNH_4^+的质量是18g,即$M(NH_4^+)=18$g/mol;

1molSO_4^{2-}的质量是96g,即$M(SO_4^{2-})=96$g/mol。

总之,任何物质的基本单元B的摩尔质量如果以g/mol为单位,其数值就等于该物质的化学式量。

摩尔这个单位有时在医学实际应用中显得太大,经常要采用毫摩尔(mmol)和微摩尔(μmol)作辅助单位。三者的换算关系为

$$1 \text{ mol} = 10^3 \text{mmol} \quad 1 \text{ mmol} = 10^3 \text{μmol}$$

三、有关物质的量的计算

有关物质的量的计算主要涉及以下几种类型。

1. 已知物质的质量,求物质的量

【例3-1】 90g水的物质的量是多少摩尔?

解 ∵ $M(H_2O)=18$g/mol $m(H_2O)=90$g

∴ $n=\dfrac{m}{M}=\dfrac{90\text{g}}{18\text{g/mol}}=5\text{mol}$

答:90g水的物质的量是5mol。

2. 已知物质的量,求物质的质量

【例3-2】 2.5mol铁原子的质量是多少克?

解 ∵ $M(Fe)=56$g/mol $n(Fe)=2.5$mol

∴ $m=n×M=2.5\text{mol}×56\text{g/mol}=140\text{g}$

答:2.5mol 铁原子的质量是 140g。

3. 已知物质质量,求物质的粒子数

【例 3-3】 4.9g 硫酸里含有多少个硫酸分子?

解 ∵ $M(H_2SO_4) = 98g/mol$ $m(H_2SO_4) = 4.9g$

∴ $n = \dfrac{m}{M} = \dfrac{4.9g}{98g/mol} = 0.05mol$

$N = n \times N_A = 0.05mol \times 6.02 \times 10^{23} mol^{-1} = 3.01 \times 10^{22}$

答:4.9g 硫酸含有 3.01×10^{22} 个硫酸分子。

4. 有关化学方程式的计算

【例 3-4】 与 20g $CaCO_3$ 完全反应,需要 HCl 的物质的量为多少摩尔?

解 $CaCO_3$ 与 HCl 反应的化学方程式及量关系如下:

∵ $MCaCO_3 = 100g/mol$

∴ $n_{CaCO_3} = \dfrac{m}{M} = \dfrac{20g}{100g/mol} = 0.2mol$

$CaCO_3 + 2HCl = CaCl_2 + CO_2\uparrow + H_2O$
1mol   2mol
0.2mol n_{HCl}

$n_{HCl} = \dfrac{2mol \times 0.2mol}{1mol} = 0.4mol$

答:与 20g $CaCO_3$ 完全反应,需要 HCl 的物质的量为 0.4 mol。

四、气体摩尔体积

1 摩尔某物质在一定条件下所具有的体积称为该物质在该条件下的摩尔体积。

摩尔体积的符号为 V_m,摩尔体积的单位是 L/mol。

实验证明,在同温与同压下(即状况相同),任何气体如果其物质的量相同,则所占有的体积 V 也几乎相同。不同气体体积必须在同温同压下(即状况相同时)进行比较才有意义,通常是在标准状况下(即 0℃,101.325kPa 时的状况)进行比较。

1mol 气态物质在标准状况下(STP)的体积称为气体摩尔体积。用 $V_{m,0}$ 表示。

实验测得,在标准状况下,1mol 任何气体所占的体积基本相同,都约等于 22.4L。

在标准状况下,气体物质的量、气体体积和气体摩尔体积的关系为

$$n = \dfrac{V}{V_{m,0}} = \dfrac{V}{22.4L/mol}$$

第二节 溶液的浓度

一、溶液浓度的表示方法和计算

一种或几种物质以分子或离子的状态分散到另一种物质里,形成均匀、稳定、澄清的体系称为真溶液,简称溶液。其中被溶解的物质称溶质,能溶解其他物质的物质称溶剂。

溶液是由溶质和溶剂所组成的。如氯化钠溶液,氯化钠是溶质,水是溶剂;葡萄糖溶液,葡萄糖是溶质,水是溶剂。水是最常用的溶剂,一般不指明溶剂的溶液,都是指水溶液。除水之外,酒精、汽油、氯仿等也是经常使用的溶剂(如酒精能溶解碘,汽油能溶解油脂等),统称为非水溶剂。通常情况下,当固体或气体溶于液体形成溶液时,固体或气体是溶质,液体是溶剂;当两种液体相互溶解而形成溶液(如乙酸甲酯和酒精)时,量多的一种液体称溶剂,量少的一种液体称溶质。另外,配制酒精溶液时,不论浓度大小,习惯上都以酒精为溶质,水为溶剂。

溶液的浓度是指一定量的溶液或溶剂中所含溶质的量。可以用下式表示。

$$浓度 = \frac{溶质的量}{溶液(或溶剂)的量}$$

同一种溶液,其浓度的表示方法有多种,医学上常用以下几种。

(一) 物质的量浓度

1L 溶液中所含溶质 B 的物质的量,称为溶质 B 的物质的量浓度。物质的量浓度用符号 $c(B)$ 或 C_B 表示。即:

$$B\ 的物质的量浓度 = \frac{B\ 的物质的量}{溶液的体积}$$

公式为
$$C_B = \frac{n_B}{V}$$

如果已知溶质的质量,则

$$C_B = \frac{\frac{m_B}{M_B}}{V}$$

$$C_B = \frac{m_B}{M_B V}$$

物质的量浓度的 SI 单位是摩尔每立方米,符号为 mol/m^3。但由于此单位在化学和医学上使用不方便,故在化学和医学上多用 mol/L(摩尔每升)、mmol/L(毫摩尔每升)、μmol/L(微摩尔每升)作单位。三者的关系为

$$1mol/L = 10^3 mmol/L = 10^6 \mu mol/L$$

例如:

$c(Na^+) = 1.5 mol/L$,表示每升溶液中含 1.5mol Na^+;

$c(NaCl) = 0.154 mol/L$,表示每升溶液中含 0.154mol NaCl。

关于物质的量浓度的计算主要有下列几种类型。

1. 已知溶质物质的量,求物质的量浓度

【例 3-5】 在 500ml KOH 溶液中含 0.5mol 的 KOH,求该 KOH 溶液的物质的量浓度为多少 mol/L?

解 ∵ $n(KOH) = 0.5\ mol$ $V = 500ml = 0.5\ L$

$$C_B = \frac{n_B}{V}$$

∴ $c(KOH) = \dfrac{n(KOH)}{V} = \dfrac{0.5mol}{0.5L} = 1.0 mol/L$

答:该 KOH 溶液的物质的量浓度为 1.0mol/L。

2. 已知溶质的质量和溶液体积,求物质的量浓度

【例 3-6】 正常人 100ml 血清中含 10.0mg Ca^{2+},试计算正常人血清中含 Ca^{2+} 的物质的量浓度。

解　∵ $m_{Ca^{2+}} = 10.0mg = 0.010g$　　$M_{Ca^{2+}} = 40.0\ g/mol$

　　　　$V = 100ml = 0.1L$

∴ $C_B = \dfrac{n_B}{V} = \dfrac{m_B}{M_B V} = \dfrac{0.010g}{40.0g/mol \times 0.1L} = 2.50 \times 10^{-3} mol/L = 2.50 mmol/L$

答:正常人血清中 Ca^{2+} 的物质的量浓度为 2.50mmol/L。

3. 已知物质的量浓度和溶液体积,求溶质的质量

【例 3-7】 求 800ml 2mol/L NaOH 溶液中含有 NaOH 多少克?

解　∵ $c(NaOH) = 2mol/L$　　$V = 800ml = 0.8L$　　$M(NaOH) = 40g/mol$

由　$C_B = \dfrac{m_B}{M_B V}$　　得　$m_B = C_B M_B V$

∴ $m(NaOH) = 2mol/L \times 0.8L \times 40g/mol = 64g$

答:500ml 2mol/L NaOH 溶液中含有 NaOH 64g。

4. 已知溶质的质量和溶液物质的量浓度,求溶液的体积

【例 3-8】 用 90g 葡萄糖($C_6H_{12}O_6$),能配制 0.28mol/L 的葡萄糖静脉注射液多少毫升?

解:∵ $c(B) = 0.28mol/L$　　$m(B) = 90g$　　$M(B) = 180g/mol$

由　$C_B = \dfrac{m_B}{M_B V}$　　得　$V = \dfrac{m_B}{C_B M_B}$

∴ $V = \dfrac{90g}{0.28mol/L \times 180g/mol} = 1.8L = 1800ml$

答:用 90g 葡萄糖($C_6H_{12}O_6$),能配制 0.28mol/L 的葡萄糖静脉注射液 1800ml。

物质的量浓度已在医学上普遍使用。世界卫生组织(WHO)建议,在医学上表示溶液浓度时,凡是相对分子质量已知的物质,均用其物质的量浓度;对于未知其相对分子质量的物质,则可用其他溶液的浓度来表示。

(二) 质量浓度

1L 溶液中所含溶质 B 的质量,称为溶质 B 的质量浓度。用符号 ρ_B 表示。即:

$$质量浓度 = \dfrac{溶质质量}{溶液体积}$$

公式为

$$\rho_B = \dfrac{m_B}{V}$$

质量浓度的 SI 单位是 kg/m^3,化学和医学上常用单位是 g/L(克每升)、mg/L(毫克每升)、μg/L(微克每升)。在实际工作中可根据具体情况采用不同的单位。

$$1\ g/L = 10^3\ mg/L = 10^6\ \mu g/L$$

要注意:由于密度的表示符号是 ρ,所以特别要注意质量浓度 ρ_B 与密度 ρ 两者符号的区别,不能混用。

【例 3-9】 在 100ml 生理盐水中含有 0.90g NaCl,计算生理盐水的质量浓度。

解:∵ $m_B = 0.90g, V = 100ml = 0.1L$

∴ $\rho_{NaCl} = \dfrac{m_{NaCl}}{V} = \dfrac{0.90g}{0.1L} = 9.0 g/L$

答:生理盐水的质量浓度为 9.0 g/L。

【例 3-10】 正常人 100ml 血浆中含血浆蛋白 7g,求血浆蛋白在血浆中的质量浓度。

解:∵ $m_B = 7g, V = 100ml = 0.1L$

∴ $\rho_{血浆蛋白} = \dfrac{m_{血浆蛋白}}{V} = \dfrac{7g}{0.1L} = 70 g/L$

答:血浆蛋白的质量浓度为 70 g/L。

(三) 体积分数

溶质 B 的体积分数是指溶质 B 的体积 V_B 与溶液的体积 V 之比。用符号 φ_B 表示。即:

$$体积分数 = \dfrac{溶质体积}{溶液体积}$$

定义方程式为

$$\varphi_B = \dfrac{V_B}{V}$$

要注意,V_B 和 V 的体积单位一般应相同,故体积分数是一个无量纲的量,其值可以用小数或百分数表示。

【例 3-11】 取 750ml 纯酒精加水配成 1000ml 医用消毒酒精溶液,计算此酒精溶液中酒精的体积分数。

解:∵ $V_B = 750ml, V = 1000ml$

∴ $\varphi_B = \dfrac{V_B}{V} = \dfrac{750ml}{1000ml} = 0.75$（75%）

答:该酒精溶液中酒精的体积分数为 0.75。

【例 3-12】 在 311K 时,100.0ml 人的动脉血中含氧气 19.6ml,求此温度下,人的动脉血中含氧气的体积分数。

解:∵ $\varphi_B = \dfrac{V_B}{V}$

∴ $\varphi_{O_2} = \dfrac{V_{O_2}}{V} = \dfrac{19.6ml}{100.0ml} = 0.196 (19.6\%)$

答:此温度下人动脉血中含氧气的体积分数为 0.196。

在临床上,常用到血细胞比容(红细胞压积)的概念,它是指红细胞在全血中所占的体积分数,正常人的血细胞比容为 $\varphi_B = 0.37 \sim 0.50$。

(四) 质量分数

溶质 B 的质量分数是指溶质 B 的质量 m_B 与溶液的质量 m 之比。用符号 ω_B 表示。即:

$$质量分数 = \dfrac{溶质质量}{溶液质量}$$

定义方程式为

$$\omega_B = \dfrac{m_B}{m}$$

因为 m_B 和 m 的单位通常应相同,故质量分数是一个无量纲的量,其值可以用小数或百分数表示。

【例3-13】 将10gKCl溶于100g水中配成溶液,计算此溶液中KCl的质量分数。

解:$\because m_B = 10g, m = 100+10 = 110(g)$

$\therefore \omega_B = \dfrac{m_B}{m} = \dfrac{10g}{110g} = 0.091$(或9.1%)

答:此溶液中KCl的质量分数为0.091。

二、溶液浓度的换算

(一)物质的量浓度与质量浓度之间的换算

物质的量浓度与质量浓度是两种常用的浓度表示方法,根据它们的基本定义,可以求出它们之间的关系为

$$\rho_B = C_B M_B \quad 或 \quad C_B = \dfrac{\rho_B}{M_B}$$

【例3-14】 临床上纠正酸中毒用的乳酸钠($NaC_3H_5O_3$)注射液的物质的量浓度为1mol/L,问该注射液的质量浓度是多少g/L?

解:$\because C_B = 1mol/L \quad M_B = 112g/mol$

$\rho_B = C_B M_B$

$\therefore \rho(NaC_3H_5O_3) = 1mol/L \times 112g/mol = 112g/L$

答:该注射液的质量浓度是112g/L。

【例3-15】 50g/L碳酸氢钠($NaHCO_3$)注射液的物质的量浓度是多少mol/L?

解:$\because M_{NaHCO_3} = 84g/mol \quad \rho_{NaHCO_3} = 50g/L$

$\therefore c_{NaHCO_3} = \dfrac{\rho_{NaHCO_3}}{M_{NaHCO_3}} = \dfrac{50g/L}{84g/mol} = 0.6mol/L$

答:该碳酸氢钠注射液的物质的量浓度为0.60mol/L。

(二)物质的量浓度与质量分数之间的换算

质量分数是用质量表示溶液的量,而其他浓度均以体积表示溶液的量。在进行浓度换算时,需要知道溶液的密度,根据它们的基本定义,可以导出它们之间的关系为

$$C_B = \dfrac{\omega_B \rho}{M_B} \quad 或 \quad \omega_B = \dfrac{c_B M_B}{\rho}$$

【例3-16】 已知硫酸溶液的质量分数 $\omega_B = 0.98, \rho = 1.84kg/L$,计算此硫酸溶液的物质的量浓度。

解:$\because \omega_B = 0.98 \quad \rho = 1.84kg/L = 1840g/L \quad M(H_2SO_4) = 98g/mol$

$\therefore c_{H_2SO_4} = \dfrac{\omega_{H_2SO_4} \rho_{H_2SO_4}}{M_{H_2SO_4}} = \dfrac{0.98 \times 1840g/L}{98g/mol} = 18.4mol/L$

答:此硫酸溶液的物质的量浓度为18.4mol/L。

三、溶液的配制和稀释

(一)溶液的配制

溶液配制的基本方法有2种。

1. 一定质量溶液的配制　一定质量溶液的配制只能用于一定质量的溶液中所含溶质的量表示的溶液浓度,如用质量分数(ω_B)表示溶液的浓度时采用此法配制较方便。这种溶液的配制是将定量的溶质和溶剂混和均匀即得。

【例3-17】　如何配制400g质量分数为0.09的NaCl溶液?

解:①计算:400g溶液中含NaCl的质量为

$$m(NaCl) = 0.09 \times 400g = 36g$$

配制该溶液所需水的质量为

$$m(H_2O) = 400g - 36g = 364g$$

②配制:称量36g干燥NaCl和364g水,混合均匀即可配制成质量分数为0.09的NaCl溶液400g。

2. 一定体积溶液的配制　一定体积溶液的配制用于配制一定体积的溶液中所含溶质的量来表示的溶液浓度,如用物质的量浓度、质量浓度和体积分数等来表示的溶液。由于溶质和溶剂混和后的体积一般不等于溶质和溶剂独立存在的体积。配制这些溶液时,是将一定量的溶质与适量的溶剂混和,使溶质完全溶解,然后再加溶剂到要配制的体积,最后用玻璃棒搅匀。

【例3-18】　怎样配制500ml的0.5mol/L NaHCO₃溶液?

解:①计算:$V = 500ml = 0.5 L$,$M_{NaHCO_3} = 84g/mol$

$n_{NaHCO_3} = c_{NaHCO_3} V = 0.5mol/L \times 0.5L = 0.25mol$

$m_{NaHCO_3} = n_{NaHCO_3} M_{NaHCO_3} = 84g/mol \times 0.25mol = 21g$

②配制:按计算结果,称取21g NaHCO₃放入小烧杯中,加适量蒸馏水溶解。将溶液倒入500ml的容量瓶,再用少量蒸馏水洗涤烧杯2~3次,并把每次洗涤液也注入容量瓶中。最后加蒸馏水至500ml,混合均匀即可。

(二)溶液的稀释

在溶液中加入溶剂后,溶液的体积增大而浓度变小的过程称为溶液的稀释。

在实际工作中经常需要进行溶液的稀释,在市场上所购的分析纯或其他高浓度的溶液必须先稀释后再使用,如硫酸、盐酸等。临床上更是常常要配制和稀释注射液和其他溶液。

由于稀释过程是只向浓溶液中加入溶剂而不加入溶质,因此溶液在稀释前和稀释后溶质的量相等,没有改变。即:

稀释前溶质的量 = 稀释后溶质的量

$$C_1 V_1 = C_2 V_2$$

此原理的表示式被称为稀释公式。式中C为与溶液体积有关的浓度,V为体积。应用此式时,C_1和C_2必须用同一浓度表示法,V_1和V_2也必须采用同一体积单位;C_1和V_1分别表示稀释前浓溶液的浓度和体积,C_2和V_2分别表示稀释后稀溶液的浓度和体积。需要强调的是,若稀释前后浓度表示法或体积单位不同,必须先换算一致后方可代入稀释公式计算。

【例3-19】　配制0.2mol/L盐酸溶液100ml,需取2mol/L盐酸溶液多少毫升?如何配制?

解:①计算:设需2mol/L盐酸的体积为V_1毫升

∵ $C_1 = 2mol/L$　$C_2 = 0.2mol/L$　$V_2 = 100ml$　$V_1 = ?$

根据稀释公式,有:

$$V_1 = \frac{C_2 V_2}{C_1} = \frac{0.2 \times 100}{2.0} = 10 \text{ml}$$

答：需取 2mol/L 盐酸溶液 10ml。

②移取：用 10ml 吸量管吸取所需 2mol/L 盐酸溶液 10ml 移至 50ml 烧杯中。

③稀释：用量筒量取 20ml 蒸馏水倒入烧杯中，用玻璃棒缓慢搅动使其混匀。

④转移：用玻璃棒将烧杯内的溶液引流入 100ml 容量瓶中，然后用少量蒸馏水洗涤烧杯 2~3 次，每次的洗涤液都引入容量瓶中。

⑤定容：向容量瓶中缓慢加蒸馏水，当加到离标线 2~3cm 处时，改用胶头滴管滴加蒸馏水至溶液凹液面最低处与标线平视相切。盖好瓶塞，将溶液混匀。

第三节 溶液的渗透压

一、渗透现象和渗透压

假设在很浓的蔗糖溶液的液面上缓慢地加一层清水，不停地运动是分子的特性，则水分子会从上层进入下层；同时，蔗糖分子从下层进入上层。一段时间后，上面的水也有甜味了，最后可形成浓度均匀一致的溶液。此过程称为扩散。

有一种特殊性质的薄膜，它只允许较小的溶剂水分子自由通过而溶质分子很难通过，这种薄膜称为半透膜。半透膜有天然存在的，像动物的膀胱膜、肠衣、鸡蛋衣、生物的细胞膜等；也可以人工制得，如羊皮纸、火棉胶、玻璃纸和硫酸纸等。如果用半透膜将蔗糖溶液和纯水隔开，就会发生渗透现象。

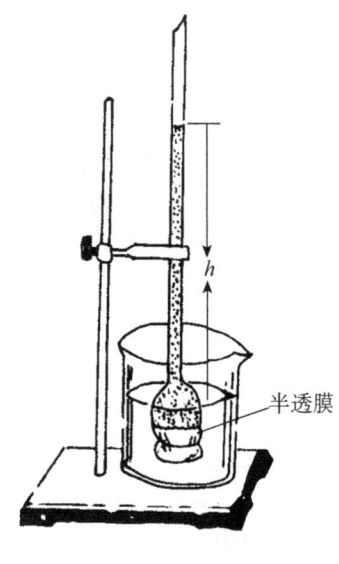

图 3-1 渗透现象

下面通过一个简单的实验来说明渗透现象。如图 3-1 所示，把一个长颈漏斗口用半透膜扎紧，然后把它安装固定在铁架台上。在长颈漏斗内加入 500g/L 蔗糖溶液，而在烧杯中放入一定量的水，先使烧杯和长颈漏斗里外液面相平。一段时间后，可以看到长颈漏斗中液面慢慢升高，升到某个高度（h）后不再上升。液面上升是由于烧杯内的水透过半透膜进入到蔗糖溶液中。这种溶剂分子通过半透膜由纯溶剂进入溶液或由稀溶液进入浓溶液的现象称为渗透现象，简称渗透。

渗透现象可以用分子运动学说来解释。由于在半透膜内是蔗糖溶液，而膜外是纯水，因此半透膜内外溶剂水的浓度（单位体积内水分子的个数）不相等，蔗糖溶液中水分子个数小于纯溶剂中水分子的个数。因此，单位时间内从纯溶剂水进入蔗糖溶液的水分子数要比从蔗糖溶液进入纯水中的水分子数多得多，由此产生了渗透现象。结果表现为水不断透过半透膜渗入蔗糖溶液，使蔗糖溶液的浓度逐渐变稀而体积逐渐增大，溶液的液面不断上升，至某一高度后停止。

为什么液面上升到某一高度静止不动呢？这是因为随着渗透的进行，管内溶液的液面逐渐升高，产生液体压力，管内液柱的压力迫使纯水中的水分子从外进入蔗糖溶液的速度逐渐变慢。当管中的液面上升到一定高度时,水分子透过半透膜向里外两个方向渗出的速度相等,即单位时间内水分子从纯水进入溶液的数目与从溶液进入纯水的数目相等,体系达到动态平衡,称为渗透平衡。这时管内液面不再变化,渗透现象不再进行。此时管内液柱所产生的压强称为蔗糖溶液的渗透压。若用半透膜把两种不同浓度的溶液隔开同样会发生渗透现象,这时水分子透过半透膜从稀溶液渗入浓溶液中去。

由此可见,渗透现象的实质是水分子由纯水向溶液或由稀溶液向浓溶液方向渗透的过程,但必须有半透膜存在,否则不会发生渗透现象,只会出现扩散现象。总之,产生渗透现象必须具备两个条件:一是有半透膜存在;二是半透膜两侧溶液有浓度差。

渗透压的大小可以用管内、外液面高度之差(h)来衡量。这段液面高度之差所产生的压强即为该溶液的渗透压。因此,渗透压可以定义为:将两种浓度不同的溶液用半透膜隔开,恰能阻止渗透现象继续发生,而达到动态平衡的压力,称为渗透压。

渗透压的单位为帕(Pa)或千帕(kPa),医学上常用千帕(kPa)。

二、渗透压与溶液浓度的关系

凡是溶液都有渗透压。溶液浓度不同,渗透压不同。实验证明:稀溶液渗透压的大小与单位体积溶液中所含溶质的粒子数(分子或离子)及绝对温度成正比,而与溶质的本性无关。这个规律称为渗透压定律。

溶液中起渗透作用的粒子总浓度称为渗透浓度。因此,渗透浓度越大,渗透压就越大;渗透浓度越小,渗透压就越小。在温度确定时,如果比较两种溶液的渗透压大小,只需比较两者的渗透浓度大小即可。

电解质溶液与非电解质溶液在计算渗透浓度时是不同的。

在非电解质溶液中,由于不发生电离,一个分子就是一个粒子,产生渗透作用的粒子就是非电解质分子。对于任何非电解质溶液来说,在相同温度下,只要物质的量浓度相同,单位体积内溶质的粒子数目就相同,它们的渗透压也必然相等。如 0.1mol/L 葡萄糖($C_6H_{12}O_6$)溶液和 0.1mol/L 蔗糖($C_{12}H_{22}O_{11}$)溶液,它们的渗透压相等。当两种非电解质溶液的物质的量浓度不同时,浓度较大的溶液,渗透压也较大。如 $c(C_6H_{12}O_6)$ = 0.2mol/L 溶液的渗透压是 $c(C_6H_{12}O_6)$ = 0.1mol/L 溶液渗透压的 2 倍。

在强电解质溶液中,由于强电解质分子全部电离成离子,使溶液中的粒子数成倍增加。因此,强电解质溶液中溶质粒子的物质的量浓度是电解质电离出的阴、阳离子的物质的量浓度的总和。不同的强电解质溶液,即使物质的量浓度相等,渗透压也未必相等。

【例 3-20】 比较 0.1mol/L NaCl 溶液与 0.1mol/L $CaCl_2$ 溶液的渗透压大小。

解:NaCl、$CaCl_2$ 是强电解质,在水中的电离情况如下。

$$NaCl = Na^+ + Cl^-$$
$$CaCl_2 = Ca^{2+} + 2Cl^-$$

0.1mol/L NaCl 溶液中离子(粒子)总浓度为 0.2mol/L;而 0.1mol/L $CaCl_2$ 溶液中离子(粒子)总浓度为 0.3mol/L。所以 0.1mol/L $CaCl_2$ 溶液的渗透压大于 0.1mol/L NaCl 溶液的渗透压。

【例 3-21】 比较 0.308mol/L 葡萄糖溶液和 9g/L NaCl 溶液的渗透压。

解:先把 9g/L NaCl 溶液的质量浓度换算成物质的量浓度。

$$C_{NaCl} = \frac{\rho_{NaCl}}{M_{NaCl}} = \frac{9g/L}{58.5g/mol} = 0.154 mol/L$$

∵ NaCl = Na$^+$ + Cl$^-$

∴ NaCl 溶液中溶质粒子浓度为 0.154mol/L×2＝0.308mol/L

答:0.308mol/L 葡萄糖溶液与 9g/L NaCl 溶液的渗透压相等。

> **重点提示**
>
> 稀溶液的渗透压与溶液的渗透浓度是成正比的,非电解质和电解质溶液在计算渗透浓度是不同的。非电解质不电离,渗透浓度等于溶液浓度。强电解质完全电离,渗透浓度大于溶液浓度。

三、渗透压在医学上的意义

(一)医学中的渗透单位

医学上除了用千帕(kPa)表示溶液渗透压外,还常采用毫渗摩尔浓度,又称毫渗量/升(mOsm/L)。毫渗量/升(mOsm/L)是指溶液中能产生渗透效应的各种物质粒子(分子或离子)的总浓度以毫摩尔每升(mmol/L)来计算的渗透压单位。

(二)等渗溶液、高渗溶液与低渗溶液

溶液的渗透压高低是相互比较而言的。在相同温度下,渗透压相等的两种溶液,称为等渗溶液。对于渗透压不相等的两种溶液,渗透压高的溶液称为高渗溶液,渗透压低的溶液称为低渗溶液。

在临床实践中,溶液的等渗、高渗或低渗是以人体血浆总渗透压作为判断标准的。血浆中各种阴阳离子的总渗透浓度约为 300mmol/L,所以,临床上规定渗透压在 280～320mmol/L 的溶液称为等渗溶液;溶液浓度低于 280mmol/L 的称为低渗溶液;溶液浓度高于 320mmol/L 的称为高渗溶液。在实际应用中,略低于 280mmol/L 或略高于 320mmol/L 的溶液,在临床上也作为等渗溶液使用。

临床上常用的等渗溶液有:生理盐水(9g/L NaCl 溶液)、50g/L 葡萄糖溶液、19g/L 乳酸钠溶液、12.59g/L NaHCO$_3$ 溶液等。

输液必须掌握的基本原则是不因输入液体而影响血浆渗透压,所以大量输液时,只能使用等渗溶液。下面讨论红细胞分别在 3 种不同浓度的 NaCl 溶液中所产生的现象。

(1) 如将红细胞放到高渗的 0.256mol/L NaCl 溶液中,在显微镜下可以看到红细胞逐渐皱缩,这种现象称为胞质分离。因为这时红细胞内液的渗透压小于外面的 0.256mol/L NaCl 溶液的渗透压,因此,水分子由红细胞内向外渗透,使红细胞皱缩。

(2) 如将红细胞放到等渗的生理盐水中,在显微镜下看到红细胞维持原状。这是因为红细胞与生理盐水渗透压相等,细胞内外达到渗透平衡的缘故。

(3) 如将红细胞放到低渗的 0.068 mol/L NaCl 溶液中,在显微镜下可以看到红细胞逐渐膨胀,最后破裂,医学上称这种现象为溶血。这是因为红细胞内液的渗透压大于外面的 0.068mol/L NaCl 溶液的渗透压,因此,水分子就要向红细胞内渗透,使红细胞膨胀,以致破裂。图 3-2 为红细胞在不同浓度 NaCl 溶液中的形态。

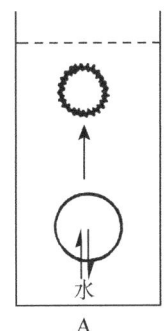 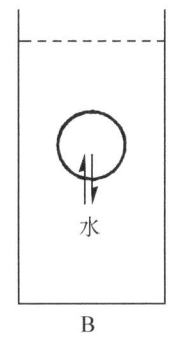 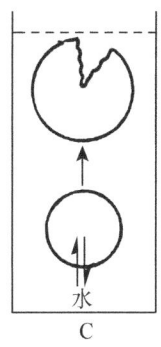

图 3-2 红细胞在不同浓度 NaCl 溶液中的形态
A. 红细胞置于 0.256mol·L⁻¹氯化钠溶液中逐渐皱缩；B. 红细胞置于 0.154mol·L⁻¹氯化钠溶液中保持原来形状；C. 红细胞置于 0.068mol·L⁻¹氯化钠溶中逐渐膨胀,最后破裂

> **重点提示**
>
> 在医疗工作中,不仅大量补液时要注意溶液的渗透压,即使小剂量注射时,也要考虑注射液的渗透压。用高渗溶液做静脉注射时,用量不能太大,注射速度要缓慢,否则易造成局部高渗引起红细胞皱缩；高渗溶液浓度越大,滴注速度越慢；当高渗溶液缓缓注入体内时,可被大量体液稀释成等渗溶液。

四、晶体渗透压与胶体渗透压

人体血浆中既有小分子(如葡萄糖等)和小离子(如 Na^+、Cl^-、HCO_3^- 等),也有大分子和大离子胶体物质(如蛋白质、核酸等)。血浆总渗透压是这两类物质所产生的渗透压的总和。由电解质离子(Na^+、K^+、Ca^{2+}、HCO_3^-)和小分子物质(葡萄糖)产生的渗透压称为晶体渗透压,由蛋白质、脂质等高分子物质产生的渗透压称为胶体渗透压。晶体渗透压维持细胞内外水的相对平衡,胶体渗透压维持血容量和血管内外水及电解质的相对平衡。

细胞膜是一种间隔着细胞内液和细胞外液的半透膜,它只允许水分子自由透过而不允许其他分子和离子透过。由于晶体渗透压远大于胶体渗透压,因此,水分子的渗透方向主要取决于晶体渗透压。当人体缺水时,细胞外液各种溶质的浓度升高,外液的晶体渗透压增大,于是细胞内液中的水分子将向细胞外液渗透,造成细胞皱缩。如果大量饮水,则又会导致细胞外液晶体渗透压减小,水分子透过细胞膜向细胞内液渗透,使细胞肿胀,严重时可引起水肿。

毛细血管壁也是体内的一种半透膜,它允许水、小分子和离子自由通过。因此,晶体渗透压对维持血管内外血液和组织间液的水盐平衡不起作用,血容量主要取决于胶体渗透压。人体因某种原因导致血浆蛋白质减少时,血浆的胶体渗透压降低,导致血容量(人体血液总量)降低。

讨论与思考

1. 摩尔质量与化学式量有何联系与区别?
2. 扩散与渗透有何不同? 产生渗透现象要具备什么条件?
3. 电解质与非电解质在计算渗透浓度时,有何不同?

习 题

一、填空题

1. 2mol H_2SO_4 中含有_____ molH^+,_____ molSO_4^{2-}。
2. 氯化钠的摩尔质量 $M(NaCl)$=_____,0.5mol NaCl 的质量 $m(NaCl)$=_____。
3. 用半透膜把稀溶液与浓溶液隔开,溶剂分子的渗透方向为_____。
4. 渗透定律说明,在一定温度下,稀溶液的渗透压只与溶液中溶质的_____成正比,而与溶质的_____无关。
5. 医学上的等渗溶液是以_____为标准确定的。
6. 晶体渗透压是由_____产生的渗透压,其主要生理功能为_____。胶体渗透压是由_____产生的渗透压,其主要生理功能为_____。

二、选择题

1. 在 0.5mol Na_2SO_4 中,含有的 Na^+ 数是( )
   A. $3.01×10^{23}$ B. $6.02×10^{23}$ C. 0.5   D. 1

2. 下列说法中,正确的是( )
   A. 1mol O 的质量是 32g/mol   B. OH^- 的摩尔质量是 17g
   C. 1mol H_2O 的质量是 18g/mol   D. CO_2 的摩尔质量是 44g/mol

3. 配制 0.10mol/L 乳酸钠($NaC_3H_5O_3$)溶液 250ml,需用 112g/L 乳酸钠溶液的体积为( )
   A. 50ml   B. 40ml   C. 25ml   D. 15ml

4. 静脉滴注 0.9g/L NaCl 溶液,红细胞结果会( )
   A. 正常   B. 基本正常   C. 皱缩   D. 溶血

5. 0.154mol/L NaCl 溶液的渗透浓度(以 mmol/L 表示)为( )
   A. 0.308   B. 308   C. 154   D. 0.154

6. 人体血液平均每 100ml 中含 K^+ 19mg,则血液中 K^+ 的渗透浓度约为(以 mmol/L 表示)( )
   A. 0.0049   B. 4.9   C. 49   D. 490

7. 将 12.5 g 葡萄糖溶于水,配成 250ml 溶液,该溶液的质量浓度为( )
   A. 25g/L   B. 5.0g/L   C. 50g/L   D. 0.025g/L

8. 下列 4 种质量浓度相同的溶液中,渗透压最大的是( )
   A. 蔗糖溶液   B. 葡萄糖溶液   C. KCl 溶液   D. NaCl 溶液

9. 会使红细胞发生皱缩的是( )
   A. 12.5g/L 的 $NaHCO_3$ 溶液   B. 1.00g/L 的 NaCl 溶液
   C. 112g/L 的 $NaC_3H_5O_3$ 溶液   D. 50g/L 的葡萄糖溶液

10. 欲使被半透膜隔开的两种溶液处于渗透平衡,则必须有(　　)

　　A. 两溶液物质的量浓度相同　　　　B. 两溶液体积相同

　　C. 两溶液的质量浓度相同　　　　　D. 两溶液渗透浓度相同

三、判断题

1. 质量浓度是指100g水中所含溶质的克数。(　　)

2. 32g氧气中含有$6.02×10^{23}$个氧分子。(　　)

3. 1ml 1mol/L的硫酸溶液比10ml 1mol/L的硫酸溶液浓度小。(　　)

4. 所谓某物质的浓度通常是指某物质的物质的量浓度。(　　)

5. 将红细胞放入某氯化钠水溶液中出现破裂,该氯化钠溶液为高渗溶液。(　　)

6. 血浆中小分子(或离子)物质的含量低于高分子物质,所以晶体渗透压一定小于胶体渗透压。(　　)

答案:

一、填空题

1. 4　2

2. 58.5g/mol　29.25g

3. 由纯溶剂向溶液渗透或由稀溶液向浓溶液渗透

4. 粒子数(分子或离子)及绝对温度　本性

5. 人体血浆总渗透压

6. 小分子和小离子　维持细胞内外水的相对平衡　大分子和大离子　维持血容量和血管内外水及电解质的相对平衡

二、选择题

1. B　2. D　3. C　4. D　5. B　6. B　7. C　8. D　9. C　10. D

三、判断题

1. 错　2. 对　3. 错　4. 对　5. 错　6. 错

(丁宏伟　张彩霞)

第 4 章

电解质溶液

学习要点
1. 强电解质和弱电解质的概念以及弱电解质的电离平衡
2. 水的电离及溶液酸碱性与 pH 的关系
3. 盐的水解及缓冲溶液在医学上的意义

电解质是指在水溶液中或熔化状态下能导电的化合物。酸、碱、盐均为电解质,这类化合物的溶液称为电解质溶液。

人体内的电解质多以离子的形式存在于体液中,如 Na^+、K^+、Ca^{2+}、Mg^{2+}、Cl^-、CO_3^{2-}、HPO_4^{2-}、$H_2PO_4^-$、SO_4^{2-} 等。它们是维持体液渗透平衡、酸碱平衡的必需成分。其含量与人体的许多生理及病理现象有着密切的关系。

第一节 弱电解质的电离平衡

一、强电解质和弱电解质

【实验 4-1】 在 5 个烧杯中分别装入等体积的 0.5mol/L 的盐酸、氢氧化钠、醋酸、氨水、氯化钠溶液进行导电性实验,注意观察灯泡的明亮程度(图 4-1)。

实验结果表明,用盐酸、氢氧化钠、氯化钠溶液导电时,灯泡较亮;用醋酸和氨水溶液导电时,灯泡较暗。即盐酸、氢氧化钠、氯化钠溶液的导电能力强于醋酸和氨水。由此可见,在相同条件下不同种类的电解质其导电能力是不同的。

电解质溶液之所以能够导电,是因为溶液中有自由移动的离子。溶液导电性的强弱与自由移动的离子数目有关。在相同条件下,单位体积内离子数目越多,溶液的导电能力越强;离子数目越少,导电能力越弱。而电解质溶液中离子数目的多少是由电解质的电离程度决定的。根据电解质电离程度的不同把电解质分为强电解质和弱电解质。

(一)强电解质

在水溶液里能全部电离成阴、阳离子的电解质称为强电解质。强酸(如盐酸、硫酸、硝酸

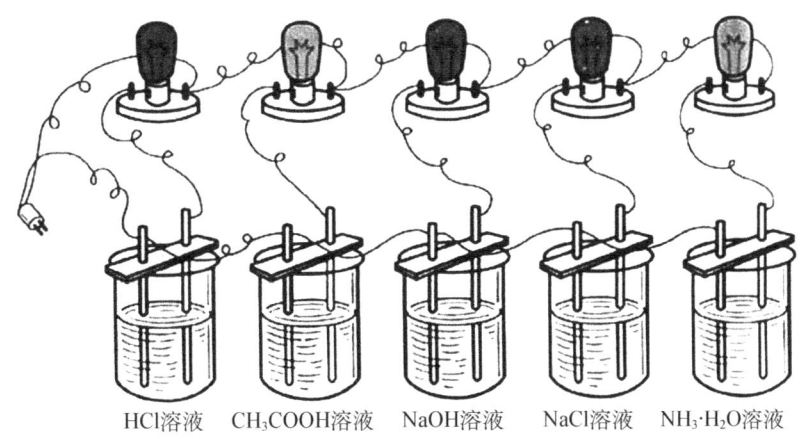

图 4-1 几种溶解质的导电性实验

等)、强碱(如氢氧化钠、氢氧化钾等)和绝大多数盐都是强电解质。强电解质在溶液中全部以离子形式存在,其电离是不可逆的,电离方程式用"══"。例如:

$$HCl = H^+ + Cl^-$$
$$NaOH = Na^+ + OH^-$$
$$NaCl = Na^+ + Cl^-$$

(二) 弱电解质

在水溶液里只能部分电离成阴、阳离子的电解质称为弱电解质。弱酸(如醋酸、碳酸等)、弱碱(如氨水等)都是弱电解质。在弱电解质溶液中,弱电解质分子电离成离子的同时,离子又重新结合成分子,其电离过程是可逆的,电离方程式用可逆符号"⇌"表示。例如:

$$CH_3COOH \rightleftharpoons CH_3COO^- + H^+$$
$$NH_3 \cdot H_2O \rightleftharpoons NH_4^+ + OH^-$$

须注意的是,多元弱酸的电离是分步进行的,例如碳酸的电离分两步进行:

第一步　$H_2CO_3 \rightleftharpoons H^+ + HCO_3^-$

第二步　$HCO_3^- \rightleftharpoons H^+ + CO_3^{2-}$

二、弱电解质的电离平衡

(一) 电离平衡

弱电解质在水溶液中的电离过程是可逆的,以醋酸为例:

$$CH_3COOH \rightleftharpoons CH_3COO^- + H^+$$

由醋酸分子电离成醋酸根离子和氢离子为正反应,开始电离时,主要是醋酸分子的电离,正反应速率较大,随着醋酸分子的电离,溶液中分子浓度不断减小,离子浓度不断增大,因而正反应速率不断减小,离子结合成分子的逆反应的速率逐渐加快。当正反应的速率和逆反应的速率相等时,溶液中的醋酸分子、氢离子和醋酸根离子的浓度不再随时间改变,体系处于电离平衡状态。

这种在一定条件下,当弱电解质的分子电离成离子的速度和离子重新结合成分子的速度相等时的状态称为化学平衡,因为此反应是弱电解质的电离,又称为电离平衡(图4-2)。

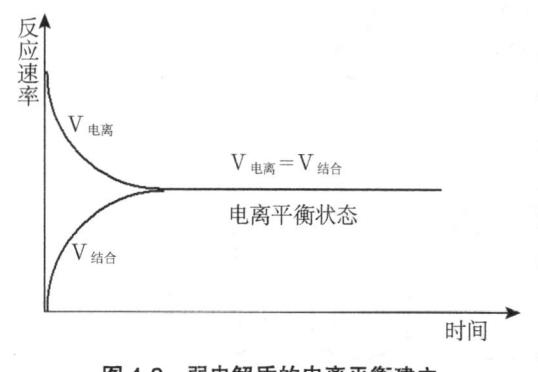

图 4-2　弱电解质的电离平衡建立

电离平衡是动态平衡,当外界条件发生改变时,电离平衡就会发生移动。电离平衡属于化学平衡,符合一般化学平衡的原理。如外界条件改变,使弱电解质的分子电离成离子的速度大于离子重新结合成分子的速度,电离平衡将向有利于正反应的方向进行(平衡向右移动);如外界条件改变,使离子重新结合成分子的速度大于弱电解质的分子电离成离子的速度,电离平衡将向有利于逆反应的方向进行(平衡向左移动)。

(二)电离度

不同的弱电解质在水溶液里的电离程度是不相同的,在电离平衡下弱电解质的电离程度可用电离度表示。电离度是当弱电解质达到电离平衡时,已电离的弱电解质分子数占该弱电解质分子总数(包括已电离的和未电离的)的百分数。电离度常用 α 表示。

$$\alpha = \frac{已电离的电解质分子数}{电解质分子总数} \times 100\%$$

在相同条件下,弱电解质电离度数值的大小可表示弱电解质的相对强弱。几种常见弱电解质的电离度见表4-1。

表 4-1　一些常见弱电解质的电离度(0.1 mol/L,25℃)

电解质	化学式	电离度(%)	电解质	化学式	电离度(%)
氢氰酸	HCN	0.01	硼酸	H_3BO_3	0.01
醋酸	CH_3COOH	1.32	氢硫酸	H_2S	0.07
氢氟酸	HF	8.8	碳酸	H_2CO_3	0.17
氨水	$NH_3 \cdot H_2O$	1.33	磷酸	H_3PO_4	27

不同的弱电解质电离度不同,电解质越弱,电离度越小。因此,可以用电离度比较弱电解质的相对强弱。

弱电解质电离度的大小除了与其本性有关外,还与温度和浓度有关。因为电离是一个吸热过程,温度升高有利于电离,所以温度越高,电离度越大;在相同温度下,同一弱电解质的浓度越小,则电离度越大。所以在表示弱电解质的电离度时,必须指出溶液的温度和浓度。

(三)电离平衡的移动

在氨水中存在着下列平衡:

$$NH_3 \cdot H_2O \rightleftharpoons NH_4^+ + OH^-$$

达到电离平衡时,溶液中的 $NH_3 \cdot H_2O$、NH_4^+ 和 OH^- 都保持一定的浓度,如果改变其中任何一种物质的浓度,平衡将会发生移动。

例如向溶液中加入盐酸,它电离出的 H^+ 能与溶液中的 OH^- 结合成 H_2O,使溶液中的 OH^- 浓度减小,从而破坏了氨水原来的电离平衡,使电离平衡向右移动;加入 NaOH 溶液能增大溶液 OH^- 浓度,使电离平衡向左移动;加入浓氨水,增大 $NH_3 \cdot H_2O$ 的浓度,使电离平衡向右移动。

由此可见,当弱电解质达到电离平衡时,改变电解质分子或电解质离子浓度可使原来的平衡破坏,直至建立新的平衡。这种由于条件(如浓度、温度等)的改变,弱电解质由原来的电离平衡达到新的电离平衡的过程,称为电离平衡的移动。

> **重点提示**
>
> 电解质离子是人体体液重要的组成部分。无论细胞内液或细胞外液,其中所含阴、阳离子的总电荷数相等,呈电中性。任何一种阳(或阴)离子浓度的改变,都可造成电解质代谢紊乱,轻者使心血管系统、神经系统的生理功能和机体的物质代谢发生障碍,严重时可导致死亡。

第二节 水的电离和溶液的 pH

水广泛分布在人体内,具有非常重要的生理功能,水不仅能影响体液的渗透压,还能影响体液的酸碱性。水溶液的酸碱性总是与水的电离有着密切的关系,因此在学习溶液的酸碱性之前先讨论水的电离。

一、水 的 电 离

根据精确的科学实验证明,水是一种极弱的电解质,只能电离出极少量的 H^+ 和 OH^-。电离方程式如下。

$$H_2O \rightleftharpoons H^+ + OH^-$$

从纯水的导电实验测得,在 25℃达到电离平衡时,1L 纯水(物质的量为 55.5mol)中仅有 10^{-7} mol 水分子电离,因此,纯水中 $[H^+] = [OH^-] = 1 \times 10^{-7}$ mol/L,二者的乘积是一个常数,用 K_w 表示。

$$K_w = [H^+] \cdot [OH^-] = 1 \times 10^{-14}$$

K_w 称为水的离子积常数,简称为水的离子积。水的离子积与温度有关。25℃时,纯水以及酸性或碱性稀溶液中水的离子积常数都是 1×10^{-14}。

二、溶液的酸碱性和 pH

(一)溶液的酸碱性和[H^+]的关系

常温时,纯水中[H^+]和[OH^-]相等,都是 1×10^{-7} mol/L,溶液呈中性。

如果向纯水中加酸,[H^+]增大,破坏了水的电离平衡,使其平衡向左移动,达到新平衡时,[H^+]>[OH^-],溶液呈酸性。反之,在碱性溶液中,[H^+]<[OH^-],溶液呈碱性。

综上所述,常温时:

中性溶液 [H^+] = [OH^-] [H^+] = 1×10^{-7} mol/L

酸性溶液 [H^+] > [OH^-] [H^+] > 1×10^{-7} mol/L

碱性溶液 [H^+] < [OH^-] [H^+] < 1×10^{-7} mol/L

由于存在水的电离平衡,任何水溶液中 H^+ 和 OH^- 是共存的,溶液显中性、酸性或碱性,取决于[H^+]与[OH^-]浓度的相对大小。[H^+]浓度越大,[OH^-]浓度就越小,溶液的酸性越强;反之[H^+]浓度越小,[OH^-]浓度就越大,溶液的碱性越强。因此,溶液的酸碱度可以用[H^+]或[OH^-]表示。

(二) pH

在化学和医学上经常使用 H^+ 浓度很低的溶液,如血清中的 [H^+] = 3.98×10^{-8} mol/L,书写和计算不方便,常采用 pH 来表示溶液的酸碱性。pH 是指溶液中[H^+]浓度的负对数。

$$pH = -lg[H^+]$$

例如:[H^+] = 1×10^{-7} mol/L   则 pH = $-lg10^{-7}$ = 7
     [H^+] = 1×10^{-3} mol/L   则 pH = $-lg10^{-3}$ = 3
     [H^+] = 1×10^{-9} mol/L   则 pH = $-lg10^{-9}$ = 9

溶液的酸碱性与 pH 的关系是:

中性溶液   pH = 7
酸性溶液   pH < 7
碱性溶液   pH > 7

可见,pH 越小,溶液的酸性越强;反之,pH 越大,溶液的碱性越强。H^+ 和 pH 的对应关系表示见表 4-2。

表 4-2 [H^+]和 pH 的对应关系

[H^+]	10^0	10^{-1}	10^{-2}	10^{-3}	10^{-4}	10^{-5}	10^{-6}	10^{-7}	10^{-8}	10^{-9}	10^{-10}	10^{-11}	10^{-12}	10^{-13}	10^{-14}
pH	0	1	2	3	4	5	6	7	8	9	10	11	12	13	14

←—— 酸性逐渐增强 —— 中性 —— 碱性逐渐增强 ——→

由表 4-2 可以看出,pH 常用范围在 1~14。当溶液的[H^+]大于 1mol/L 时,用 pH 来表示溶液的酸碱性并不方便,而是直接用[H^+]来表示。

另外,还必须注意,溶液的 pH 相差一个单位,[H^+]相差 10 倍。pH 增大 1 个单位,[H^+]减小 10 倍;pH 减小 2 个单位,[H^+]增大 100 倍;依次类推。

(三) pH 在医学上的意义

pH 在医学上具有重要的意义。例如,人体血液的 pH 可直接影响全身各部分的功能,正常人血液的 pH 总是维持在 7.35~7.45,临床上把人体血液的 pH 大于 7.45,称为碱中毒;把血液的 pH 小于 7.35 称为酸中毒。当 pH 偏离正常范围 0.4 个单位以上时,就有生命危险,必须采取适当的措施纠正。静脉输液时,药液的 pH 最好与血液的 pH 相差不大,以免引起血液 pH 的改变。另外,人体体液都有各自一定的 pH 范围(表 4-3)。

表 4-3 人体体液的 pH

体液	乳汁	胃液	唾液	血液	小肠液	尿液
pH	6.6~6.9	0.9~1.5	6.35~6.85	7.35~7.45	7.6	4.8~7.5

(四)溶液 pH 的测定

溶液 pH 的测定方法很多,常见的有以下几种。

1. 酸碱指示剂　酸碱指示剂是一种借助于自身颜色变化来指示溶液 pH 的物质,它们在不同的 pH 溶液中能显示不同的颜色,可以根据它们在某溶液中显示的颜色来粗略地判断溶液的 pH。指示剂发生颜色变化的 pH 范围叫作指示剂的变色范围。常见酸碱指示剂的名称、变色范围和颜色变化见表 4-4。

表 4-4　常用酸碱指示剂的变色范围及颜色变化

酸碱指示剂	变色范围(pH)	颜色变化
酚酞	8.0~10.0	无色~红色
石蕊	5.0~8.0	红色~蓝色
甲基橙	3.1~4.4	红色~黄色

2. pH 试纸　由多种酸碱指示剂的混合液浸渍而成的试纸称 pH 试纸。pH 试纸在不同的 pH 溶液中显示出不同的颜色。使用时将待测溶液滴到 pH 试纸上,将试纸呈现的颜色与标准比色卡对照,即可测出溶液的近似 pH。如临床上常用 pH 试纸测定病人尿液的 pH。

3. pH 计　pH 计又称酸度计,是准确测定溶液 pH 的精密仪器。

> **重点提示**
>
> 人体内的各个组织器官都有着各自不同的生存环境需求,其实质就是体内环境所呈现出的不同酸碱性,其酸碱程度通常用 pH 来表示。

第三节　离 子 反 应

一、离子反应和离子方程式

【实验 4-2】　在 3 支洁净的试管中分别加入 0.1mol/L 的 NaCl、KCl 和 HCl 溶液各 2ml,然后向 3 支试管各加入数滴 0.1mol/L 的 $AgNO_3$ 溶液。观察实验现象。

结果表明,3 支试管中都生成了相同的白色沉淀。下面以 NaCl 和 $AgNO_3$ 的反应为例进行分析。

化学方程式:$NaCl+AgNO_3 = NaNO_3+AgCl\downarrow$

上式中 NaCl、$AgNO_3$ 和 $NaNO_3$ 都是强电解质,在溶液中都以离子形式存在,而 AgCl 是难溶于水的物质,在溶液中以分子形式存在,不能写成离子,所以上述反应可表示为

$$Na^+ + Cl^- + Ag^+ + NO_3^- = Na^+ + NO_3^- + AgCl\downarrow$$

反应前后 Na^+ 和 NO_3^- 没有发生变化,即没有参加反应,这个反应的实质是

$$Ag^+ + Cl^- = AgCl\downarrow$$

凡是有离子参加的化学反应称为离子反应。上述实验中的 K^+、H^+、Na^+、NO_3^- 没有参加反应,实际参加反应的都是 Ag^+ 和 Cl^-。这种用实际参加反应的离子符号表示的化学方程式称为

离子方程式。离子方程式不仅表示特定物质间的反应实质,还能表示同一类型的反应规律。

二、离子反应发生的条件

复分解反应实际上就是两种电解质在溶液中的离子反应,这类反应发生的条件就是离子反应发生的条件。

(一) 生成沉淀的反应

例如:Na_2CO_3 溶液和 $CaCl_2$ 溶液的反应:

$$Na_2CO_3+CaCl_2 = 2NaCl+CaCO_3\downarrow$$

离子方程式:

$$Ca^{2+}+CO_3^{2-} = CaCO_3\downarrow$$

这个离子方程式说明,Na_2CO_3 溶液和 $CaCl_2$ 溶液反应的实质是 Ca^{2+} 和 CO_3^{2-} 生成了 $CaCO_3$ 沉淀,而且还表明任何可溶性碳酸盐和可溶性钙盐反应都生成 $CaCO_3$ 沉淀。

(二) 生成气体的反应

例如:Na_2CO_3 溶液和 HCl 溶液的反应:

$$Na_2CO_3+2HCl = 2NaCl+CO_2\uparrow+H_2O$$

离子方程式:

$$2H^++CO_3^{2-} = CO_2\uparrow+H_2O$$

这个离子方程式说明,Na_2CO_3 溶液和 HCl 溶液反应的实质是 H^+ 和 CO_3^{2-} 反应生成了 H_2O 和 CO_2 气体,而且还表明任何强酸和碳酸盐反应都生成 H_2O 和 CO_2 气体。

(三) 生成难电离物质的反应

例如:$NaOH$ 溶液和 HCl 溶液的反应:

$$NaOH+HCl = NaCl+H_2O$$

离子方程式:

$$H^++OH^- = H_2O$$

这个离子方程式说明,$NaOH$ 溶液和 HCl 溶液反应的实质是 H^+ 和 OH^- 反应生成了弱电解质 H_2O,而且还说明了任何酸碱中和反应的实质都是 H^+ 和 OH^- 结合成 H_2O。

除了上述复分解反应外,还有其他类型的离子反应,如置换反应、氧化还原反应等。

例如,Zn 和 HCl 所发生置换反应的离子方程式为

$$Zn+2H^+ = Zn^{2+}+H_2\uparrow$$

必须注意:在书写离子方程式时,单质、气体、沉淀、水和其他难电离的物质(包括弱电解质)都不能写成离子,都要写成分子式。

第四节 盐的水解

一、盐水解特性

我们知道,酸的水溶液呈酸性,碱的水溶液呈碱性,而盐是酸、碱中和的产物,那么盐的水溶液是否一定都呈中性呢?让我们共同来观察一组实验。

【实验4-3】 用 pH 试纸分别测定相同浓度的 CH_3COONa、Na_2CO_3、NH_4Cl、$Al_2(SO_4)_3$、$NaCl$、KNO_3 溶液的 pH，与标准比色卡对照。

结果表明：CH_3COONa、Na_2CO_3 的水溶液 pH>7，呈碱性；NH_4Cl、$Al_2(SO_4)_3$ 的水溶液 pH<7，呈酸性；而 $NaCl$、KNO_3 水溶液 pH＝7，呈中性。

这是因为有的盐溶于水时，盐的离子与水电离出的 H^+ 或 OH^- 作用，生成了弱酸或弱碱，使水的电离平衡发生了移动，改变了溶液中 H^+ 或 OH^- 的相对浓度，所以不同的盐溶液显示不同的酸碱性。

在溶液中，盐的离子和水中的 H^+ 或 OH^- 结合成弱电解质的反应称为盐的水解。

二、盐水解的主要类型

盐类的水解有什么规律？下面我们来分类讨论。

(一) 强碱弱酸盐的水解

以 CH_3COONa 为例，CH_3COONa 是强碱 NaOH 和弱酸 CH_3COOH 生成的盐，其水解过程如下。

$$CH_3COONa \rightleftharpoons CH_3COO^- + Na^+$$
$$+$$
$$H_2O \rightleftharpoons H^+ + OH^-$$
$$\updownarrow$$
$$CH_3COOH$$

CH_3COONa 是强电解质，在水溶液中全部电离成 Na^+ 和 CH_3COO^-，而水是一种极弱电解质，只能电离出少量的 H^+ 和 OH^-，由于 CH_3COO^- 与 H^+ 结合生成了弱电解质 CH_3COOH，从而破坏了水的电离平衡，促使水的电离平衡向右移动。当达到新的平衡时，溶液中的 $[OH^-]>[H^+]$，溶液显碱性。上述反应可用离子方程式表示如下。

$$CH_3COO^- + H_2O \rightleftharpoons CH_3COOH + OH^-$$

结论：强碱弱酸盐能水解，水溶液显碱性。

实质：弱酸根离子和水中的氢离子结合生成了弱酸。

其他实例：Na_2CO_3、$NaHCO_3$、Na_2S、K_3PO_4 等。

(二) 强酸弱碱盐的水解

NH_4Cl 是强酸 HCl 和弱碱 $NH_3 \cdot H_2O$ 生成的盐，其水解过程可表示如下。

$$NH_4Cl \rightleftharpoons NH_4^+ + OH^-$$
$$+$$
$$H_2O \rightleftharpoons OH^+ + H^+$$
$$\updownarrow$$
$$NH_3 \cdot H_2O$$

NH_4Cl 是强电解质，在水溶液中全部电离成 NH_4^+ 和 Cl^-，其电离的 NH_4^+ 与水电离的 OH^- 结合生成了弱电解质 $NH_3 \cdot H_2O$，从而破坏了水的电离平衡，促使水的电离平衡向右移动。当达到新的平衡时,溶液中的$[H^+]>[OH^-]$,溶液显酸性。上述反应可用离子方程式表示如下。

$$NH_4^+ + H_2O \rightleftharpoons NH_3 \cdot H_2O + H^+$$

结论:强酸弱碱盐能水解,水溶液显酸性。
实质:弱碱根离子和水中的氢氧根离子结合生成了弱碱。
其他实例:$FeCl_3$、NH_4NO_3、$Al_2(SO_4)_3$ 等。

强酸强碱盐如 $NaCl$、KNO_3、Na_2SO_4 等,由于它们电离生成的阴、阳离子都不与水中的 H^+ 和 OH^- 结合成弱电解质,没有破坏水的电离平衡,所以其水溶液显中性。

弱酸弱碱盐的水解情况比较复杂,这里不做讨论。

三、盐类水解在医学上的应用

盐的水解在医药卫生方面具有重要意义。临床上治疗胃酸过多或代谢性酸中毒时常使用碳酸氢钠或乳酸钠($C_3H_5O_3Na$),就是利用它们水解显碱性的原理;治疗碱中毒时常使用氯化铵是利用该盐水解显酸性的原理。又如,临床上常用铝盐治疗胃溃疡,是因为铝盐水解产生的胶状氢氧化铝可在溃疡表面形成保护层。

盐的水解也会带来不利影响。例如某些药物因与潮湿的空气接触容易水解变质,对这些药品应密闭保存在干燥处;在制剂室配制易水解的药物时,通常将其制成片剂或胶囊剂,再密封保存,以防止水解变质。

第五节 缓冲溶液

一、缓冲作用和缓冲溶液

【实验4-4】 取 6 支试管依次编号。其中 1、2 号试管各加入蒸馏水 4ml,3、4 号试管各加入 0.1mol/L 的 KCl 溶液 4ml,5、6 号试管各加入 CH_3COOH 和 CH_3COONa 的混合液(浓度均为 0.1mol/L)4ml,用 pH 试纸分别测定 6 只试管内溶液的 pH。然后在 1、3、5 号试管中分别加入 2 滴 0.01mol/L 的 HCl 溶液,在 2、4、6 号试管中分别加入 2 滴 0.01mol/L 的 NaOH 溶液,再次测定 6 只试管内溶液的 pH,其测定结果如表4-5所示。

表4-5 溶液中加入酸碱的 pH 变化

溶　液	蒸馏水	0.1mol/L KCl	0.1mol/L($CH_3COOH + CH_3COONa$)
原始溶液的 pH	7.0	7.0	4.75
加入 2 滴 0.01mol/L HCl	3.0	3.0	4.74
加 2 滴 0.01mol/L NaOH	11.0	11.0	4.76

结果表明,在蒸馏水和 KCl 溶液中加入少量酸或碱后,pH 发生了显著的变化,而在 CH_3COOH 和 CH_3COONa 的混合溶液中加入少量酸或碱后,pH 几乎不发生变化。这说明 CH_3COOH 和 CH_3COONa 的混合溶液具有抵抗酸碱影响的能力。若在 CH_3COOH 和 CH_3COONa 的混合溶液中加入少量水稀释,pH 也几乎不变。

能抵抗外来少量强酸、强碱或稀释后,保持溶液的 pH 几乎不发生明显改变的作用称为缓冲作用。具有缓冲作用的溶液称为缓冲溶液。

二、缓冲溶液的类型和组成

缓冲溶液具有缓冲作用是因为缓冲溶液中存在着抗酸成分和抗碱成分,而且两种成分之间存在着化学平衡。其中能够对抗外来少量强酸的成分称为抗酸成分,能够对抗外来少量强碱的成分称为抗碱成分。通常把这两种物质称为缓冲对,组成的体系称为缓冲系。根据缓冲对组成不同,可把缓冲溶液分为 3 种类型。

(一) 弱酸及其对应的盐

弱酸(抗碱成分)	对应的盐(抗酸成分)
CH_3COOH	CH_3COONa
H_2CO_3	$NaHCO_3$

(二) 弱碱及其对应的盐

弱碱(抗酸成分)	对应的盐(抗碱成分)
$NH_3 \cdot H_2O$	NH_4Cl

(三) 多元酸的酸式盐及其对应的次级盐

多元酸的酸式盐(抗碱成分)	对应的次级盐(抗酸成分)
$NaHCO_3$	Na_2CO_3
NaH_2PO_4	Na_2HPO_4
Na_2HPO_4	Na_3PO_4

三、缓冲溶液在医学上的意义

人体内各种体液的 pH 具有十分重要的意义。如:人体血液的 pH 之所以能维持在7.35~7.45 这个狭小的范围内,因为血液是一种复杂的缓冲溶液,含有多种由弱酸及相应的弱酸盐组成的缓冲对。血液缓冲体系根据存在的部位不同分为血浆缓冲体系和红细胞缓冲体系。

血浆中:$\dfrac{H_2CO_3}{NaHCO_3}、\dfrac{NaH_2PO_4}{Na_2HPO_4}、\dfrac{H-Pr}{Na-Pr}$ (Pr:血浆蛋白)

红细胞中:$\dfrac{H_2CO_3}{KHCO_3}、\dfrac{KH_2PO_4}{K_2HPO_4}、\dfrac{HHb}{KHb}、\dfrac{HHbO_2}{KHbO_2}$ (Hb:血红蛋白)

血浆中的主要阳离子为 Na^+,故弱酸盐为钠盐;红细胞中的主要阳离子为 K^+,故弱酸盐为钾盐。在这些缓冲体系中,碳酸和碳酸氢盐组成的缓冲体系在血液中浓度最高,缓冲能力最强,维持血液正常 pH 的作用也最重要。

> **重点提示**
>
> $NaHCO_3$ 是血浆中含量最多的抗酸成分,称为碱储。正常血浆中只要 H_2CO_3 与 $NaHCO_3$ 缓冲系的缓冲比为 1/20,血浆中的 pH 即可维持在 7.40。由肺的呼吸作用和肾的生理功能补偿或调节使血液中的 H_2CO_3 与 $NaHCO_3$ 缓冲系的浓度保持相对稳定。

讨论与思考

1. 在 CH_3COOH 溶液中,分别加入适量的 HCl 或 NaOH,对 CH_3COOH 的电离平衡有什么影响?
2. 为什么氢氧化铝、碳酸氢钠(胃舒平的有效成分)能有效中和过多的胃酸?
3. 酸性溶液中是否有 OH^- 离子存在?碱性溶液中是否有 H^+ 离子存在?
4. 强酸或强碱与其对应的盐为什么不能组成缓冲溶液?

习 题

一、名词解释

1. 电离平衡 2. 酸碱指示剂 3. 盐类的水解 4. 缓冲作用

二、填空题

1. 电解质分为强电解质和弱电解质,强电解质是在水溶液里能_____的电解质,弱电解质是在水溶液里_____的电解质;大多数盐都是_____电解质。
2. 所谓 pH 是指溶液中_____,数学表达式为_____。正常人体血液的 pH 总是维持在_____之间。临床上所说的酸中毒是指_____。
3. 离子反应的条件是有_____、_____和_____生成。书写离子方程式时,不能写成离子的物质有_____、_____、_____水和其他弱电解质。
4. 三氯化铁、硫化钠、碳酸氢钠、硝酸钾、硝酸铵、硫酸钠和硫酸铵中属于强碱弱酸盐的有_____、_____,水解后显酸性的有_____、_____和_____,不能水解的有_____、_____。

三、选择题

1. 下列物质中属于强电解质的是(   )
   A. 醋酸　　　　B. 碳酸　　　　C. 硫酸　　　　D. 氨水
2. 下列物质中属于弱电解质的是(   )
   A. 盐酸　　　　B. 硝酸　　　　C. 硫酸　　　　D. 氨水
3. 在 $CH_3COOH \rightleftharpoons CH_3COO^- + H^+$ 平衡体系中使电离平衡向左移条件是(   )
   A. 加入氢氧化钠　B. 加入盐酸　　C. 升高温度　　D. 用水稀释
4. 在下列物质的水溶液中存在电离平衡的是(   )
   A. HNO_3　　　B. Na_2S　　　C. KOH　　　　D. H_2CO_3
5. $[H^+] = 10^{-10}$ mol/L 的溶液,其 pH 应为(   )
   A. 14　　　　　B. 1　　　　　C. 10　　　　　D. 4
6. 下列物质中酸性最强的是(   )
   A. 碳酸　　　　B. 醋酸　　　　C. 氢硫酸　　　D. 硫酸
7. 可用离子方程式 $H^+ + OH^- = H_2O$ 表示的化学反应是
   A. 氨水+盐酸　　　　　　　　　B. 醋酸+氢氧化钠
   C. 盐酸+碳酸钠　　　　　　　　D. 盐酸+氢氧化钠
8. 对于碱性物质,下列叙述正确的是(   )
   A. 只有 OH^- 存在　　　　　　B. pH 大于等于 7
   C. $[H^+]$ 大于 $[OH^-]$　　　　D. $[H^+]$ 小于 $[OH^-]$

9. 物质的量浓度相同的下列溶液,pH 最大的是( )
   A. 氯化钠　　　　B. 碳酸　　　　　C. 硫酸　　　　　D. 碳酸氢钠
10. 影响弱电解质电离度大小的主要因素是( )
    A. 温度　　　　　B. 浓度　　　　　C. 弱电解质的本性　D. 导电能力
11. 下列各组物质能组成缓冲对的是( )
    A. HCl 和 NaCl　　　　　　　　B. H_2SO_4 和 Na_2SO_4
    C. H_2SO_4 和 $NaHSO_4$　　　D. CH_3COOH 和 CH_3COONa
12. 对于醋酸溶液,下列说法正确的是( )
    A. 溶液中没有氢氧根离子
    B. 溶液中没有醋酸分子,只有氢离子和醋酸根离子
    C. 溶液中醋酸分子、醋酸根离子、氢离子、氢氧根离子同时存在
    D. 溶液中只有醋酸根离子和氢离子
13. 测定溶液 pH 最精确的方法是( )
    A. 用眼看　　　　B. 用 pH 试纸　　C. 用 pH 计　　　D. 用酸碱指示剂
14. 对于 pH=0 的溶液,下列说法正确的是( )
    A. 酸性最强的溶液　　　　　　　B. 相当于 1mol/L 的醋酸溶液
    C. 是[H^+]=0 的溶液　　　　　D. 是溶液中[H^+]=1mol/L 的溶液
15. 下列物质因水解而显碱性的是( )
    A. 三氯化铁　　　B. 硝酸钾　　　　C. 氯化钠　　　　D. 碳酸氢钠

答案:
一、名词解释:(略)
二、填空题
1. 全部电离　部分电离　强
2. [H^+]浓度的负对数　pH = -lg[H^+]　7.35~7.45　血液的 pH 小于 7.35
3. 沉淀　气体　难电离的物质　单质　气体　沉淀
4. 硫化钠　碳酸氢钠　三氯化铁　硝酸铵　硫酸铵　硝酸钾　硫酸钠
三、选择题
1. C　2. D　3. B　4. D　5. C　6. D　7. D　8. D　9. D　10. C　11. D　12. C　13. C
14. D　15. D

(刘 菓)

第5章

有机化合物的概述

学习要点
1. 有机化合物的定义、特性、结构特点
2. 结构式、同分异构现象和官能团的概念
3. 分子结构式的书写，有机化合物的分类

有机化合物与人类关系十分密切。人体的组织主要是由有机化合物组成的。作为人类主要食物的糖类、脂肪和蛋白质在人体内的代谢过程都是有机化合物之间的反应。

一、有机化合物的概念

有机化合物与人类的衣食住行、医疗卫生等有着密切的关系。如：在日常生活中遇到的淀粉、橡胶、塑料、酒精、汽油等物质，都属于有机化合物。人体内所发生的化学反应也多是有机化合物之间的反应，大部分的合成药物以及中草药的有效成分，也都是有机化合物。因此，我们学好有机化合物的一些基本知识，对学好医学专业课是非常有必要的。

有机化合物在分子组成上都含有碳元素，绝大多数还含有氢元素。由于有机化合物分子中的氢原子能被其他的原子或原子团所替代，从而衍生出许多其他的有机化合物，所以我们把碳氢化合物及其衍生物统称为有机化合物，简称有机物。研究有机化合物的组成、结构、性质及其变化规律、合成方法、应用的化学科学称为有机化学。

二、有机化合物的特性

1. **可燃性** 绝大多数有机化合物都可以燃烧，如塑料、棉花、木材、汽油等。而大部分无机物不能燃烧。

2. **熔点低** 大多数有机化合物的熔点都比较低，一般在300℃以下，很少有超过400℃的。如：酒精、汽油、脂肪；但是无机物氯化钠的熔点是800℃，氧化铝的熔点是2050℃。

3. **难溶于水** 绝大多数有机化合物难溶于水，而易溶于酒精、乙醚等有机溶剂。而无机化合物则相反，大多数易溶于水，难溶于有机溶剂。

4. **稳定性差** 多数有机物不如无机物稳定，有机化合物常因温度、细菌、光照或空气的影

响而变质。所以许多药物常标明有效期。

5. **反应速度慢** 多数有机物之间的反应速度较慢,有的需几小时、几天,甚至更长的时间才能完成。因此常采用加热、光照或使用催化剂等来加快有机化学反应的进行。

6. **反应产物复杂** 多数有机化合物之间的反应比较复杂,常伴有不良反应发生,所以反应后的产物常常是混合物。

有机化合物虽具有和无机化合物不同的特性,但同样服从于一般的化学变化规律。

三、有机化合物的结构

(一) 碳原子的特性

1. **碳原子的化合价** 碳元素位于元素周期表的第 2 周期第ⅣA族,最外电子层有 4 个电子。碳原子在化学反应中,既不容易失去电子,也不容易得到电子,因此碳原子一般与其他原子以共用电子对的形式形成 4 个共价键。在有机化合物分子中,碳原子显示 4 价。例如,甲烷的分子式为 CH_4,结构式为

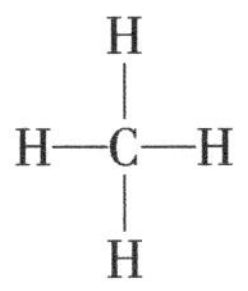

$$H-\overset{\overset{H}{|}}{\underset{\underset{H}{|}}{C}}-H$$

上式不仅表示甲烷分子中所含元素的种类和原子的数目,而且还表示分子中原子间的连接顺序和成键方式,这种表示分子中原子间的连接顺序和成键方式的化学式,称为结构式。

2. **碳碳键的类型** 碳原子的 4 个共价键不仅能跟其他原子相结合,而且碳原子之间也可以通过共价键相结合,两个碳原子之间共用一对电子形成的化学键,称为碳碳单键;两个碳原子之间共用两对电子形成的化学键,称为碳碳双键;两个碳原子之间共用 3 对电子形成的化学键,称为碳碳三键。这三种碳碳键可表示如下。

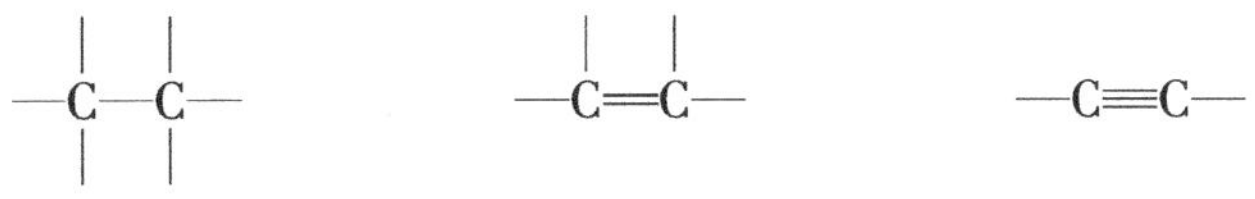

3. **碳原子的连接形式** 碳原子之间可以相互连接形成长短不一的链状和各种不同的环状,构成有机化合物的基本骨架,称为碳架。根据碳原子之间的连接方式不同,碳架可分为链状碳架和环状碳架两类。

碳原子之间几个或几十个,甚至更多的碳原子之间相互结合形成长短不一、首尾不相连接的碳链叫作链状碳链,简称开链。碳原子之间首尾相连接而形成的环状的碳链叫作环状碳链,简称碳环。

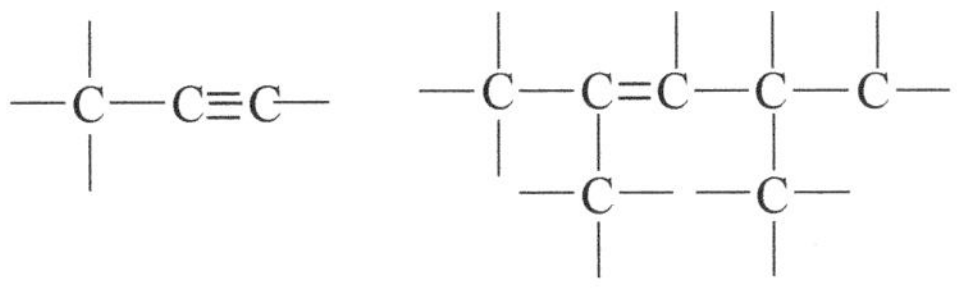

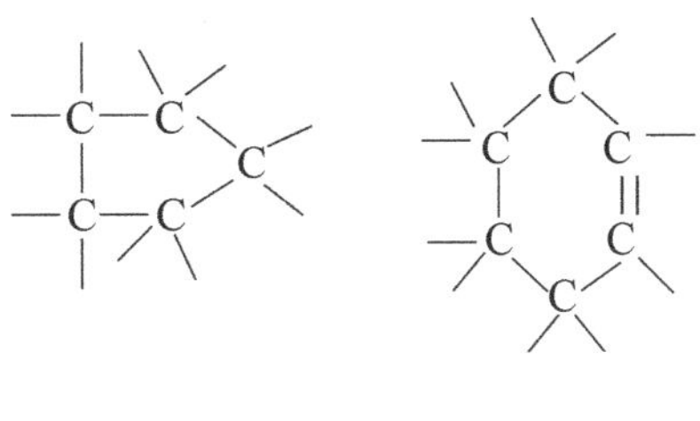

由此可以看出,在有机化合物中碳原子成键方式和连接形式的多样性是造成有机化合物种类繁多的原因之一。

(二)同分异构现象

有机化合物的结构决定其性质。例如:分子组成为 C_2H_6O 的化合物,具有以下 2 种不同的结构式。

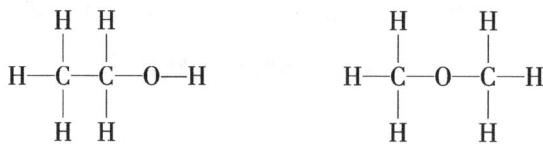

前者是我们熟悉的酒精,常温下是液体,与水互溶,与钠反应,而后者是甲醚,在常温下是气体,不与钠反应。这种分子组成相同,而结构不同的化合物,互称为同分异构体,这种现象称为同分异构现象。

同分异构现象在有机化合物中普遍存在,这也是造成有机化合物种类繁多的又一个重要因素。每一种物质都有其一定的结构。对于含有碳原子很多的有机物,完全展开来写结构式是不易的。为了方便起见,常用结构简式表示(又称示性式)。例如乙醇和甲醚的结构简式分别为

$$CH_3-CH_2-OH \qquad CH_3-O-CH_3$$

重点提示

碳原子价键及价键类型是决定有机物结构特点的重要因素。

四、有机化合物的分类

有机化合物的种类繁多,为了方便学习和研究,必须进行系统的分类。一般有 2 种分类法。

(一)按碳链分类

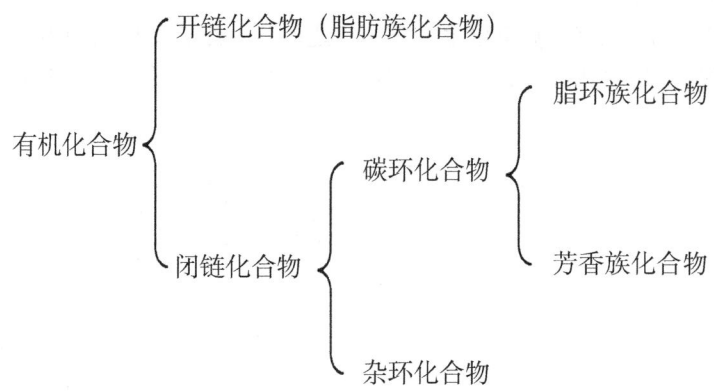

1. **开链化合物** 是指碳与碳或碳与其他原子之间结合成开放性链状的有机物。由于这类化合物最初是在脂肪中发现的,所以又称为脂肪族化合物。如:

$$CH_3-CH_2-CH_3 \quad CH_3-CH_2-CH_2-CH_3$$

2. **闭链化合物** 是指碳与碳或碳与其他原子之间结合成环状的有机化合物。根据分子中成环的原子种类不同,又分为碳环化合物和杂环化合物。

(1)碳环化合物:是指分子中的环全部由碳原子组成的化合物。根据碳环结构不同,又分为脂环族化合物和芳香族化合物。脂环族化合物是与脂肪族化合物性质相似的碳环化合物。例如:

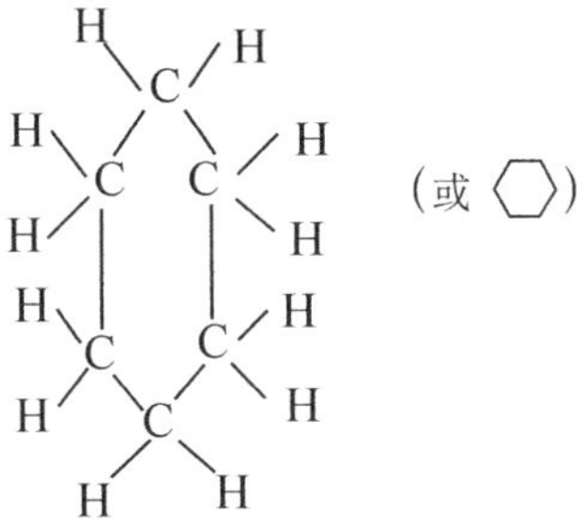

环己环   环戊环

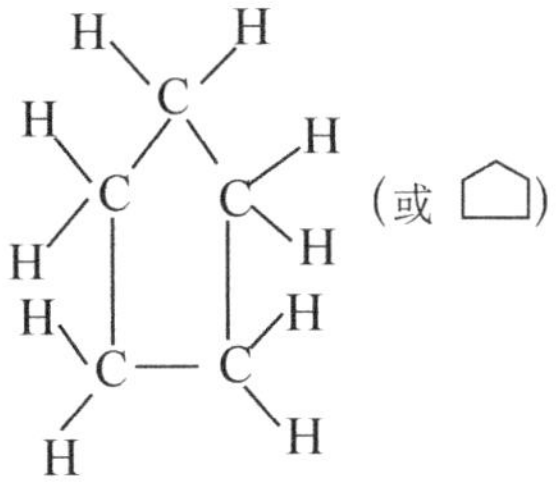

芳香族化合物是含有苯环的化合物。如:

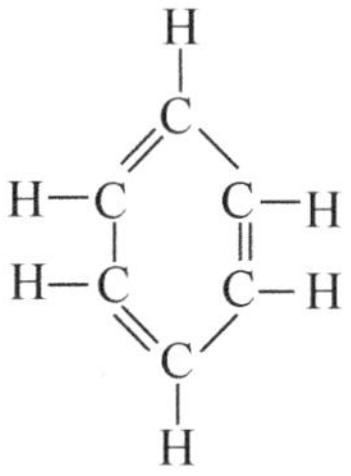

苯 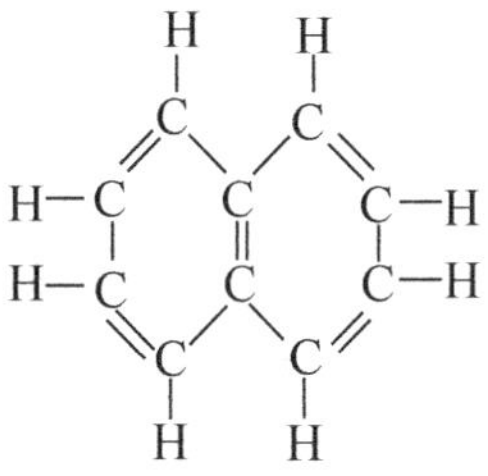   萘

(2)杂环化合物:是指组成环的原子除碳原子外,还含有其他原子的化合物。如:

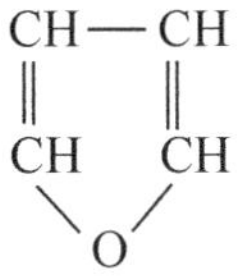

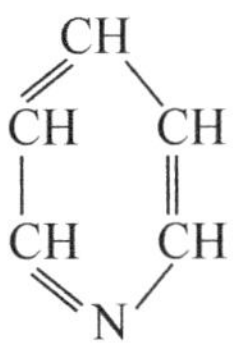

(二)按官能团分类

决定一类有机化合物化学特性的原子或原子团,称为官能团。因此含有相同官能团的有机化合物往往具有相似的化学性质。所以学习官能团的性质是学习有机化学的主要内容之一。根据分子中所含官能团的不同,可以将有机化合物分为若干类。最常见的官能团及化合物类别见表5-1。

表 5-1　最常见的官能团及化合物类别

化合物类别	官能团名称	官能团结构式	化合物类别	官能团名称	官能团结构式
烯烃	碳碳双键	$\diagdown C=C\diagup$	醛	醛基	$-\overset{O}{\underset{H}{C}}$
炔烃	碳碳三键	$-C\equiv C-$	酮	酮基	$-\overset{O}{C}-$
卤代烃	卤素原子	$-X$（F、Cl、Br）	羧酸	羧基	$-COOH$
醇和酚	羟基	$-OH$	胺	氨基	$-NH_2$
醚	醚键	$-O-$	硝基化合物	硝基	$-NO_2$

讨论与思考

1. 官能团与原子团的区别是什么？
2. 有机化合物中碳的结构特点是什么？

习　题

一、名词解释

1. 有机化合物　2. 结构式　3. 官能团　4. 同分异构体

二、填空题

1. 有机化合物根据其分子碳链骨架的特点,可分为_____和_____。
2. 根据组成环的原子种类不同,闭链化合物可分为_____和_____。
3. 根据碳环结构不同,碳环化合物可分为_____和_____。
4. 同分异构现象是_____。

三、选择题

1. 下列物质属于有机化合物的是（　　）
   A. H_2CO_3　　　B. Na_2CO_3　　　C. CH_4　　　D. CO_2
2. 下列含有碳碳双键的化合物是（　　）
   A. $CH_3CH=CHCH_3$　　　B. $CH_3CH_2CH_2CH_3$
   C. CH_3OCH_3　　　D. CH_3CH_2OH
3. 乙醇和甲醚的分子式都是 C_2H_6O,下列说法正确的是（　　）
   A. 属于同一物质　B. 互为同分异构体　C. 互为同系物　D. 以上均不是

四、简答题

1. 有机化合物有哪些结构特点？
2. 乙醇的结构式、结构简式、分子式分别是什么？

答案:
一、名词解释 略
二、填空题
1. 开链化合物 闭链化合物
2. 碳环化合物 杂环化合物
3. 脂环族化合物 芳香族化合物
4. 分子组成相同而结构不同的化合物互称同分异构体,这种现象称同分异构现象
三、选择题
1. C 2. A 3. B
四、简答题 略

(尚 杰 呼俊森)

第 6 章

烃

> **学习要点**
> 1. 烷烃的同分异构现象和命名
> 2. 烯烃和炔烃的结构、命名、化学性质
> 3. 脂环烃的结构和命名
> 4. 苯的结构、化学性质,苯的同系物的命名

只含有碳和氢两种元素的化合物,称为碳氢化合物,简称为烃。烃是一类重要的有机化合物,烃分子里的氢原子在反应中被其他的原子或原子团替代后,可得到一系列有机化合物,因此,常把烃看作是有机化合物的母体。

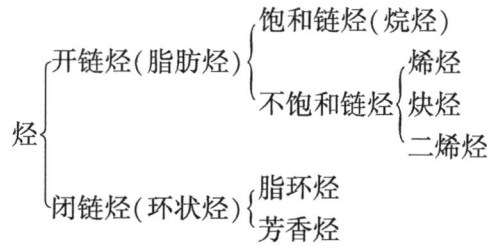

第一节 烷 烃

一、烷烃的分子结构和通式

分子中碳原子之间全部都以单键相连接,碳原子的其余价键只与氢原子结合的开链烃,称为饱和链烃,又称烷烃。

烷烃是含氢原子最多的烃,在烷烃分子中,和碳原子结合的氢原子数目已达到最高限度,不可能再增加,故称饱和链烃。

最简单的烃是甲烷,其分子组成 CH_4,甲烷的分子结构式、甲烷的结构示意图和甲烷分子结构模型见图 6-1。

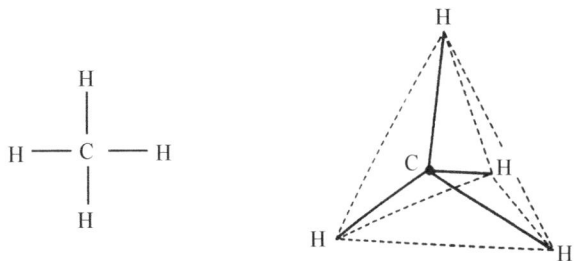

图 6-1 甲烷的分子结构

(一) 同系列

烷烃分子中的碳原子数多少不一,有 1 个碳原子的甲烷,也有十几个、几十个甚至上百个碳原子的烷烃,可见烷烃的种类很多。表 6-1 列出了几种烷烃的结构简式和分子式。

比较表 6-1 的烷烃可以看出:它们在分子组成上相差 1 个或几个 CH_2 原子团,都是以共价单键相结合成链状结构。人们把结构相似、性质相近,分子组成相差 1 个或多个 CH_2 原子团的一系列化合物,称为同系列。同系列中的化合物互称同系物。同系物的化学性质相近,物理性质也随碳原子数的增加呈现规律性的变化。因此,只要深入研究 1 个或几个代表性同系物,就可以推测出其他同系物的基本性质。

表 6-1 几种烷烃的结构简式和分子式

名称	结构简式	分子式	相邻组成差
甲烷	CH_4	CH_4	CH_2
乙烷	CH_3CH_3	C_2H_6	CH_2
丙烷	$CH_3CH_2CH_3$	C_3H_8	CH_2
丁烷	$CH_3CH_2CH_2CH_3$	C_4H_{10}	CH_2
戊烷	$CH_3(CH_2)_3CH_3$	C_5H_{12}	

(二) 组成通式

甲烷的分子式 CH_4,从组成上可以看成氢原子数目是碳原子数的 2 倍还多 2 个;其他烷烃随着碳原子数目的增加,氢原子数也会随之增多;如果碳原子的数目是 n,则氢原子的数目为 $2n+2$。所以 C_nH_{2n+2} 是能代表烷烃系列中任一同系物分子式的组成通式。

二、烷烃的同分异构

在烷烃里,除甲烷、乙烷、丙烷没有同分异构体外,其他烷烃都存在同分异构现象。例如 C_4H_{10} 有 2 种异构体,C_5H_{12} 有 3 种异构体。

C_4H_{10}:　　　$CH_3CH_2CH_2CH_3$　　　$CH_3-CH-CH_3$
　　　　　　　　　　正丁烷　　　　　　　　　　$\quad\quad\quad |$
　　　　　　　　　　　　　　　　　　　　　　　　CH_3
　　　　　　　　　　　　　　　　　　　　　　　异丁烷

$$C_5H_{12}:\quad CH_3CH_2CH_2CH_2CH_3$$
$$\text{正戊烷}$$

$$CH_3-CH-CH_2-CH_3 \qquad CH_3-\underset{\underset{CH_3}{|}}{\overset{\overset{CH_3}{|}}{C}}-CH_3$$
$$\underset{CH_3}{|}$$
$$\text{异戊烷} \qquad\qquad \text{新戊烷}$$

由于碳链骨架结构(分子中碳原子的连结顺序)不同而产生的同分异构现象,称为碳链异构现象。在各类有机化合物中,碳链异构现象是非常普遍的。

随着烷烃碳原子数目增加,同分异构体的数目也迅速增多。例如,C_6H_{14}有5种同分异构体,C_7H_{16}有9种同分异构体,$C_{11}H_{24}$有159种同分异构体,$C_{20}H_{42}$则多达366 319种同分异构体。

在有机化合物分子中,一个碳原子可能有与1个、2个、3个或4个碳原子直接相连。例如:

$$^{1}CH_3-^{2}CH_2-^{3}CH-^{5}\overset{\overset{^{6}CH_3}{|}}{\underset{\underset{^{7}CH_3}{|}}{C}}-^{8}CH_3$$
$$\underset{^{4}CH_3}{|}$$

按照在这个碳原子上所连的碳原子数目不同,常把碳原子分成如下四类。

伯碳原子:只与1个碳原子直接相连的碳原子。如上述结构式中的C^1、C^4、C^6、C^7、C^8。

仲碳原子:与2个碳原子直接相连的碳原子。如上述结构式中的C^2。

叔碳原子:与3个碳原子直接相连的碳原子。如上述结构式中的C^3。

季碳原子:与4个碳原子直接相连的碳原子。如上述结构式中的C^5。

按氢原子所连接的那个碳原子的类型不同,把氢原子分成伯氢原子、仲氢原子和叔氢原子。

三、烷烃的命名

烷烃的命名通常有普通命名法和系统命名法。

(一)普通命名法(习惯命名法)

普通命名法只适用于结构比较简单的烷烃,其基本原则如下。

1. **按分子中所含碳原子的数目直接称为"某烷"** 碳原子数在10个以下的直接用天干顺序(甲、乙、丙、丁、戊、己、庚、辛、壬、癸)来表示。碳原子数在10个以上的用中文数字十一、十二……来表示。例如:CH_4甲烷、C_5H_{12}戊烷、C_6H_{14}己烷、$C_{10}H_{22}$癸烷、$C_{13}H_{28}$十三烷等。

2. **用"正""异""新"来区别异构体** 把直链(不带支链)的烷烃称"正"某烷;把碳链某一端具有异丙基(碳链一端第2位上连有一个甲基CH_3-),此外别无其他任何支链的烷烃,按碳原子数称为"异"某烷;把碳链一端具有叔丁基(碳链一端第2位上连有两个甲基CH_3-),此外别无其他任何支链的烷烃称"新"某烷。例如:

$$CH_3-CH_2-CH_2-CH_3 \qquad CH_3-\underset{\underset{CH_3}{|}}{CH}-CH_3$$

　　　　正丁烷　　　　　　　　　　　异丁烷

$$CH_3-CH_2-CH_2-CH_3 \qquad CH_3-\underset{\underset{CH_3}{|}}{CH}-CH_2-CH_3$$

　　　　正戊烷　　　　　　　　　　　异戊烷

$$CH_3-\underset{\underset{CH_3}{|}}{\overset{\overset{CH_3}{|}}{C}}-CH_2-CH_2-CH_3 \quad \leftarrow 叔丁基$$

新庚烷

对于结构比较复杂的烷烃,需要用系统命名法来命名。

(二) 系统命名法

系统命名法是根据国际纯粹与应用化学联合会(IUPAC)制定的命名原则,结合我国文字特点而制定的。

烷烃的系统命名法主要原则和步骤如下。

1. **选主链**　选择含碳原子数最多的碳链作为主链(当作母体),按主链碳原子数称为"某烷"。主链外的碳链当作支链(取代基)。

2. **主链编号**　从靠近取代基的一端开始,用阿拉伯数字给主链原子依次编号,确定取代基的位置。例如:

$$\begin{array}{c} 34567 \\ C-C-C-C-C-C- \quad 主链\\ | \\ 2C-C \\ | \\ 1C \end{array}$$

3. **取代基的表示**　取代基的位号用与它直接相连的主链碳原子的位号,把取代基的位号写在取代基名称和数目的前面,中间用短线隔开。如果有相同的则需要合并起来,用汉字二、三、四等数字来表示其数目;表示相同取代基位号的几个阿拉伯数字之间用","号隔开。

4. **名称表示**　把取代基的位号、数目和名称写在"某烷"之前。若有几种不同的取代基,应把简单的(小的)写在前面,复杂的(大的)写在后面,中间再用短线隔开。例如:

$$CH_3-\underset{\underset{CH_3}{|}}{CH}-CH_2-CH_3 \qquad CH_3-\underset{\underset{CH_3}{|}}{CH}-\underset{\underset{CH_3}{|}}{CH}-CH_2-CH_3$$

　　　2-甲基丁烷　　　　　　　　　2,3-二甲基戊烷

$$\begin{array}{c}CH_3-CH_2-CH_2-CH_2-CH-CH_2-CH_3\\|\\CH_2\\|\\CH_3\end{array}\qquad\begin{array}{c}CH_3\\|\\CH_3-C-CH_2-CH_3\\|\\CH_3\end{array}$$

2-甲基丁-4-乙基庚烷　　　　　　　　　　2,2-二甲基丁烷

常见烷基大小的顺序为：

$$-CH_3 < -C_2H_5 < -CH_2-CH_2-CH_3 < CH_3CHCH_3$$
　　甲基　　乙基　　正丙基(丙基)　　　　异丙基

5. "等长"原则　如果有几条等长碳链均可作为主链时，应选择含支链(取代基)最多的碳链为主链。例如：

$$CH_3-CH_2-\overset{3}{C}H-\overset{4}{C}H_2-\overset{5}{C}H_3\\|\\\overset{2}{C}HCH_3\\|\\\overset{1}{C}H_3$$

2-甲基-3-乙基戊烷（不能称3-异丙基戊烷）

6. "等近"编号原则(最低系列原则)　如果主链上有几个相同取代基，并且有几种可能编号时，应按"等近"原则进行编号。

所谓"最低系列"是指从主链不同方向得到两种编号，比较两种编号的位次总和，应选位次和最小的，定为"最低系列"。例如：

$$\overset{1}{C}H_3-\overset{2}{C}-\overset{3}{C}H_2-\overset{4}{C}H-\overset{5}{C}H_3$$

2,2,4-三甲基戊烷

（不能称2,4,4-三甲基戊烷）

四、烷烃的性质

烷烃的物理性质随着分子里碳原子数目的增加而呈现规律性的变化。在常温常压下，$C_1 \sim C_4$的直链烷烃是气体；$C_5 \sim C_{16}$是液体；C_{17}以上是固体。它们的沸、熔点随碳原子数目的增加而升高，同系物之间，每增加一个CH_2原子团，沸点升高$20 \sim 30℃$。例如戊烷C_5H_{12}沸点36.07℃，己烷C_6H_{14}沸点68.7℃。此外，在同分异构体中沸点会随支链的增多而降低。烷烃都难溶于水，易溶于乙醇、乙醚等有机溶剂；它们的相对密度都小于1。

烷烃的主要化学性质如下。

(一) 稳定性

由于烷烃分子里的化学键全部是单键，故烷烃的化学性质比较稳定，在室温下，它们不与强氧化剂、强酸、强碱作用。但是化学稳定性是相对的，在一定条件下，单键也可以断裂而发生某些化学反应。

(二) 氧化反应

烷烃在空气中燃烧，生成二氧化碳和水，同时放出大量的热。例如，纯净的甲烷能在空气

中安静地燃烧。

$$CH_4 + 2O_2 \xrightarrow{点燃} CO_2 + 2H_2O + 热$$

所以，甲烷是一种很好的气体燃料。

(三) 取代反应

烷烃在光照、热或催化剂的作用下，可与卤素单质（F_2、Cl_2、Br_2、I_2）发生反应。例如，把装有氯气和甲烷的混合气体的集气瓶放在有光照的地方，就可以看到瓶中氯气的颜色会逐渐变浅。这是因为在光照条件下，氯气与甲烷发生了下述反应。

$$CH_4 + Cl_2 \xrightarrow{光照} CH_3Cl + HCl$$
一氯甲烷

$$CH_3Cl + Cl_2 \xrightarrow{光照} CH_2Cl_2 + HCl$$
二氯甲烷

$$CH_2Cl_2 + Cl_2 \xrightarrow{光照} CHCl_3 + HCl$$
三氯甲烷（氯仿）

$$CHCl_3 + Cl_2 \xrightarrow{光照} CCl_4 + HCl$$
四氯甲烷（四氯化碳）

在这几步反应中，甲烷分子里的氢原子逐步被氯原子所替代。有机化合物分子中的某些原子或原子团，被其他的原子或原子团所替代的反应，称为取代反应。有机化合物分子中的氢原子被卤素原子取代的反应称为卤代反应。

在光照条件下，烷烃都能与氯气发生卤代反应。

五、医药上常用的烷烃

1. **液状石蜡**　液状石蜡主要成分是18~24个碳原子的液体烷烃的混合物，为透明无色的液体，不溶于水和醇，能溶于醚和氯仿。医药上用作配制滴鼻剂或喷雾剂的基质，也用作缓泻剂。

2. **凡士林**　凡士林是液状石蜡和固体石蜡的混合物，呈软膏状的半固体，不溶于水，溶于醚和石油醚。因为它不能被皮肤吸收，并且化学性质稳定，不易与软膏中的药物起变化，因此，在医药上常用作软膏的基质。凡士林一般呈黄色，经漂白或用骨炭脱色，可得白色凡士林。

3. **石蜡**　石蜡为白色蜡状固体，无臭无味，在医药上用于蜡疗和调节软膏的硬度，在工业上用于制造蜡烛、蜡纸、防水剂和电绝缘材料等。

4. **石油醚**　石油醚是低级烷烃的混合物，透明无色的液体，它有两个品种，含 C_5~C_6 的沸程为30~60℃，含 C_7~C_8 的沸程为70~120℃。主要用作有机溶剂，它极易燃烧并具有毒性，使用和储存时要特别注意防范措施。

> **重点提示**
>
> 烷烃的命名是有机化合物命名的基础，命名关键是主链的选择和主链的编号。

第二节 烯烃和炔烃

分子中具有碳碳双键或碳碳三键的链烃属于不饱和链烃,简称不饱和烃,它们所含的氢原子数比相应的烷烃少,达不到饱和状态,可以通过化学反应加入氢原子变成饱和链烃。烯烃和炔烃都属于不饱和链烃。

具有一个碳碳双键的链烃称为单烯烃,习惯上又称为烯烃,烯烃比相同碳原子数的烷烃少两个氢原子,其组成通式是 C_nH_{2n},碳碳双键(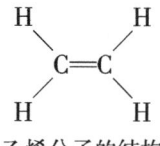)是烯烃的官能团。

分子中含有碳碳三键的链烃称为炔烃,炔烃比相同碳原子数的烯烃少两个氢原子,其组成通式是 C_nH_{2n-2},碳碳三键(—C≡C—)是炔烃的官能团。

一、烯烃和炔烃的结构

(一) 乙烯及烯烃的结构

乙烯是最简单的烯烃,分子式为 C_2H_4,是一种无色、稍带甜香味的气体,乙烯分子的结构。

$$\begin{array}{c} H \qquad H \\ \diagdown \quad \diagup \\ C = C \\ \diagup \quad \diagdown \\ H \qquad H \end{array}$$

乙烯分子的结构

乙烯是一种重要的有机化工原料,用于大规模生产塑料、纤维、橡胶及精细化工产品的中间体。像钢铁产量可以反映一个国家重工业水平一样,世界上以乙烯产量作为衡量一个国家石油化工生产水平的标志。

少量乙烯存在于植物体内,是植物的代谢产物,它能使植物生长减慢、促进叶落和果实成熟,可用作水果的催熟剂。

(二) 乙炔及炔烃的结构

炔烃中最简单、最重要的是乙炔,分子式为 C_2H_2,其结构式为 CH≡CH 。

乙炔是无色、无臭的气体,俗称电石气。

乙炔是重要的工业原料,主要是由电石与水作用或由石油分馏高温裂解而制得。

二、烯烃和炔烃的命名

烯烃和炔烃的命名在许多方面与烷烃相似,不同之处在于烯烃与炔烃选主链、确定取代基位次时,首先要考虑的是官能团碳碳双键与碳碳三键。

烯烃的命名步骤如下。

1. **选主链** 选择含有碳碳双键的最长碳链作为主链,按主链上所含碳原子数称为"某烯"。

2. **主链编号** 从靠近双键的一端将主链碳原子依次编号,双键的位次,以双键上编号较小的数字表示,写在烯烃名称之前。

3. **名称表示** 把支链作为取代基,将其位次、数目和名称写在烯烃名称之前(这一点与烷烃的命名原则相同)。例如:

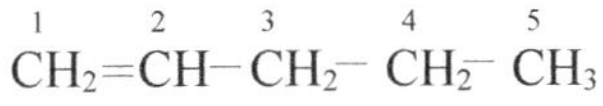

$$\overset{1}{C}H_2=\overset{2}{C}H-\overset{3}{C}H_2-\overset{4}{C}H_2-\overset{5}{C}H_3 \quad \text{1-戊烯}$$

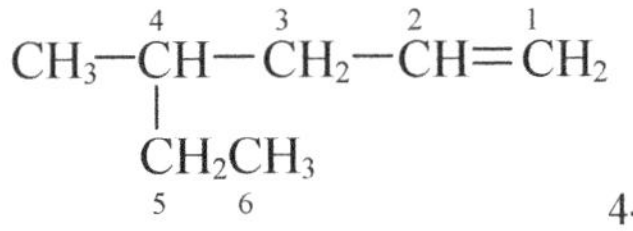

$$\overset{4}{C}H_3-\overset{3}{C}H-\overset{2}{C}H_2-\overset{1}{C}H=\overset{}{C}H_2$$
$$\underset{\underset{5\ \ 6}{CH_2CH_3}}{|} \qquad \text{4-甲基-1-己烯}$$

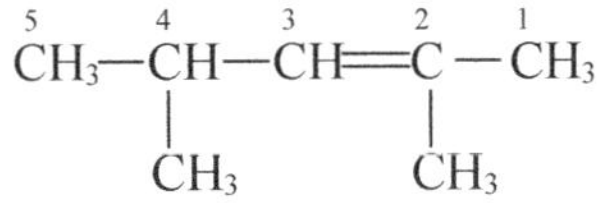

$$\overset{5}{C}H_3-\overset{4}{C}H-\overset{3}{C}H=\overset{2}{C}-\overset{1}{C}H_3$$
$$\underset{CH_3}{|} \quad \underset{CH_3}{|} \qquad \text{2,4-二甲基-2-戊烯}$$

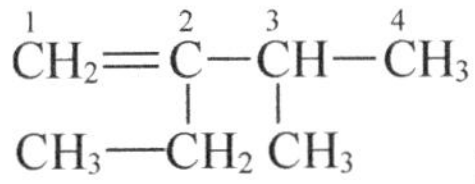

$$\overset{1}{C}H_2=\overset{2}{C}-\overset{3}{C}H-\overset{4}{C}H_3$$
$$\underset{CH_3CH_2}{|} \quad \underset{CH_3}{|} \qquad \text{3-甲基-2-乙基-1-丁烯}$$

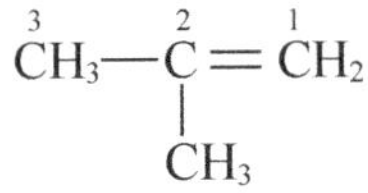

$$\overset{3}{C}H_3-\overset{2}{C}=\overset{1}{C}H_2$$
$$\underset{CH_3}{|} \qquad \text{2-甲基丙烯}$$

炔烃的系统命名方法与烯烃极为相似,只需将烯烃母体名称中的"烯"字换为"炔"字即可。例如:

$$CH_3C\equiv CH \qquad CH_3CH_2CH_2C\equiv CH$$
丙炔   1-戊炔

$$CH_3C\equiv CCH_2CH_3 \qquad CH_3CHC\equiv CH$$
$$\qquad\qquad\qquad\qquad\qquad \underset{CH_3}{|}$$
2-戊炔   3-甲基-1-丁炔

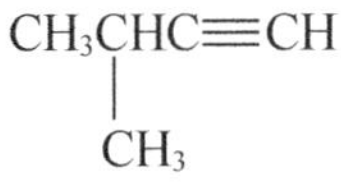

三、烯烃和炔烃的同分异构

由于烯烃含有官能团碳碳双键,其同分异构现象比烷烃要复杂得多,除了有烷烃那样的碳链异构外,还有由碳碳双键位置不同而引起的位置异构(官能团异构)。

比如分子式为 C_4H_8 的烯烃不仅有碳链异构(1)式和(2)式,还有因为分子中双键位置不同所引起的另一种异构体(3)式,像这种由于双键(或其他官能团)在碳链中位置不同而产生的同分异构称为位置异构。例如(1)与(3)互为位置异构体。

(1) $CH_3CH_2CH=CH_2$ (2) 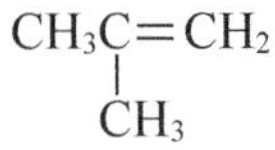 $CH_3C=CH_2$ (3) $CH_3CH=CHCH_3$
$$\qquad\qquad\qquad\qquad\qquad\quad \underset{CH_3}{|}$$

1-丁烯   2-甲基丙烯   2-丁烯

炔烃的异构与烯烃相似,同样有碳链异构和三键的位置异构。如下图中的1-戊炔和3-甲基-1-丁炔互为碳链异构体,而1-戊炔和2-戊炔互为位置异构体。

$$CH_3CH_2CH_2C\equiv CH \qquad CH_3CH_2C\equiv CCH_3 \qquad CH_3CHC\equiv CH$$
$$\qquad\qquad\qquad\qquad\qquad\qquad\qquad\qquad\qquad\qquad\qquad \underset{CH_3}{|}$$

1-戊炔   2-戊炔   3-甲基-1-戊炔

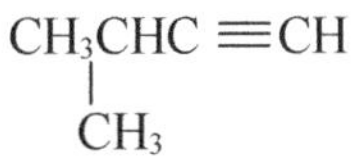

四、烯烃和炔烃的性质

(一) 物理性质

常温常压下 C_2~C_4 的烯烃是气体；C_5~C_{18} 为液体；C_{19} 以上的高级烯烃是固体。它们的熔沸点和密度都随着碳原子数的增加而升高。烯烃均为无色物质，难溶于水，易溶于有机溶剂。

炔烃的物理性质基本上与烷、烯烃相似，也是随着碳原子数的增加而发生规律性的变化。常温常压下 C_2~C_4 的炔烃是气体，C_5~C_{15} 的炔烃是液体，C_{16} 以上的炔烃是固体。炔烃难溶于水，但易溶于石油醚、四氯化碳等有机溶剂中。

(二) 化学性质

从分子结构上看，炔烃和烯烃双键、三键都容易断裂，因而炔烃和烯烃的化学性质相似，容易发生加成、氧化、聚合等反应。

1. 加成反应 有机化合物分子中的双键或三键上的不饱和键断裂加入其他原子或原子团的反应，称为加成反应。

(1) 催化加氢(又称催化氢化)：在 Pt、Pd、Ni 等催化剂的催化作用下，烯烃与氢气发生加成反应，生成相应的烷烃。例如：

$$CH_3CH=CH_2 + H_2 \xrightarrow{Pt} CH_3CH_2CH_3$$

$$HC\equiv CH \xrightarrow[Ni(Pd,Pt)]{H_2} H_2C=CH_2 \xrightarrow[Ni(Pd,Pt)]{H_2} H_3C-CH_3$$

(2) 与卤素加成：烯烃易与氯、溴发生加成反应，常温下就能很顺利地进行，生成邻二卤代烃。例如：

$$CH_2=CH_2 + Cl_2 \longrightarrow CH_2ClCH_2Cl \quad \text{1,2-二氯乙烷}$$

$$CH_3CH=CHCH_3 + Br_2 \longrightarrow \underset{\underset{Br}{|}}{CH_3CH}-\underset{\underset{Br}{|}}{CHCH_3} \quad \text{2,3-二溴丁烷}$$

炔烃也能与溴水或溴的四氯化碳溶液反应。

$$CH_3C\equiv CH + 2Br_2 \longrightarrow CH_3CBr_2-CHBr_2 \quad \text{1,1,2,2-四溴丙烷}$$

烯烃、炔烃与溴水或溴的四氯化碳溶液发生加成反应，导致溴的红棕色消失，现象明显，操作简便，所以常用此方法鉴定碳碳双键或碳碳三键的存在。

炔烃和氯气的加成反应需要在催化剂或加热条件下进行，反映了炔烃的反应活性较烯烃弱。例如：

$$CH\equiv CH + Cl_2 \xrightarrow{FeCl_3} \underset{\underset{Cl}{|}}{HC}=\underset{\underset{Cl}{|}}{CH} \xrightarrow{Cl_2} CHCl_2-CHCl_2$$

1,1,2,2-四氯乙烷

(3) 与卤化氢加成：烯烃与卤化氢发生加成反应，生成相应的一卤代烷。例如：

$$CH_2=CH_2 + HBr \longrightarrow CH_3-CH_2Br \quad \text{溴乙烷}$$

乙烯是一个对称烯烃(两个双键碳原子上连接的原子或基团都相同的烯烃为对称烯烃，不同的为不对称烯烃)，因此在加卤化氢时，卤素原子加到任何一个碳原子上都会生成相同的产物。但对于不对称烯烃，与卤化氢发生反应时，则会得到 2 种加成产物。例如：

$$CH_3CH=CH_2 + HI \longrightarrow \begin{cases} CH_3CH_2CH_2I & \text{1-碘丙烷} \\ CH_3CH(I)CH_3 & \text{2-碘丙烷} \end{cases}$$

马尔柯夫尼柯夫（Markovnikov）根据许多实验事实总结出一条经验规律：当不对称烯烃和不对称试剂（如：HX、H_2O）发生加成反应时，不对称试剂的带正电部分，主要加到双键中含氢较多的碳原子上，简称为马氏规则。根据马氏规则，丙烯与碘化氢反应时，主要产物是 2-碘丙烷。

炔烃与卤化氢的加成反应分两步进行，反应也遵循马氏规则。例如：

$$CH\equiv CH + HCl \xrightarrow[H_2SO_4]{HgCl_2} CH_2=CHCl \xrightarrow{HCl} CH_3-CHCl_2$$
氯乙烯　　　　1,1-二氯乙烷

其中第一步反应是工业上生产氯乙烯的方法之一，氯乙烯是合成聚氯乙烯的单体。

（4）与水加成：烯烃可在酸的催化下直接与水作用生成醇，工业上称为烯烃的直接水合法。不对称烯烃与水加成，遵循马氏规则。

$$CH_2=CH_2 + HOH \xrightarrow{H_2SO_4} CH_3CH_2OH$$

$$CH_3CH=CH_2 + HOH \xrightarrow{H_2SO_4} CH_3CH(OH)CH_3$$

乙炔在催化剂（如硫酸汞的硫酸溶液）作用下，也能与水发生加成反应，但产物不稳定，会发生分子间重排，生成乙醛；其他的炔烃产物均为酮。

$$CH\equiv CH + HOH \xrightarrow[\text{稀}H_2SO_4]{HgSO_4} [CH_2=CH(OH)] \xrightarrow{\text{重排}} CH_3-C(=O)-H$$
乙醛

$$CH_3C\equiv CH + HOH \xrightarrow[\text{稀}H_2SO_4]{HgSO_4} [CH_3C(OH)=CH_2] \xrightarrow{\text{重排}} CH_3-C(=O)-CH_3$$
丙酮

2. 氧化反应　烯烃和炔烃由于碳碳双键与碳碳三键中容易被氧化。用高锰酸钾的酸性溶液作氧化剂，可以很容易地将双键或三键氧化断开。例如：

$$CH_3CH=CHCH_2CH_3 \xrightarrow{KMnO_4/H^+} CH_3COOH + CH_3CH_2COOH$$
乙酸　　　丙酸

$$CH_3C\equiv CH \xrightarrow{KMnO_4/H^+} CH_3COOH + CO_2\uparrow$$

与此同时，酸性高锰酸钾溶液的紫红色立即褪去。这是鉴定不饱和烃的又一种方法。另外，烯烃、炔烃和烷烃一样，在空气里燃烧生成二氧化碳和水，并放出大量的热。

3. 聚合反应　在一定条件下，烯烃分子可以彼此相互加成，生成大分子化合物。这种由许多小分子化合物结合成大分子化合物的反应称为聚合反应。参加聚合反应的小分子称为单

体,聚合后生成的大分子称为聚合物。例如:

$$n\ CH_2=CH_2 \xrightarrow{催化剂} \fbox{$-CH_2-CH_2-$}_n$$
乙烯　　　　　　　　　聚乙烯

聚乙烯本身无色无味无毒,是一种性能优良、用途很广的塑料,广泛地用于制造塑料瓶、电线绝缘外皮、包装材料、玩具等。医药上用来制作输液容器、各种医用导管、整形材料等。

> **重点提示**
> 烯烃、炔烃的官能团双键、三键决定烯烃、炔烃的化学性质,其化学性质比烷烃活泼,容易发生加成、氧化、聚合等反应。

第三节　闭链烃

分子中含有碳环结构的烃,称为闭链烃或环烃。根据其结构和性质的不同,可将闭链烃分为脂环烃和芳香烃两大类。

一、脂环烃

(一)脂环烃的结构和分类

具有脂肪烃性质的环烃称为脂环烃。脂环烃可以分为单环脂环烃和多环脂环烃。本教材只简单介绍单环脂环烃。

单环脂环烃可分为环烷烃、环烯烃、环炔烃。其中环烷烃是指环上所有的碳原子之间都是以单键相互结合而成的脂环烃;分子中成环的碳原子之间含有碳碳双键或碳碳三键的分别称为环烯烃或环炔烃。脂环烃的结构式常用键线式(碳架式)来表示。

(二)脂环烃的命名(表6-2)

脂环烃的命名与烷烃、烯烃、炔烃的命名相似,唯一的区别是在"某"字前面加个"环"字;环上有取代基时,应使环上的取代基位次最小。

表6-2　几种脂环烃的结构和命名

结构简式	键线式	名称	结构简式	键线式	名称
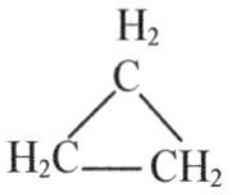 $H_2C{-}CH_2$ (环丙烷结构)	 △	环丙烷	甲基环丙烷结构式	⬠	甲基环丙烷
H_2C-CH_2 $\|\quad\quad\|$ H_2C-CH_2	□	环丁烷	1,3-二甲基环己烷结构式	⬡	1,3-二甲基环己烷

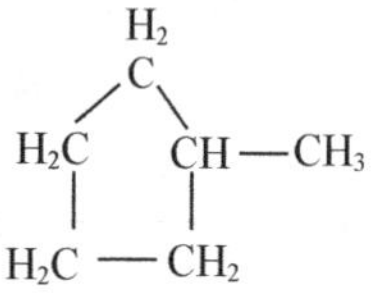

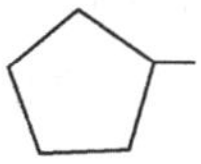

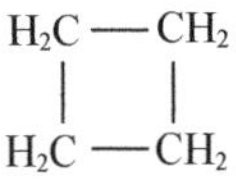

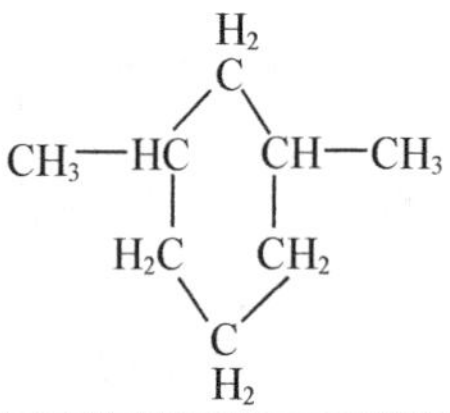

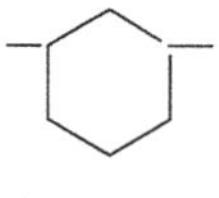

(续 表)

结构简式	键线式	名称	结构简式	键线式	名称
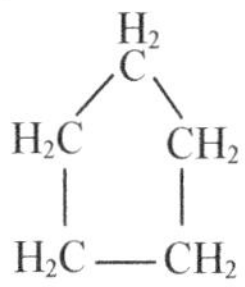 环戊烷结构式	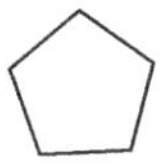 五边形	环戊烷	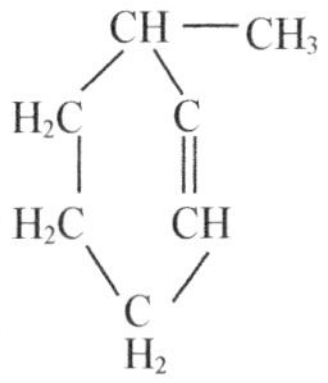 甲基环己烯结构式	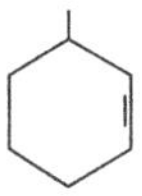 六边形	3-甲基环己烷

在自然界中,脂环烃主要存在于香精油、挥发油和石油中,比如松节油中就含有环烯烃。

二、芳香烃

芳香族碳氢化合物称为芳香烃,简称芳烃。绝大多数的芳香族化合物分子中都含有苯环结构,因此我们通常所说的芳香烃,一般是指分子中含有苯环结构的烃。

在有机化学发展的初期,人们从天然产物中发现了一些具有芳香气味的物质,为了与脂肪族化合物进行区别,就将此类物质称为芳香族化合物。后来发现此类化合物的分子结构中都含有苯环,芳香族化合物的定义就演变为"含有苯环结构的化合物"。需要指出的是,含苯环结构的化合物并不都具有芳香气味,有的还有相当难闻的气味。因此这里的"芳香"一词已不具备其原始意义,其真实含义是"含苯环的"。随着有机化学的进一步发展,人们又发现一些不具备苯环结构的环烃,也具有含苯化合物的特性。不饱和环烃的难加成、难氧化、易取代的性质在有机化学上称之为"芳香性"。目前把具有芳香性的一大类碳环化合物都称之为芳香族化合物。芳香族化合物的母体就是芳香烃。

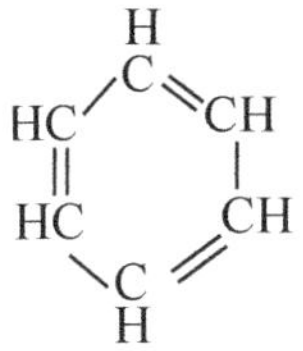

结构简式 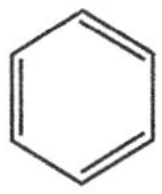　　　　凯库勒式 　　　　共振结构式

(一) 芳香烃的分类

芳香烃可以根据其结构中所含苯环的数目分为两大类:只含有一个苯环的单环芳香烃和含有两个或两个以上苯环的多环芳香烃,多环芳香烃又可以根据其结构中苯环间的连接方式不同又可分为:联苯烃、多苯代脂烃及稠环芳香烃。

单环芳香烃:分子中只含有一个苯环的芳香烃,统称为单环芳香烃。其中包括苯及苯的同系物。例如:

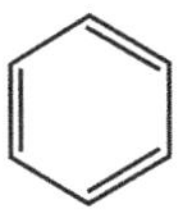

苯 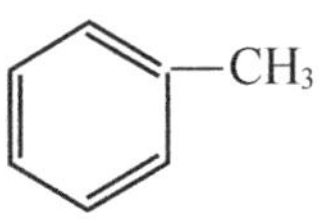　　　　甲苯 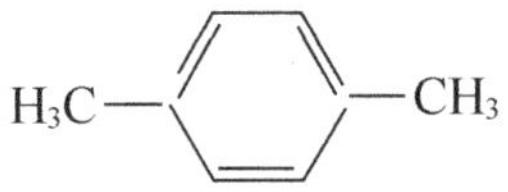　　　　对二甲苯

苯分子中的氢原子被烷基取代而成的化合物称为烷基苯,如甲苯等。苯和烷基苯都属于苯的同系物。

联苯烃：苯环之间以单键相连的芳香烃。例如：

联苯　　　　　　　　　对苯联苯

多苯代脂烃：相当于脂肪烃分子中的氢原子被苯环取代的产物。例如：

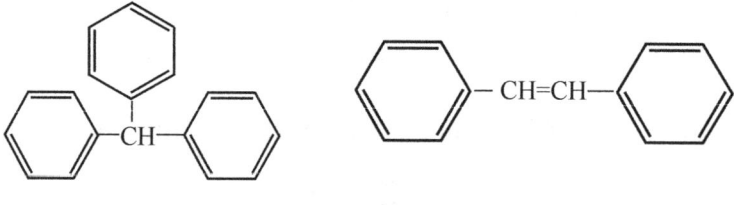

三苯甲烷　　　　　　　1，2-二苯乙烯

稠环芳香烃：

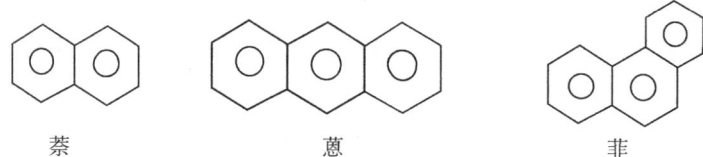

萘　　　　　　蒽　　　　　　菲

(二) 苯的同系物的命名

苯的同系物是指苯环上的氢原子被烷基取代后的化合物。苯及苯的同系物的组成通式为 $C_nH_{2n-6}(n \geqslant 6)$。

1. 一元烷基苯　苯环上的一个氢原子被烷基取代而成的化合物称为一元烷基苯。苯环上的6个碳原子上的氢原子是等同的，故苯的一元取代物只有一种，无位置异构体。命名时，以苯为母体，烷基作为取代基，称为某基苯，常把"基"字省略，称为某苯。例如：

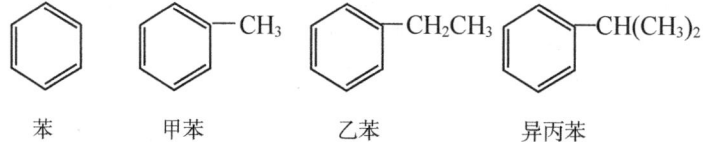

苯　　　　甲苯　　　　乙苯　　　　异丙苯

2. 二元烷基苯　苯环上的两个氢原子被烷基取代而成的化合物称为二元烷基苯。由于苯环上2个烷基的相对位置不同，二元烷基苯可以有3种位置异构体。命名时，可用邻、间、对（或o、m、p），也可用阿拉伯数字来标明位置（注意使所表示位次之和为最小数）。例如：

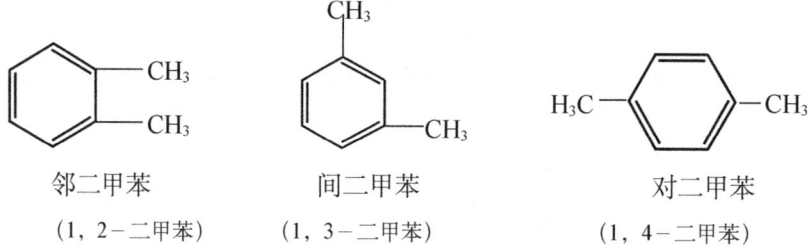

邻二甲苯　　　　　　间二甲苯　　　　　　对二甲苯

（1，2-二甲苯）　　（1，3-二甲苯）　　（1，4-二甲苯）

3. 三元烷基苯　苯环上的三个氢原子被烷基取代后而成的化合物称为三元烷基苯。三元烷基苯也有3种位置异构体。对于3个相同烷基的三元取代苯，命名时，可用连、偏、均或阿拉伯数字来标明位置。对于3个烷基不同的情况，命名时，只能用阿拉伯数字来标明位置。例如：

连三甲苯	偏三甲苯	均三甲苯
(1,2,3-三甲苯)	(1,2,3-三甲苯)	(1,3,5-三甲苯)

4. 苯的其他衍生物的命名 对于许多苯的衍生物的命名,只要将取代基的名称冠于"苯"字之前即可。例如氯苯、溴苯、硝基苯等。

氯苯	溴苯	硝基苯

芳香烃分子中去掉一个氢原子后形成的基团称为芳基,常用 Ar—表示。如:

苯基(C_6H_5)—	苯甲基

(三)苯及其同系物的性质

苯及其同系物一般是无色而有特殊气味的液体,难溶于水,易溶于有机溶剂,密度为 0.86~0.90g/cm³,比水小,一般具有毒性,长期吸入它们的蒸气会引发中毒,且会损害人体的造血器官与神经系统。

苯及其同系物的化学反应主要发生在苯环上,通常表现为难加成和氧化,易取代。

1. 取代反应 取代反应是芳环上最主要的化学反应,比较重要的取代反应有卤代、硝化和磺化等反应。

(1)卤代反应:在卤化铁或铁粉催化下,苯与卤素作用,苯环上的氢原子被卤素原子取代,生成卤苯。例如:

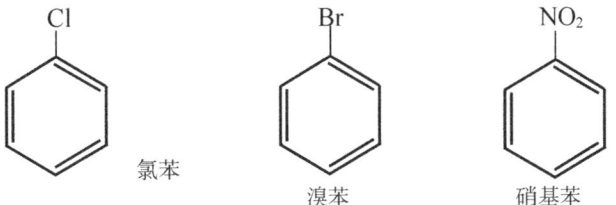

苯的卤代反应主要是指氯代和溴代反应,且他们的产物是有机合成的重要原料。

(2)硝化反应:在混酸(浓硫酸和浓硝酸)的作用下,苯环上的氢原子被硝基(—NO_2)取代的反应,称为硝化反应。

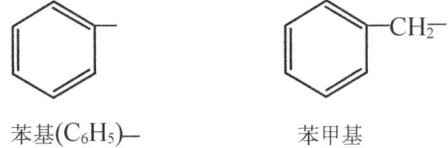

(3) **磺化反应**:苯在加热条件下与浓硫酸反应,苯环上的氢原子被磺酸基(—SO_3H)所取代,生成苯磺酸,此反应称为磺化反应,简称磺化。

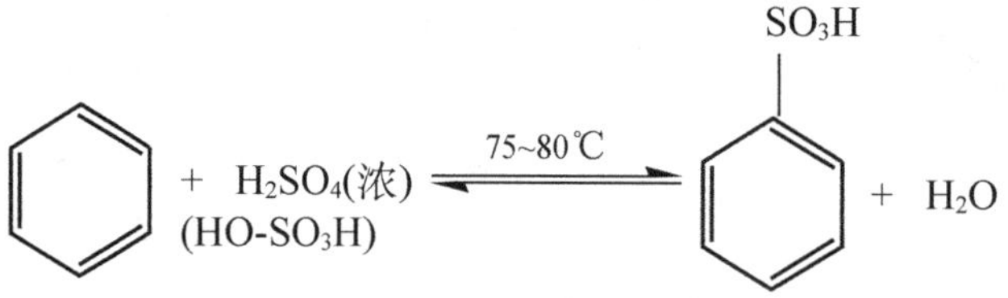

$$\text{C}_6\text{H}_6 + H_2SO_4(浓)(HO-SO_3H) \xrightleftharpoons{75\sim80℃} \text{C}_6\text{H}_5SO_3H + H_2O$$

苯磺酸

2. **氧化反应**   苯环不易被氧化,但它的同系物可被氧化剂氧化,能使酸性高锰酸钾溶液的紫红色立即褪去。

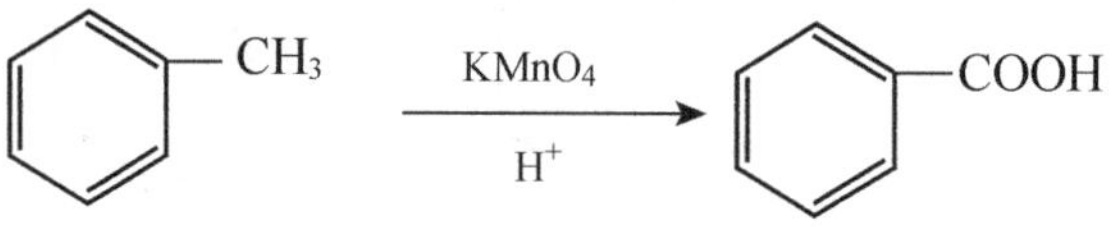

$$\text{C}_6\text{H}_5-CH_3 \xrightarrow[H^+]{KMnO_4} \text{C}_6\text{H}_5-COOH$$

苯甲酸

苯在空气中也可发生燃烧,生成二氧化碳和水,燃烧时发出明亮而带浓烟的火焰。

3. **加成反应**   苯比一般不饱和烃稳定,不容易进行加成反应,但在特殊的条件下,苯也能与氢或氯等进行加成反应。例如:

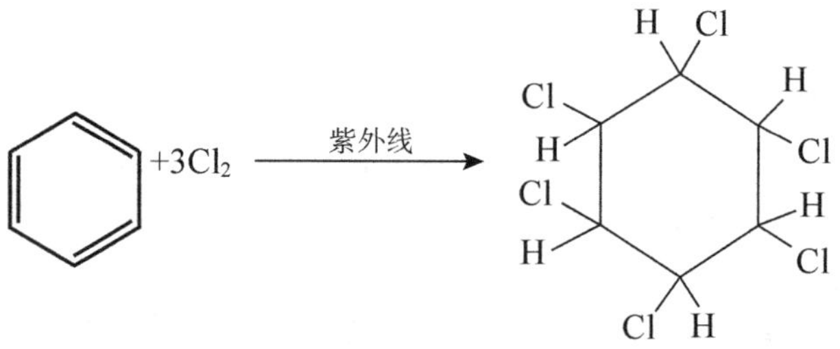

$$\text{C}_6\text{H}_6 + 3Cl_2 \xrightarrow{紫外线} \text{C}_6\text{H}_6Cl_6$$

六氯环己烷(俗称"六六六")

六六六曾是一种广泛使用的有机氯杀虫剂,毒性很强,但由于其化学性质非常稳定,残毒很大且持久,对人、环境、食品均容易造成污染,我国现已禁止生产和使用。

(四) **稠环芳香烃**

常见的重要稠环芳香烃有萘、蒽和菲。

1. **萘**   萘是稠环芳香烃中最简单的一个,其分子式为$C_{10}H_8$。萘的分子结构是平面的,是由两个苯环稠合而成,其结构式和碳原子的编号表示如下。

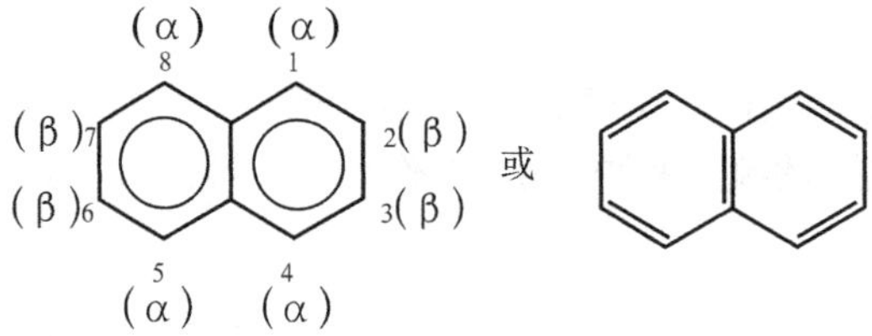

萘为无色片状结晶,熔点80.2℃,沸点218℃,易升华,有特殊气味,不溶于水,易溶于乙醚等有机溶剂。萘是重要的有机化工原料,也可用作防蛀剂。过去,市售的卫生球就是用萘压制而成的,由于萘有一定的毒性,国家现已禁止生产销售。

2. 蒽和菲　蒽和菲的分子式都为 $C_{14}H_{10}$，互为同分异构体。两者都是由三个苯环稠合而成，不同之处在于蒽为直线稠合，而菲为角式稠合。两者的结构式及其碳原子的编号如下。

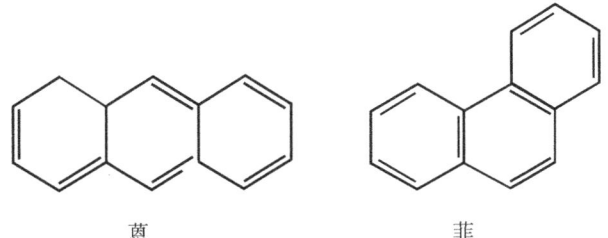

蒽　　　　　　　　菲

蒽和菲都存在于煤焦油中，蒽为无色片状晶体，菲为无色有光泽的晶体，均溶于苯中。

对于菲结构的了解，在生化方面具有重要的意义。许多对生物体有重要作用的天然化合物，如胆固醇、胆酸、性激素等，其分子结构中都含有菲型结构的碳骨架。

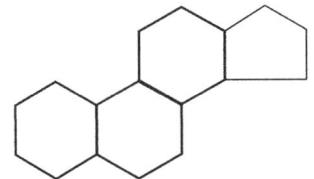

环戊烷多氢菲

含有环戊烷多氢菲的化合物称为甾体化合物。

3. 致癌烃　20 世纪初，人们注意到长期从事一线煤焦油作业的工作人员易患皮肤癌。后经动物实验证明，煤焦油中某些高沸点馏分具有高度的致癌作用。深入研究发现，存在于煤焦油中的 1,2-苯并芘有极强的致癌作用。

某些含有四个或四个以上苯环的稠苯芳香烃有致癌作用，称为致癌烃。如 1,2,5,6-二苯并蒽；1,2,3,4-二苯并菲和 1,2-苯并芘等。

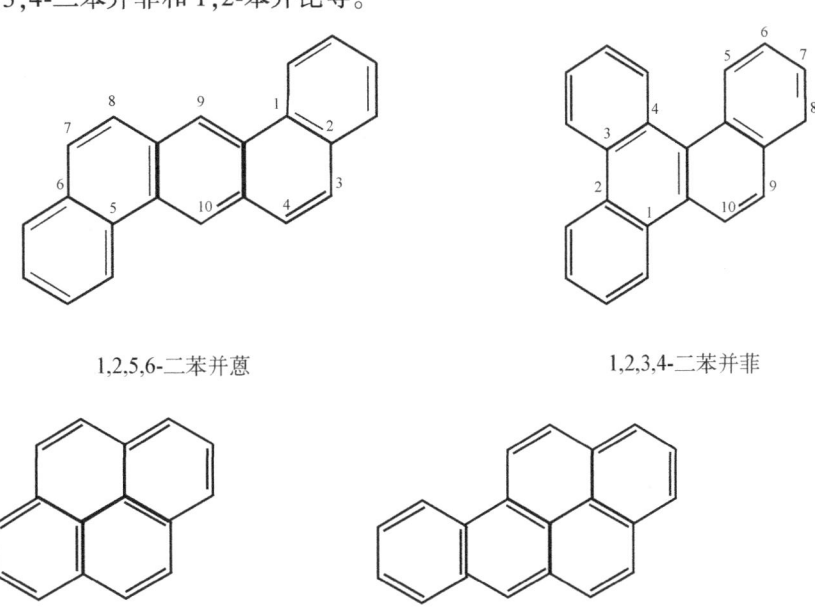

1,2,5,6-二苯并蒽　　　　　　　　1,2,3,4-二苯并菲

芘　　　　　　　　1,2-苯并芘

许多有机化合物在高温作用下都能热解产生1,2-苯并芘。煤、碳燃烧的烟,机动车内燃机排出的废气,熏制食品和烧焦的食物内都含有微量的1,2-苯并芘。北欧人患胃癌较多,据了解与当地人多喜吃熏制食物的饮食习惯有关;香烟的烟雾中含有1,2-苯并芘,吸烟和被动吸烟者肺癌发病率比正常人要高也可能与此有关。城市空气中1,2-苯并芘的含量比农村要高100倍。

> **重点提示**
>
> 能引起癌症的物质被称为致癌物或致癌原物质。化学致癌物中,常见的有稠环芳香烃类、亚硝胺类和芳香胺类等。致癌烃的致癌作用是因为它们能与体内的DNA结合,引起细胞的突变。

讨论与思考

1. 甲烷和氯气在光照条件下能发生什么反应?
2. 1775年英国外科医生P.波特发现烟囱清扫工人多患阴囊癌;1892年有人发现从事煤焦油和沥青作业的工人多患皮肤癌;其他的国家也有类似的报道。那么烟灰、煤焦油中什么成分会导致癌症呢?

习 题

一、名词解释

1. 烷烃 2. 同系物 3. 取代反应 4. 加成反应

二、填空题

1. 烷烃的官能团是_____,通式是_____,烯烃的官能团是_____,通式是_____。
2. 烯烃容易发生化学反应,最主要的化学反应是_____反应,除此以外,烯烃也容易发生氧化、聚合等反应。
3. 苯是一种_____色、有_____气味的_____体,_____溶于水。苯容易发生_____反应,而较难发生_____反应和_____反应。
4. 按照碳原子所连的碳原子个数不同,可把碳原子分为四种不同类型的碳原子,即_____、_____、_____、_____。
5. 按照碳原子相互连接方式不同,烃分_____和_____两类,其中以碳碳单键相连的链烃叫_____,含有碳碳双键的链烃叫_____烃,含有碳碳三键的链烃叫_____烃。而分子中含有苯环的烃叫_____烃。

三、选择题

1. 下列分子属于烷烃的是( )
   A. C_3H_4 B. C_5H_{12} C. C_4H_8 D. C_7H_8
2. 苯环的芳香性是指( )
   A. 苯及其同系物的化学性质是易取代,难加成和氧化
   B. 苯及其同系物有不饱和键,化学性质易加成和氧化,难取代

C. 苯易发生反应生成具有芳香味的物质

D. 苯及其同系物有芳香气味。

3. 下列叙述中,与烷烃的性质不符的是(　　)

　A. 很稳定,不与强酸、强碱作用　　　B. 烷烃均易溶于水、乙醇、乙醚等溶剂中

　C. 难与强氧化剂发生作用　　　　　D. 燃烧时生成二氧化碳和水

4. 下列各组有机物是同系物的是(　　)

　A. 甲烷与乙烷　　B. 乙烯与乙炔　　C. 苯和硝基苯　　D. 戊烷和戊烯

5. 既能使酸性高锰酸钾溶液褪色,又能使溴水褪色的物质是(　　)

　A. 甲苯　　　　　B. 乙烷　　　　　C. 乙炔　　　　　D. 苯

6. 烷烃分子的结构特点为(　　)

　A. 含双键　　　　B. 含三键　　　　C. 含π键　　　　D. 仅含单键

7. 下列属于加成反应的是(　　)

　A. 乙烯通入高锰酸钾酸性溶液中,紫红色消失

　B. 乙烯通入溴水中,红棕色消失

　C. 甲烷与氯气在光照下生成四氯化碳

　D. 以上都不是

8. 下列属于取代反应的是(　　)

　A. 乙烯在催化剂作用下与水反应生成乙醇

　B. 乙炔在催化剂作用下生成苯

　C. 苯与浓硫酸共热生成苯磺酸

　D. 甲苯通入高锰酸钾酸性溶液中,紫红色消失

9. 下列物质只能使酸性高锰酸钾褪色而不能使溴水褪色的是(　　)

　A. 丙烷　　　　　B. 苯　　　　　　C. 甲烷　　　　　D. 甲苯

10. 将下列组合分别通入溴水中,均能使溴水褪色的一组是(　　)

　A. 乙烯和乙炔　　B. 乙烯和苯　　　C. 乙炔和乙烷　　D. 乙烷和苯

四、写出下列化合物的名称或结构式

1. $CH_3CH_2CH_2-\underset{\underset{CH_3}{|}}{CH}-CH_2CH_3$

2. $CH_3CH_2CH=\underset{\underset{CH_3}{|}}{C}-CH_2CH_3$

3.

$$\underset{CH_3}{\underset{|}{\bigcirc}}\text{—}CH_3$$

4. 2,3-二甲基己烷

5. 3-甲基-2-戊烯

五、判断题

1. 烷烃的分子组成都是符合 C_nH_{2n+2} 的有机化合物。

2. 某有机化合物经燃烧后生成 CO_2 和 H_2O，所以该有机物一定只含有 C、H 两种元素。

3. 凡分子中含有碳、氢元素的有机化合物，一定是烃。

4. 甲烷和氯气在光照条件下发生的反应为置换反应。

六、用化学方法鉴别苯、甲苯

答案：

一、名词解释　略

二、填空题

1. 碳碳单键　C_nH_{2n+2}　碳碳双键　C_nH_{2n}

2. 加成

3. 无　特殊　液　难　取代　加成　氧化

4. 伯碳原子　仲碳原子　叔碳原子　季碳原子

5. 饱和　不饱和　烷　烯　炔　芳香

三、选择题

1. B　2. A　3. B　4. A　5. C　6. D　7. B　8. C　9. D　10. A

四、写出下列化合物的名称或结构式

1. 2-甲基己烷

2. 3-甲基-3-己烯

3. 邻二甲苯

4.
$$CH_3CH_2CH_2\overset{\overset{CH_3}{|}}{C}HCH_3$$

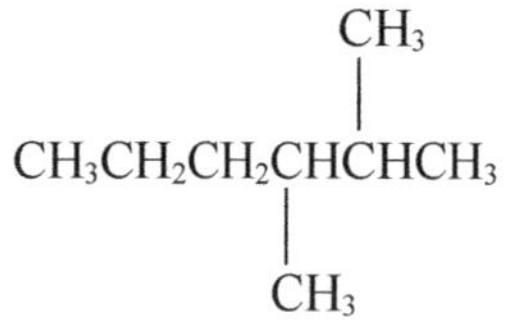

5.
$$CH_3CH_2CH=\overset{\overset{CH_3}{|}}{C}CH_3$$

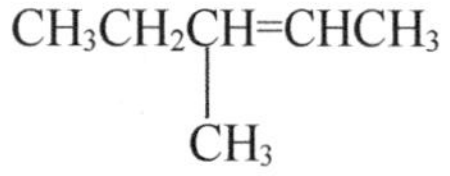

五、判断题

1. √　2. ×　3. ×　4. ×

六、用化学方法鉴别苯、甲苯　略

（方迎春　张宗霞）

第7章

醇、酚和醚

学习要点
1. 醇、酚、醚的结构特点、分类和命名
2. 醇、酚的化学性质
3. 常见醇、酚、醚在医学上的运用

醇、酚、醚分子中都含有氧原子,它们是烃的含氧衍生物。醇和酚都含有一个相同的官能团羟基(—OH),醚是醇或酚的衍生物。

第一节 醇

一、醇的结构和分类

(一)醇的结构

醇是脂肪烃、脂环烃或芳香烃侧链上的氢原子被羟基(—OH)取代后生成的化合物,醇的官能团是羟基(—OH),醇的主要化学性质是由羟基决定的。

一元饱和脂肪醇的结构通式为 R—OH,一元芳香醇的结构通式为 Ar—CH$_2$—OH。

(二)醇的分类

1. 根据醇分子中烃基的结构不同,醇可分为脂肪醇、脂环醇和芳香醇。例如:

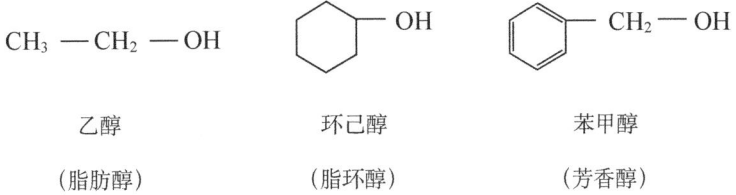

乙醇　　　　　　　环己醇　　　　　　苯甲醇

(脂肪醇)　　　　　(脂环醇)　　　　　(芳香醇)

2. 根据分子中羟基的数目不同,醇可分为一元醇、二元醇和多元醇。例如:

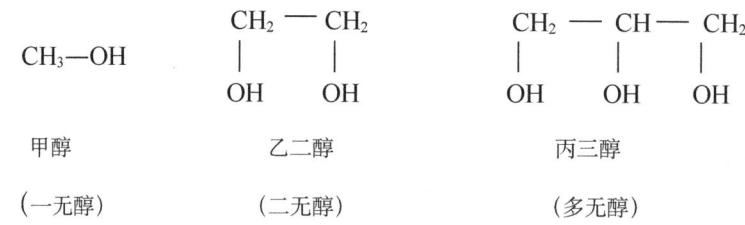

甲醇　　　　　乙二醇　　　　　丙三醇

（一元醇）　　（二元醇）　　　（多元醇）

3. 根据与羟基所连接的碳原子的类型,醇可分为伯醇、仲醇和叔醇。它们的通式为

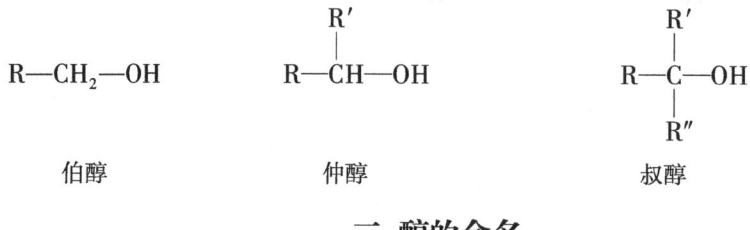

伯醇　　　　仲醇　　　　叔醇

二、醇的命名

醇的命名有系统命名法和普通命名法。

(一) 系统命名法

1. 选主链　选择连着羟基的最长碳链为主链,根据主链碳原子数目称为"某醇"。

2. 编号　从靠羟基最近的一端开始,用阿拉伯数字对主链碳原子依次编号。羟基的位次写在"某醇"之前,中间用短线隔开(如羟基在第一位则可以省略不写)。取代基的位次、数目和名称依次写在主链名称的前面。例如：

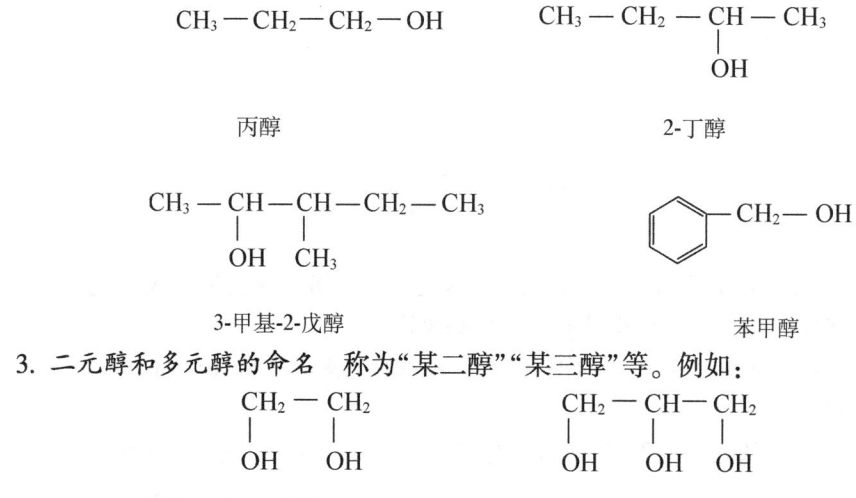

丙醇　　　　　　　　　　　2-丁醇

3-甲基-2-戊醇　　　　　　　苯甲醇

3. 二元醇和多元醇的命名　称为"某二醇""某三醇"等。例如：

CH₂ — CH₂　　　　　CH₂ — CH — CH₂
　|　　　|　　　　　　　|　　|　　|
　OH　　OH　　　　　　OH　OH　OH

乙二醇　　　　　　　　　丙三醇

(二) 普通(习惯)命名法

结构简单的醇可根据和羟基相连的烃基的普通(习惯)名称来命名,称为"某(基)醇","基"字一般可以省去。

例如：

$$\underset{\text{异丙醇}}{CH_3-\underset{\underset{}{|}}{\overset{\overset{OH}{|}}{CH}}-CH_3} \qquad \underset{\text{叔丁醇}}{CH_3-\underset{\underset{CH_3}{|}}{\overset{\overset{OH}{|}}{C}}-CH_3} \qquad \underset{\text{苄醇}}{C_6H_5-CH_2-OH}$$

另外,有的醇有俗名。俗名通常是根据有机物的来源或性质而定名的。例如:乙醇俗称酒精,丙三醇俗称甘油。

三、醇的性质

(一) 物理性质

直链饱和一元醇,含 4 个碳原子以下的醇是无色透明的液体、有酒味,含 5~11 个碳原子的醇是带有不愉快气味的油状液体,含 12 个碳原子以上的醇是无嗅无味的蜡状固体。

醇在水中的溶解度随碳原子的增多而下降,甲醇、乙醇、丙醇能与水任意混溶,含 10 个碳原子以上的醇基本上不溶于水,但可溶于汽油等有机溶剂中;醇的沸点随着碳原子数的增加而上升。

(二) 化学性质

1. 与活泼金属反应　醇与活泼金属如 K、Na、Mg、Al 等发生反应,生成醇盐,放出氢气。例如:

$$2CH_3-CH_2-OH + 2Na \longrightarrow 2CH_3-CH_2-ONa + H_2\uparrow$$
$$\quad\text{乙醇}\qquad\qquad\qquad\qquad\text{乙醇钠}$$

实验结果表明,醇与钠反应生成氢气,和水与钠反应相似,但反应速率比水缓慢的多。

2. 氧化反应　在有机化学反应中,有机物分子得到氧或失去氢的反应称为氧化反应;相反,失去氧或得到氢的反应称为还原反应。由于受羟基影响而比较活泼,醇分子中与羟基直接相连的碳原子上的氢原子在催化剂作用下较易发生氧化反应。例如:

$$CH_3-\underset{\underset{H}{|}}{\overset{\overset{H}{|}}{C}}-OH \xrightarrow[{[O]}]{Cu\text{或}Ag} \left[CH_3-\underset{\underset{H}{|}}{\overset{\overset{O\;H}{|}}{C}}-OH\right] \longrightarrow CH_3-\overset{\overset{O}{\|}}{C}-H + H_2O$$

乙醇　　　　　　　　　　　　　　　　　　　乙醛
(伯醇)

$$CH_3-\underset{\underset{H}{|}}{\overset{\overset{CH_3}{|}}{C}}-OH \xrightarrow[{[O]}]{Cu\text{或}Ag} \left[CH_3-\underset{\underset{O\;H}{|}}{\overset{\overset{CH_3}{|}}{C}}-OH\right] \longrightarrow CH_3-\overset{\overset{O}{\|}}{C}-CH_3 + H_2O$$

2-丙醇　　　　　　　　　　　　　　　　　　丙酮
(仲醇)

不同类型的醇,氧化产物亦不相同。伯醇氧化生成醛,仲醇氧化生成酮。叔醇由于分子中和羟基相连的碳原子上没有氢原子,所以,一般不能发生脱氢氧化。因此,利用该反应可将伯醇、仲醇区别开来。

3. 酯化反应　醇与有机羧酸及含氧无机酸(如硝酸、硫酸、磷酸)等物质反应,脱水所生成的产物叫作酯,这种反应称为酯化反应。例如:

$$CH_3-CH_2-OH + HO-NO_2 \longrightarrow CH_3-CH_2-O-NO_2 + H_2O$$
　　　乙醇　　　　硝酸　　　　　　　硝酸酯

甘油和硝酸反应可以生成三硝酸甘油酯(硝化甘油),它是一种使血管舒张药物,可以缓解心绞痛;另外,它还是常用的炸药。

4. 脱水反应　醇在催化剂(如浓硫酸、氧化铝等)存在下共同加热,易发生脱水反应。如乙醇与浓硫酸共热到170℃,可发生分子内脱水。

$$CH_3-CH_2-OH \xrightarrow[170℃]{浓硫酸} CH_2=CH_2 + H_2O$$

乙醇与浓硫酸共热到140℃,可发生分子间脱水。

$$CH_3CH_2-O[H + HO]-CH_2CH_3 \xrightarrow[140℃]{浓硫酸} CH_3CH_2-O-CH_2CH_3 + H_2O$$
　　　　　　　　　　　　　　　　　　　　　　　　　　乙醚

> **重点提示**
>
> 　　醇的官能团是羟基(—OH),醇的命名时选择主链一定要含有羟基。醇的主要化学性质也是由羟基决定的,受羟基影响醇能发生氧化反应、脱水反应和酯化反应等,乙醇在不同温度下脱水的产物不同。

四、常见的醇

(一) 甲醇

甲醇(CH_3—OH)俗称木精或木醇,因最初是从木材干馏液中提取出来的。甲醇为无色透明、易挥发、可燃的液体,沸点64.7℃,相对密度0.7914。能与水和大多数有机溶剂混溶,具有酒的气味。但甲醇有毒,误饮10ml即能使眼睛失明,误服30ml可使人中毒死亡。甲醇是一种重要的化工原料。

(二) 乙醇

乙醇(CH_3—CH_2—OH)俗称酒精,是酒的主要成分。它是无色挥发性透明、易燃的液体,能与水及多数有机溶剂混溶。乙醇毒性小,适量饮用酒,人可耐受,但暴饮对人体有害。

含量25%~50%的酒精溶液又称擦浴酒精,用来给高热病人擦浴,帮助病人降低体温。含量75%的酒精溶液杀菌能力最强,称为消毒酒精,用于消毒。含量95%的酒精溶液主要用作溶剂或燃料。

(三) 苯甲醇

苯甲醇(苯环—CH_2OH)又称苄醇,是最简单的芳香醇。为无色液体,沸点205.35℃,相对密度1.0419,具有芳香气味,微溶于水,易溶于有机溶剂。苯甲醇具有微弱的麻醉和防腐作用,用作注射剂中的止痛、防腐剂,但有一定的不良反应。

(四)丙三醇

丙三醇(CH₂—CH—CH₂ / OH OH OH)俗称甘油,是无色黏稠略有甜味的液体,熔点166~168℃,相对密度1.489。具有很强的吸湿性,能与水、乙醇以任意比例混溶。甘油在药剂上用作溶剂,如酚甘油、碘甘油;甘油的水溶液可作为护肤剂;含量50%的甘油溶液外用可治疗便秘,医药上称为"开塞露"。

甘油分子中由于相邻羟基的相互影响,使其有微弱的酸性,可与新配制的氢氧化铜反应,溶解其沉淀生成深蓝色的甘油铜溶液。

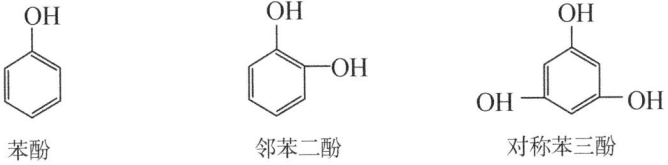

第二节 酚

一、酚的结构、分类和命名

(一)酚的结构

酚是芳香烃分子中芳环上的氢原子被羟基取代后生成的化合物。

酚和芳香醇结构上的不同是,芳香醇中羟基与芳环的侧链相连,而酚的结构特点是羟基与芳环直接相连。酚的羟基称为酚羟基,是酚的官能团,酚的通式可写作Ar—OH。

(二)酚的分类、命名

1. 根据分子中所含酚羟基的数目,酚可分为一元酚、二元酚和多元酚。

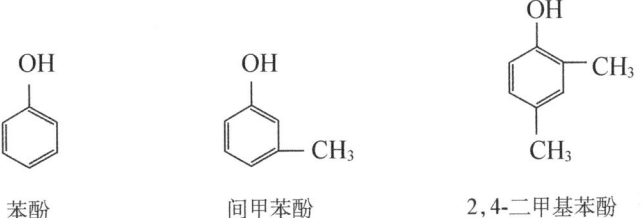

苯酚　　　　　　邻苯二酚　　　　　　对称苯三酚

2. 酚的命名一般是在芳环的名称后面加"酚"。芳环上有其他取代基,将取代基位次、数目和名称写在"酚"的前面;有多个酚羟基,需要标出酚羟基的数目和位次。

苯酚　　　　　　间甲苯酚　　　　　　2,4-二甲基苯酚

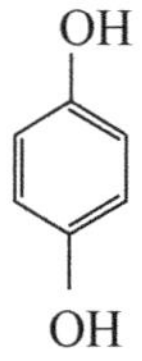

对苯二酚 连苯三酚 α-萘酚
(1,4-苯二酚) (1,2,3-苯三酚)

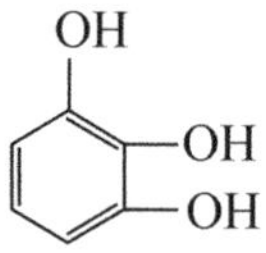

二、酚的性质

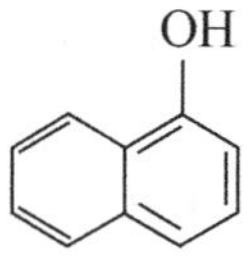

(一)物理性质

酚多数是无色晶体,有特殊气味。由于在空气中易被氧化,酚常带有红色或褐色。酚能溶于乙醇、乙醚等有机剂中;一元酚微溶于水,多元酚较易溶于水。

(二)化学性质

酚和醇都含羟基,两者性质有相似之处,如均能被氧化、能成醚等。但酚羟基直接连在芳环上,故酚和醇的性质又表现出不同。酚溶液具有弱酸性,更易被氧化和发生取代反应。

1. **弱酸性** 酚具有弱酸性,在水溶液中能电离出少量的氢离子。酚与碱金属反应,还能与氢氧化钠等强碱作用生成可溶于水的酚盐。

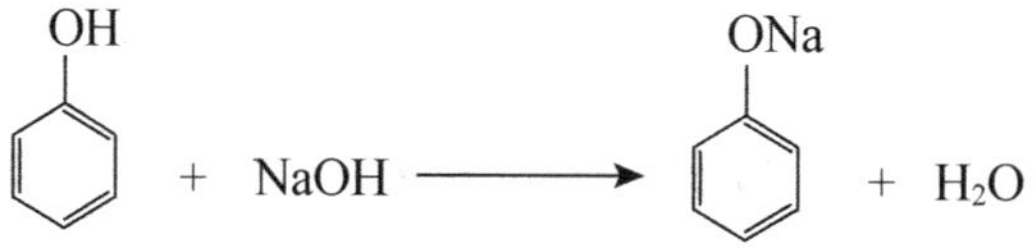

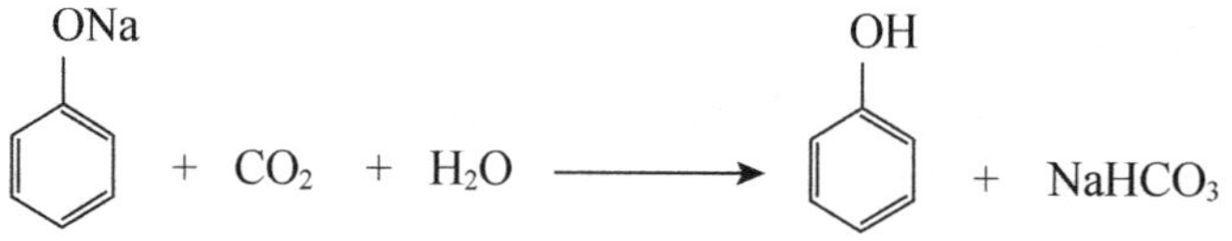

$$C_6H_5OH + NaOH \longrightarrow C_6H_5ONa + H_2O$$

$$C_6H_5ONa + CO_2 + H_2O \longrightarrow C_6H_5OH + NaHCO_3$$

由上述反应可知,苯酚酸性很弱,比碳酸的酸性还要弱,能溶于氢氧化钠和碳酸钠溶液,但不能溶于碳酸氢钠溶液。

2. **与三氯化铁的显色反应** 酚类化合物能与三氯化铁溶液发生显色反应,不同的酚呈现不同的颜色。例如:苯酚、间苯二酚与三氯化铁反应显紫色;邻苯二酚和对苯二酚与三氯化铁反应显绿色。

3. **取代反应** 酚比苯更容易发生取代反应,如卤化、硝化、磺化。

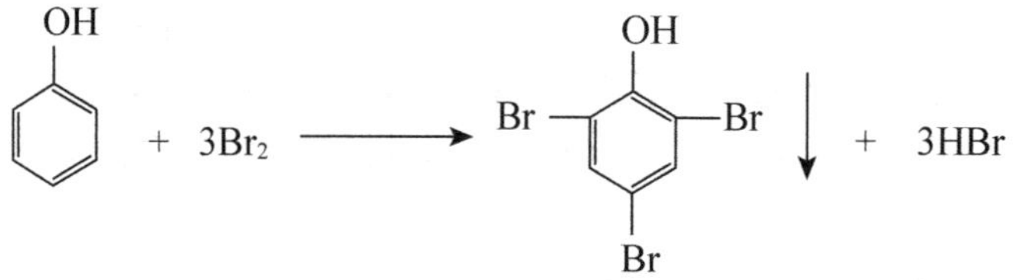

$$C_6H_5OH + 3Br_2 \longrightarrow C_6H_2Br_3OH \downarrow + 3HBr$$

(白色沉淀)

此反应很灵敏,可用于苯酚的鉴别和定量分析。

4. **氧化反应** 酚易被氧化,产物复杂。无色苯酚在空气中被氧化,变为粉红色;与强氧化剂(如酸性重铬酸钾)反应,则被氧化成黄色的对苯醌。

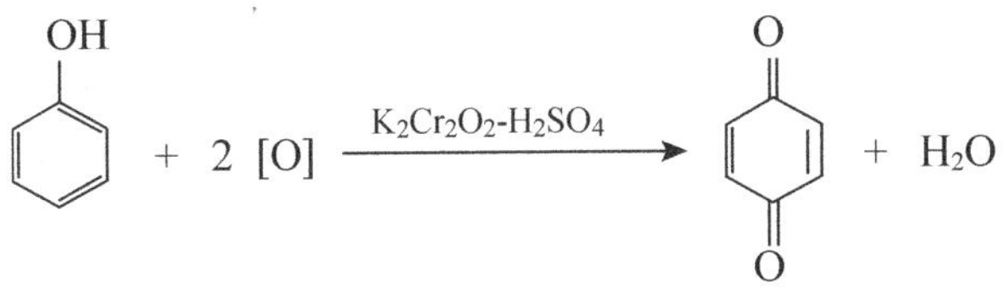
OH
+ 2 [O]
K2Cr2O2-H2SO4
O
O
+ H2O

对苯醌

三、重要的酚

（一）苯酚

苯酚（C_6H_5OH）简称为酚，俗称石炭酸。纯净的苯酚是无色针状结晶，熔点 43℃，相对密度 1.0722，具有特殊气味。遇空气会被氧化而呈粉红色。苯酚可溶于乙醇、乙醚等有机溶剂，常温下微溶于水，但温度升高溶解度增大，70℃以上时，能与水任意混溶。

苯酚具有杀菌作用，可用作消毒剂和防腐剂。但苯酚对皮肤有较强的腐蚀性，使用时应小心。

（二）甲苯酚

甲苯酚有三种同分异构体，分别为

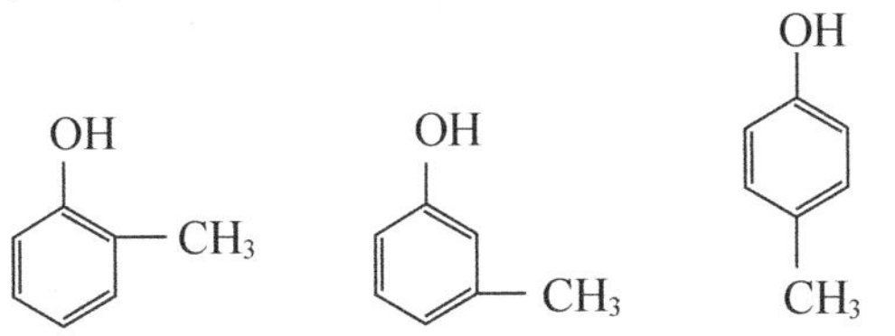
OH
CH3
OH
CH3
OH
CH3

邻甲苯酚　　间甲苯酚　　对甲苯酚

三种甲苯酚都存在于煤焦油中，俗称为煤酚。煤酚的毒性和腐蚀性小，杀菌能力比苯酚强 4 倍。含 50% 的煤酚肥皂溶液，商品名称“来苏儿”，其稀释液常用于皮肤、器械、环境和排泄物的消毒。

重点提示

酚羟基直接连在芳环上，故酚和醇的性质表现不同。酚溶液具有弱酸性，酚更易被氧化和发生取代反应。

第三节　醚

一、醚的结构、命名

（一）醚的结构

醚可以看作是两个烃基通过一个氧原子连接起来的化合物。醚的结构可以用通式（Ar）R—O—R′（Ar′）表示，式中的两个烃基可以相同，也可以不相同。两个烃基相同的醚称为单醚；两个烃基不同的醚称为混醚。

（二）醚的命名

醚的命名是在“醚”字前面加上烃基。单醚命名，在取代基名称前加“二”，如取代基均是烷基的,往往把"二"省略;混醚命名时,较小烃基的名称写在较大烃基的名称之前,芳香烃基的名称写在脂肪烃基的名称之前。

单醚：　CH_3-O-CH_3　　　$CH_3-CH_2-O-CH_2-CH_3$　　　二苯醚($C_6H_5-O-C_6H_5$)
　　　　　　甲醚　　　　　　　　　　　乙醚　　　　　　　　　　二苯醚

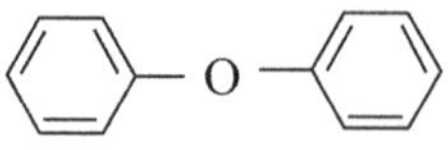

混醚：　$CH_3-CH_2-O-CH_3$　　　$C_6H_5-O-CH_2-CH_3$
　　　　　　甲乙醚　　　　　　　　　　苯乙醚

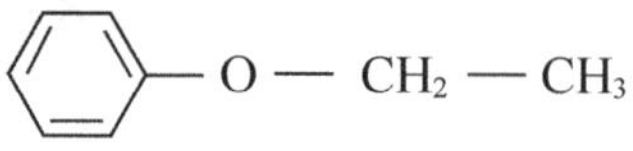

二、重要的醚

(一) 乙醚

乙醚($CH_3CH_2-O-CH_2CH_3$)是具有特殊气味的无色透明的液体,沸点34.5℃,微溶于水,能溶解许多有机物,是一种良好的有机溶剂,医药上常用可提取中草药中脂溶性有效成分。

乙醚有麻醉作用,自1805年以来,纯净的乙醚曾长期用作全身麻醉剂,但由于乙醚可引起恶心、呕吐等不良反应,现在已被其他新型药物替代。

(二) 安氟醚

安氟醚($CHFClCF_2-O-CHF_2$)是具有果香味的挥发性的无色液体,沸点57℃,不能燃烧。麻醉作用比乙醚弱,目前在临床上用作全身吸入性麻醉剂。

讨论与思考

1. 醇和酚结构上有什么异同点？
2. 工业用的酒精为什么不能饮用？
3. 有什么化学方法鉴别醇和酚？

习　题

一、写出下列物质的结构简式或命名

1. 酒精
2. 石炭酸
3. 甘油
4. $CH_3-\underset{\underset{OH}{|}}{CH}-\underset{\underset{CH_3}{|}}{CH}-CH_2-CH_3$
5.
<chemical structure: 3-methylphenol - benzene ring with OH and CH_3 substituents>

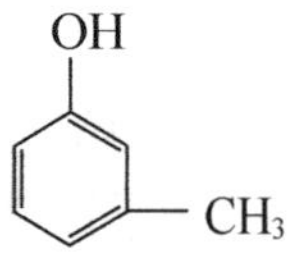

6. $CH_3-CH_2-O-CH_3$

二、填空题

1. 丙三醇俗称_____,它与_____作用生成深蓝色的_____溶液。

2. 乙醚曾在医药上主要用作_____,在化工上用作_____。
3. 临床上使用的消毒酒精的浓度为_____,擦浴酒精的浓度为_____。
4. 醇和酚的共同官能团是_____,酚的官能团直接连在_____上。
5. 甲苯酚有_____、_____、_____三种同分异构体,存在于煤焦油中,不易分离,其混合物称为_____,其含50%的煤酚肥皂溶液称为_____,是常用的消毒剂。

三、选择题

1. 下列物质中,既能与溴水反应,又能与三氯化铁发生显色反应的是(　　)
   A. 甲苯　　　　B. 乙醇　　　　C. 苯酚　　　　D. 苄醇

2. 下列物质中,属于醇的是(　　)

3. 临床上把加入少量苯甲醇的注射剂称为"无痛水",是因为苯甲醇具有(　　)
   A. 消毒作用　　B. 还原作用　　C. 防腐作用　　D. 麻醉作用

4. 与乙醇互为同分异构体的是(　　)
   A. 甲醇　　　　B. 乙醚　　　　C. 乙二醇　　　　D. 甲醚

5. 下列醇中,属于叔醇的是(　　)
   A. $CH_3CH_2CH_2OH$　　　　　　B. $(CH_3)_2CHOH$
   C. $(CH_3)_3COH$　　　　　　　　D. $(CH_3)_2CHCH_2OH$

6. 下列物质的量浓度相同的稀溶液,pH最小的是(　　)
   A. 苯酚　　　　B. 碳酸　　　　C. 酒精　　　　D. 碳酸钠

7. "来苏儿"常用于医疗器械和环境消毒,其主要成分是(　　)
   A. 甲醇　　　　B. 苯酚　　　　C. 苯甲酚　　　　D. 甲苯

8. 不与活泼金属钠反应生成氢气的是(　　)
   A. 乙醇　　　　B. 苯酚　　　　C. 乙醚　　　　D. 甘油

9. 临床上作外用消毒剂的酒精浓度为(　　)
   A. 25%　　　　B. 50%　　　　C. 75%　　　　D. 95%

10. 能和$Cu(OH)_2$反应生成深蓝色溶液的是(　　)
    A. 丙醇　　　　B. 苯酚　　　　C. 酒精　　　　D. 甘油

四、用化学方法鉴别下列各组物质

1. 苯甲醇和苯酚
2. 丙醇和丙三醇

五、简述不同浓度的酒精在医学的应用

答案：

一、写出下列物质的结构简式或命名　略

二、填空题

1. 甘油　氢氧化铜　甘油铜

2. 麻醉剂　有机溶剂

3. 75%　25%~50%

4. 羟基　苯环

5. 邻甲苯酚　间甲苯酚　对甲苯酚　甲酚　来苏儿

三、选择题

1. C　2. B　3. D　4. D　5. C　6. B　7. C　8. C　9. C　10. D

四、用化学方法鉴别下列各组物质　略

五、简述不同浓度的酒精在医学的应用　略

（张　勇　方迎春）

第 8 章

醛 和 酮

学习要点
1. 醛和酮的结构特点、分类和命名
2. 醛和酮的化学性质,氧化反应、加成反应
3. 常见醛和酮在医学上的运用

第一节 醛和酮结构、分类和命名

醛和酮是烃的含氧衍生物,分子中碳原子与氧原子以双键相连,形成的原子团,称为羰基($-\overset{\overset{O}{\|}}{C}-$),因此,醛和酮统称为羰基化合物。

羰基与一个氢原子相连形成的原子团,称为醛基($-\overset{\overset{O}{\|}}{C}-H$),可简写成—CHO,含有醛基的化合物称为醛。醛的结构通式为 $(Ar)R-\overset{\overset{O}{\|}}{C}-H$,醛的官能团是醛基。

羰基与两个烃基相连,则称为酮基($-\overset{\overset{O}{\|}}{C}-$),可简写成—CO—。含有酮基的化合物,称为酮。酮的结构通式为 $(Ar)R-\overset{\overset{O}{\|}}{C}-R'(Ar')$,酮的官能团是酮基。

醛和酮主要根据羰基所连的烃基种类不同可分为脂肪醛、酮和芳香醛、酮。此外,根据羰基数目,又可分为一元醛、酮和多元醛、酮。

脂肪醛、酮的命名依照有机化合物命名的基本原则,选含有醛基或酮基的碳链为主链,编号从离醛基或酮基最近的一端编号。

芳香醛、酮的命名,是以脂肪醛、酮为母体,芳香烃基为取代基,"基"可以省略。

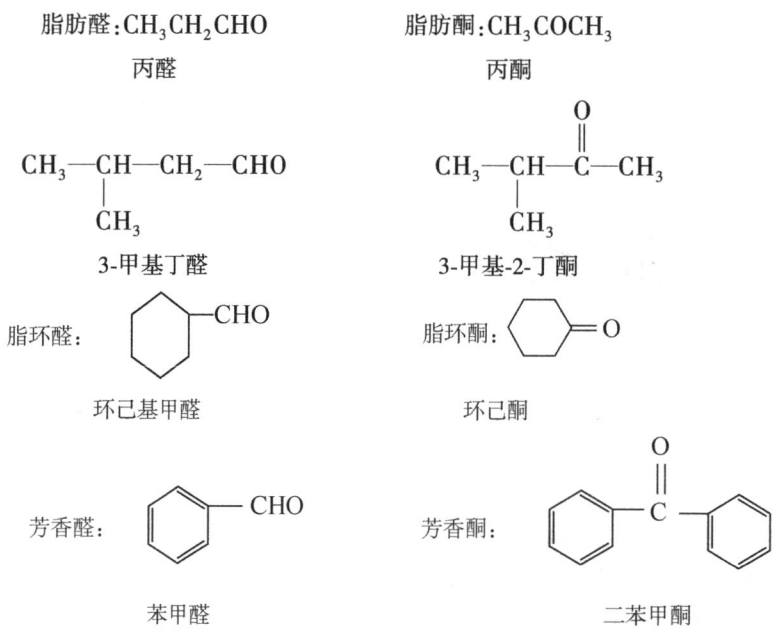

第二节 醛和酮的性质

一、醛和酮的物理性质

室温下甲醛为具有刺激性的气体,乙醛和丙酮等是具有刺激性的液体,易挥发,能溶于水,其他醛和酮大多数微溶或不溶于水,但能溶于有机溶剂。

二、醛和酮的化学性质

醛和酮的结构中都含羰基,所以醛和酮的性质具有相似之处。但醛基中羰基与氢原子相连,而酮基则没有氢原子相连,这一结构上的差异,导致醛和酮在化学性质上存在明显的差异,醛比酮活泼。

(一)加成反应(共有性质)

1. 加氢还原反应　在金属催化剂铂镍(Ni)等作用下,醛和酮分子中的羰基可加氢生成醇羟基。

$$CH_3-\underset{\text{乙醛}}{C(=O)-H} + H-H \xrightarrow{Ni} CH_3-\underset{\text{乙醇(伯醇)}}{CH(OH)-H}$$

$$CH_3-\overset{O}{\underset{}{C}}-CH_3 + H-H \xrightarrow{Ni} CH_3-\overset{OH}{\underset{H}{C}}-CH_3$$

丙酮　　　　　　　　　　　　　　2-丙醇（仲醇）

2. 与醇加成　在干燥 HCl 作用下,醛与醇发生加成反应生成半缩醛,半缩醛和过量的醇发生缩合反应进一步生成缩醛。

$$R-\overset{O}{\underset{}{C}}-H + H-OR' \underset{加成}{\overset{干燥HCl}{\rightleftharpoons}} R-\overset{OH}{\underset{OR'}{C}}-H + H-OR' \underset{缩合}{\overset{干燥HCl}{\rightleftharpoons}} R-\overset{OR'}{\underset{OR'}{C}}-H + H_2O$$

醛　　醇　　　　　　　　　　半缩醛　　　　　　　　　　缩醛

凡由 2 个或多个有机化合物分子相互结合,缩去简单小分子(如水、氨等)同时生成一个较大分子的反应,称为缩合反应。所得的较大分子叫作缩合物。

在同样的条件下,酮与醇不发生类似的反应。

(二)醛的特殊性质

1. **与弱氧化剂反应**　醛和酮在一定的条件下,均能被氧化。但醛基上的氢原子由于受羰基的影响而比较活泼,更容易被氧化,即使弱氧化剂也可以使醛基氧化,所以醛具有较强的还原性。而酮基上没有氢原子,则不能被弱氧化剂氧化。因此,可以利用弱氧化剂来区别醛和酮,常用的弱氧化剂有土伦试剂和斐林试剂。

(1)银镜反应:在洁净的试管中加入 0.1mol/L $AgNO_3$ 溶液 2ml,再滴加 2mol/L 氨水,边滴边振荡,直到生成的沉淀刚好溶解为止(所得到的无色透明溶液称为土伦试剂)。再滴加 10 滴乙醛,将试管置于 50~60℃水浴中加热,在试管内壁会生成光亮的银镜。这就是银镜反应。

$$AgNO_3+3NH_3 \cdot H_2O = [Ag(NH_3)_2]OH+NH_4NO_3+2H_2O$$

$$CH_3-\overset{O}{\underset{}{C}}-H+2[Ag(NH_3)_2]OH \xrightarrow{\triangle} CH_3-\overset{O}{\underset{}{C}}-ONH_4 + 2Ag\downarrow + 3NH_3\uparrow + H_2O$$

银镜

在同等条件下,酮不发生反应,所以,可以利用银镜反应鉴别醛和酮。

(2)斐林反应:斐林试剂是由斐林试剂甲(硫酸铜溶液)和斐林试剂乙(酒石酸钾钠的氢氧化钠溶液)等体积混合而成的深蓝色的透明溶液,斐林试剂的有效成分是 $Cu(OH)_2$。

$$CuSO_4+2NaOH = Cu(OH)_2 + Na_2SO_4$$

$$CH_3-\overset{O}{\underset{}{C}}-H + 2Cu(OH)_2 \xrightarrow{\triangle} CH_3-\overset{O}{\underset{}{C}}-OH + Cu_2O\downarrow + 2H_2O$$

砖红色沉淀

酮和芳香醛都不能发生斐林反应,故可以利用斐林试剂鉴别脂肪醛与芳香醛(或酮)。

2. **与希夫试剂的显色反应**　希夫试剂也称为品红亚硫酸试剂。品红是一种红色染料,在其水溶液中通入二氧化硫,溶液的红色褪去,得到的无色溶液即为希夫试剂。

醛与希夫试剂作用呈现紫红色。这个显色反应很灵敏,而酮不起反应,这是鉴别醛和酮的简单方法。

> **重点提示**
>
> 醛和酮的结构中都含羰基,醛和酮都起加成反应。醛基是由羰基和氢原子组成,醛可以被弱氧化剂氧化,故可用托(土)伦试剂和斐林试剂来区别醛和酮。

第三节 常见的醛和酮

一、甲 醛

甲醛(HCHO)是最简单的脂肪醛,俗称为蚁醛。为具有强烈刺激性气味的无色气体,易溶于水,对人体有害。质量分数为40%的甲醛水溶液,在医药上称为福尔马林,是临床上常用的消毒剂和防腐剂。2%的甲醛溶液用于外科器械消毒,10%的甲醛溶液用于固定生物标本和保存尸体。

甲醛也是一种重要的有机原料,主要用于塑料工业(如制酚醛树脂)、合成纤维、皮革工业、医药、染料等方面。

二、乙 醛

乙醛(CH_3—CHO)是无色易挥发、具有刺激性气味的液体,能溶于水和乙醇等溶剂,在乙醛中通入氯气,能生成三氯乙醛,其与水作用生成水合三氯乙醛(CCl_3—CHO·H_2O),医药上简称为水合氯醛,是比较安全的催眠药和抗惊厥药。

三、苯甲醛

苯甲醛(⌬—CHO)俗称苦杏仁油,是具有苦杏仁味的无色液体,微溶于水,易溶于乙醇和乙醚,它以结合状态存在于杏、桃等水果的核仁中。苯甲醛是制备药物、染料、香料的原料。

四、丙 酮

丙酮(CH_3—$\overset{\underset{\|}{O}}{C}$—$CH_3$)是最简单的脂肪酮,为易挥发、易燃的无色液体,有烂苹果味,易溶于水,能溶解多种有机物,是常用的有机溶剂。

丙酮是人体内脂肪代谢的产物,正常情况下,血液中的丙酮含量很低。糖尿病患者由于代谢不正常,体内常有过量的丙酮积聚,随尿液排出。检验尿中丙酮的含量,可帮助对糖尿病的诊断。临床上检查尿液中是否有丙酮,可向尿样中滴加亚硝酰铁氰化钠($Na_2[Fe(CN)_5NO]$)的氢氧化钠溶液,如有丙酮存在,则尿液显现鲜红色。

重点提示

甲醛水溶液,在医药上称为福尔马林,是临床上常用的消毒剂和防腐剂,但甲醛对人体有害。

讨论与思考

1. 醛和酮都有的官能团是什么?它们的共性是什么?
2. 临床上检查尿糖的化学依据是什么?
3. 甲醛有什么危害?如何消除甲醛的危害?

习 题

一、写出下列物质的名称或结构简式

1. $CH_3—CH—CH_2—CHO$
         $|$
         CH_3

2. $CH_3—CH—\overset{\overset{O}{\|}}{C}—CH_3$
         $|$
         CH_3

3. 苯—$CH_2—CHO$

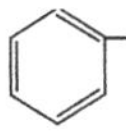

4. 甲醛
5. 3-甲基丁醛
6. 丙酮

二、填空题

1. 醛和酮的结构中都含_____基,它们都能发生加成反应,其中能与_____、_____反应。但醛基和酮基又不完全相同,醛更易与_____、_____、_____发生反应。

2. 最简单的脂肪醛是_____,其水溶液又称_____,在医药上常用作_____和_____。最简单的脂肪酮是_____,糖尿病患者体内积累过量的该物质,临床检验病人尿液中是否有它,可向尿样中滴加_____溶液和_____溶液,如有则尿样呈_____色。

三、选择题

1. 生物标本防腐剂"福尔马林"的成分是( )
   A. 40%甲酸水溶液   B. 40%甲醛水溶液
   C. 40%乙醛水溶液   D. 40%丙酮水溶液

2. 检查糖尿病患者尿液中的丙酮,可采用的试剂是( )
   A. 土伦试剂   B. NaOH溶液和硫酸铜溶液
   C. 斐林试剂   D. ($Na_2[Fe(CN)_5NO]$)和氢氧化钠溶液

3. 能区分甲醛、苯甲醛的试剂是( )
   A. 土伦试剂   B. 斐林试剂

C. 希夫试剂　　　　　　　　D. NaOH 溶液和硫酸铜溶液

4. 能与斐林试剂反应生成砖红色沉淀的物质是(　　)

　　A. 丙酮　　　　B. 2-甲基丙醛　　　C. 苯甲醛　　　　D. 苯乙酮

5. 在干燥氯化氢作用下,下列各组物质能发生反应的是(　　)

　　A. 甲醛和乙醛　　B. 乙醇和乙醛　　C. 苯甲醛和乙醛　　D. 丙醇和丙酮

四、用化学方法鉴别下列各组物质

1. 丙醛和丙酮　　2. 乙醇和乙醛　　3. 乙醛和苯甲醛

五、简述甲醛在医药上的应用及甲醛对人体的危害

答案:

一、写出下列物质的名称或结构简式　略

二、填空题

1. 羰基　氢气　醇　土伦试剂　斐林试剂　希夫试剂

2. 甲醛　福尔马林　消毒剂　防腐剂　丙酮　氢氧化钠　亚硝酰铁氰化钠　鲜红色

三、选择题

1. B　2. D　3. B　4. B　5. B

四、用化学方法鉴别下列各组物质　略。

五、简述甲醛在医药上的应用及甲醛对人体的危害　略。

(张　勇　张宗霞)

第 9 章

羧酸及取代羧酸

学习要点
1. 羧酸及取代羧酸的主要化学性质、结构和命名
2. 几种常见的羟基酸和酮酸在医药上的应用

分子中含有羧基(—COOH)的有机化合物,称为羧酸;羧酸分子中烃基上的氢原子被其他原子或原子团取代后生成的化合物,称为取代羧酸。羧酸常以游离状态、羧酸盐或酯的形式广泛存在于自然界中;取代羧酸主要有卤代酸、羟基酸和酮酸(羰基酸),常用作有机合成、工农业生产或医药工业的原料。羧酸、取代羧酸也是烃的含氧衍生物。

第一节 羧 酸

一、羧酸的结构、分类和命名

羧酸可由醛氧化生成。羧酸从结构上可以看成是烃分子中的氢原子被羧基取代而生成的化合物(甲酸除外);羧基是羧酸的官能团。羧酸的结构通式为:

$(Ar)R—\overset{O}{\underset{\|}{C}}—OH$ (除甲酸),可简写为(Ar)RCOOH;$—\overset{O}{\underset{\|}{C}}—OH$ 称为羧基,可简写为—COOH。最简单的羧酸是甲酸,它的结构简式为 HCOOH。

重点提示

羧酸的官能团是羧基,羧酸的化学性质主要体现在羧基上。

根据羧酸分子中所含羧基的数目不同,羧酸可分为一元酸、二元酸和多元酸。

根据羧酸分子中烃基的种类不同,羧酸可分为脂肪酸和芳香酸。

羧基与脂肪烃基相连结的称为脂肪酸,若脂肪烃基是饱和的,则称为饱和脂肪酸;若脂肪烃基是不饱和的,则称为不饱和脂肪酸。羧基与芳香烃基相连结的称为芳香酸。如下所示:

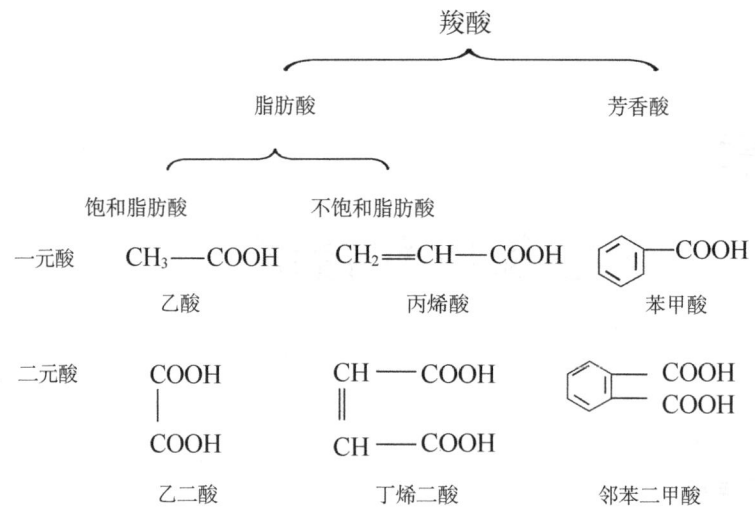

酸的命名与醛的命名相似,只需对应地将"醛"字改成"酸"字。简单羧酸的命名,可根据分子中碳原子的数目称为"某酸",如甲酸(H—COOH)、乙酸(CH₃—COOH)。结构复杂的羧酸仍然采用系统命名法。

(1) 选择含有羧基碳原子在内的最长碳链为主链,根据主链所含碳原子数称为"某酸"。

(2) 从羧基碳原子开始,用阿拉伯数字将主链碳原子依次编号,有支链或取代基时,将它们的位次、数目和名称写在"某酸"的前面。

(3) 主链碳原子的编号也可用希腊字母 α、β、γ……表示。与羧基直接相连的第一个碳原子称 α 碳,其他碳原子依次称为 β、γ……例如:

$$CH_3-CH-COOH \atop \quad\;\;CH_3$$
2-甲基丙酸
(α-甲基丙酸)

$$CH_3-CH-CH_2-CH_2-COOH \atop \qquad\;\;CH_3$$
4-甲基戊酸
(γ-甲基戊酸)

芳香酸的命名以脂肪酸为母体,苯环作为取代基。例如:

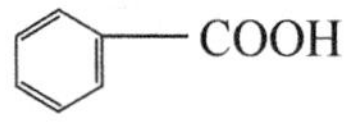

苯甲酸

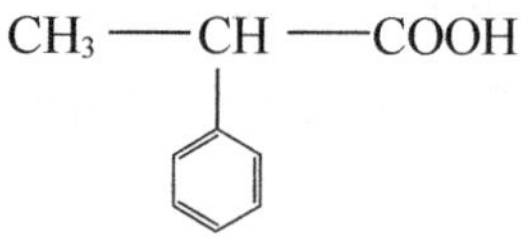

α-苯(基)丙酸

习惯上,有许多羧酸往往根据其来源而命名。例如:

HCOOH
甲酸(蚁酸)

CH₃—COOH
乙酸(醋酸)

COOH
|
COOH
乙二酸(草酸)

二、羧酸的性质

(一)羧酸的物理性质

甲酸、乙酸、丙酸是有强烈刺激性气味的无色液体,含 4~9 个碳原子的饱和一元羧酸是有恶臭味的油状液体,含 10 个以上碳原子的羧酸是蜡状无味的固体;脂肪族二元酸和芳香酸都是结晶状固体。一元脂肪族羧酸随碳原子数增加,水中溶解度降低;羧酸的熔点、沸点都随着相对分子质量的增加而升高。低级羧酸可与水互溶,高级一元羧酸不溶于水,但能溶于有机溶剂,多元酸的水溶性大于相同碳原子数的一元酸。

(二)羧酸的化学性质

羧酸的化学性质主要由官能团羧基引起的,而羧基可以看作是由羰基$\left(\begin{matrix} O \\ \| \\ -C- \end{matrix}\right)$和羟基(—OH)两部分组成,由于其互相影响的结果,使羧酸表现出既不同于羰基,又不同于羟基,羧酸具有某些特殊性质。

1. 酸性

【演示实验9-1】 用滴管吸取少量醋酸,滴在蓝色石蕊试纸上,观察试纸颜色的变化。

实验结果表明,蓝色石蕊试纸立即变红。说明醋酸具有酸性,这是因为醋酸在水溶液里能电离出氢离子。

$$CH_3—COOH \rightleftharpoons CH_3—COO^- + H^+$$

在羧酸分子中,羧基中羟基上的氢原子,因受羰基的影响,在水溶液中能部分电离出氢离子,从而具有弱酸性。常见的一元羧酸比碳酸酸性强,因此羧酸不仅可以和碱发生中和反应,生成盐和水,而且能与Na_2CO_3、$NaHCO_3$反应放出CO_2,利用该反应可以鉴别、分离苯酚和羧酸。

电离方程式:$R(Ar)COOH \rightleftharpoons R(Ar)COO^- + H^+$

反应方程式:$R(Ar)COOH + NaOH \rightleftharpoons R(Ar)COONa + H_2O$

$R(Ar)COOH + NaHCO_3 \rightleftharpoons R(Ar)COONa + CO_2\uparrow + H_2O$

羧酸在水中的溶解度随着碳原子数的增加而减小,而羧酸盐的溶解度比相应的羧酸大。医药上常将一些水溶性差的含羧基的药物制成易溶于水的羧酸盐。如含有羧基的青霉素和氨苄青霉素水溶性极差,转变成钾盐或钠盐后水溶性增大,便于临床使用。

2. 酯化反应 羧酸与醇作用生成酯和水的反应称为酯化反应。酯化反应是羧酸分子里羧基上的羟基与醇分子里羟基上的氢原子结合生成水,其余部分结合生成酯。

$$\underset{\text{羧酸}}{R-\overset{O}{\underset{\|}{C}}-OH} + \underset{\text{醇}}{HO-R^1} \underset{\triangle}{\rightleftharpoons} \underset{\text{酯}}{R-\overset{O}{\underset{\|}{C}}-OR^1} + \underset{\text{水}}{H_2O}$$

羧酸与醇反应生成的酯,称为羧酸酯。一般所谓的酯,通常指的是羧酸酯。

酯化反应是可逆的,其逆向反应是酯的水解反应。酯化反应速度非常慢,为了加快反应速率,需要在强酸催化下加热进行。例如:

$$\underset{\text{乙酸}}{CH_3-\overset{O}{\underset{\|}{C}}-OH} + \underset{\text{乙醇}}{HO-CH_2CH_3} \underset{\triangle}{\overset{H_2SO_4}{\rightleftharpoons}} \underset{\text{乙酸乙酯}}{CH_3-\overset{O}{\underset{\|}{C}}-OCH_2CH_3} + H_2O$$

羧酸分子中去掉羧基上的羟基余下的部分称为酰基($R-\overset{O}{\underset{\|}{C}}-$),醇分子中去掉羟基上的氢原子余下的部分称为烃氧基(R—O—)。

3. 脱羧反应 羧酸分子失去羧基放出 CO_2 的反应,称为脱羧反应。饱和一元酸对热稳定,通常不发生脱羧反应。二元羧酸脱羧比一元羧酸容易。例如:

$$\begin{matrix} COOH \\ | \\ COOH \end{matrix} \xrightarrow{160\sim180℃} HCOOH + CO_2 \uparrow$$
草酸(固)

$$HOOCCH_2COOH \xrightarrow{\triangle} CH_3-COOH + CO_2 \uparrow$$
丙二酸

脱羧反应常在人体内的许多生化反应中出现,它们都是在人体内酶的作用下进行的。

三、医药中常见的羧酸

1. **甲酸** 甲酸($HCOOH$)俗名蚁酸,它最初发现于赤蚂蚁的体内。蜂类、蚁类等昆虫的分泌物中含有甲酸,甲酸为无色刺激性液体,沸点 100.5℃,可与水混溶。甲酸的腐蚀性很强,被蚂蚁或蜂类蜇伤引起皮肤红肿和疼痛,就是由甲酸刺激引起的,用稀氨水涂敷可以止痛。12.5g/L 的甲酸溶液称蚁精,在医药上可治疗风湿病。用途比较广泛,广泛应用于制革、医药、农药、纺织印染、造纸和化学工业等行业和领域。

甲酸是最简单的脂肪酸,其结构比较特殊,它的羧基与氢原子直接相连,从结构上看,分子中既含羧基又含醛基,是最小的具有双官能团化合物。

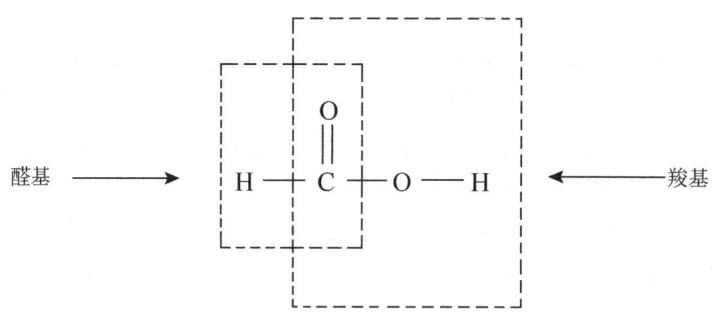

因此,甲酸既具有羧酸的酸性,又具有醛的还原性,故常用土伦试剂和斐林试剂区别甲酸与其他的羧酸。

2. **乙酸** 乙酸(CH_3COOH)俗称醋酸。食醋中含 3%~5% 的乙酸。纯净的乙酸为具有强烈刺激性酸味的无色液体,能与水混溶,沸点 118℃,熔点 16.6℃。纯乙酸在温度低于 16.6℃ 时凝成冰状固体,又称冰醋酸。乙酸是饱和一元羧酸的代表,具有饱和一元羧酸的所有性质。

乙酸具有抗细菌和真菌的作用,在医药上可用作消毒防腐剂。如 0.5%~2% 的乙酸溶液可用于烫伤、灼伤创面;30% 的乙酸溶液外搽可治疗甲癣、鸡眼等。生活中,按每立方米空间用 2ml 食醋熏蒸,可以预防流感。

3. **乙二酸** 乙二酸($HOOC-COOH, H_2C_2O_4$)俗称草酸,是最简单的二元羧酸,常以草酸盐的形式存在于植物的细胞壁中。草酸通常以 $H_2C_2O_4 \cdot 2H_2O$ 结晶形式存在,易溶于水,熔点 102℃,当加热到 101~102℃ 时,草酸就失去结晶水而成为无水草酸。

二元羧酸的酸性强于一元羧酸,而草酸分子中由于两个羧基直接相连,相互影响的结果,酸性增强,它是二元羧酸中酸性最强的羧酸。草酸具有还原性,易被高锰酸钾等氧化剂氧化。草酸可用于印染工业及除去铁锈和蓝墨水污迹。

4. 苯甲酸　苯甲酸(⌬—COOH)是最简单的芳香酸。因最初是从安息香中得到的,俗称安息香酸。常温下为白色具有光泽的晶体,有苯和甲苯的臭味,易燃,熔点122℃,难溶于冷水,易溶于热水、乙醇、乙醚中。性质也较为活泼,可在羧基发生反应生成盐,也可在苯环上发生取代反应;具有抑菌防腐作用,毒性较低。苯甲酸的钠盐常作为食品防腐剂。苯甲酸也可作为治疗癣病的外用药等。

> **重点提示**
>
> 乙酸(CH_3COOH)俗称醋酸,乙酸具有抗细菌和真菌的作用,在医药上可用作消毒防腐剂。乙酸和乙酸盐有着广泛的应用。

第二节　取代羧酸

羧酸分子中烃基上的氢原子被其他原子或原子团取代后的化合物称为取代羧酸,又称为具有复合官能团的羧酸。根据取代原子或原子团不同,取代羧酸又分为卤代酸、羟基酸、酮酸等。本节主要介绍羟基酸和酮酸

一、羟 基 酸

(一) 羟基酸的结构和分类

从结构上看,羧酸分子中烃基上的氢原子被羟基取代而生成的化合物,称为羟基酸。也可以说成,分子中除含有羧基外,还含有羟基的化合物称为羟基酸。羟基连接在脂肪烃基上的羟基酸称为醇酸,羟基连接在苯上的羟基酸称为酚酸。例如:

$$CH_3-\underset{\underset{OH}{|}}{CH}-COOH$$

α-羟基丙酸（醇酸）
（乳酸）

邻羟基苯甲酸（酚酸）
（水杨酸）

(二) 羟基酸的命名

(1) 醇酸的命名是以羧酸为母体,羟基为取代基,并用阿拉伯数字或希腊字母 α、β、γ 等标明羟基的位置,有一些醇酸通常用俗名,例如:

$$CH_3-\underset{\underset{OH}{|}}{CH}-COOH \qquad CH_3-\underset{\underset{OH}{|}}{CH}-CH_2-COOH$$

2-羟基丙酸（乳酸）　　　　　3-羟基丁酸

α-羟基丙酸　　　　　　　　　β-羟基丁酸

(2) 酚酸的命名是以芳香酸为母体,并根据羟基在芳环上的位置给出相应的名称。

例如：

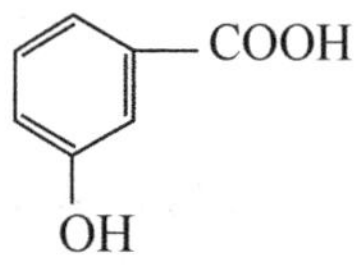

间-羟基苯甲酸　　　　　　　　　　　对-羟基苯甲酸
(3-羟基苯甲酸)　　　　　　　　　　(4-羟基苯甲酸)

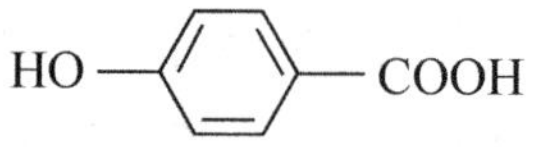

(三)羟基酸的性质

1. **物理性质**　羟基酸(醇酸)在常温下多为晶体或黏稠的液体，在水中的溶解度较相应碳原子数的醇和羧酸大，酚酸都是晶体，多以盐、酯或糖苷的形式存在于植物中。

2. **化学性质**　羟基酸具有醇、酚和羧酸的通性，如醇羟基可以被氧化、酯化；酚羟基酸有酸性且能与 $FeCl_3$ 呈颜色反应；羧基有酸性，可发生中和反应和酯化反应。羟基酸分子中的这些官能团既各有特殊性，又相互影响，使羟基酸表现出以下化学性质。

(1)酸性：由于羟基的影响，一般会使羧酸的酸性增强。羟基离羧基越近，酸性增加越大，反之亦小。例如：

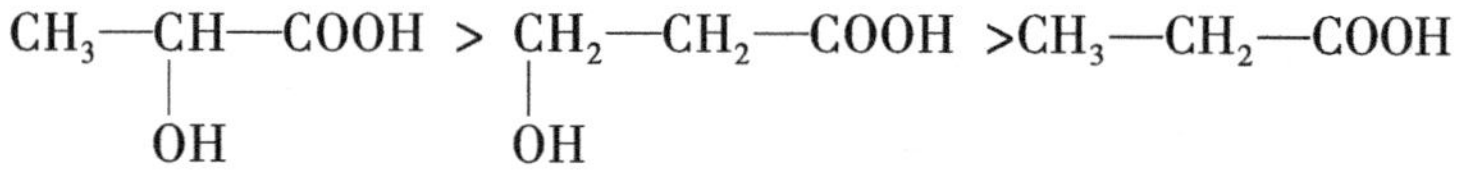

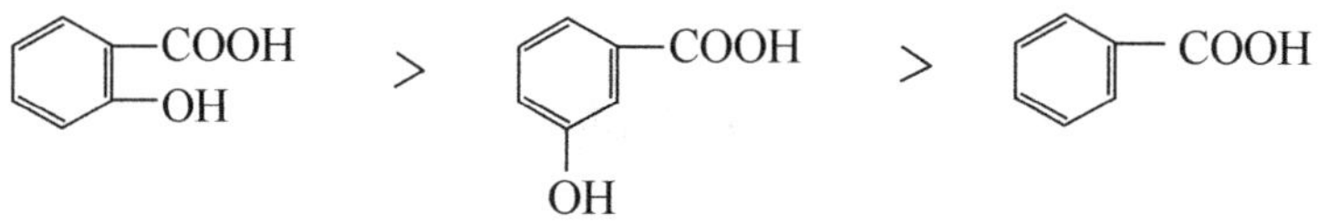

$$CH_3-CH(OH)-COOH > CH_2(OH)-CH_2-COOH > CH_3-CH_2-COOH$$

邻-羟基苯甲酸 > 间-羟基苯甲酸 > 苯甲酸

(2)氧化反应：醇酸中的羟基比醇中的羟基易氧化。例如，稀硝酸不能氧化醇，却能氧化醇酸生成酮酸。

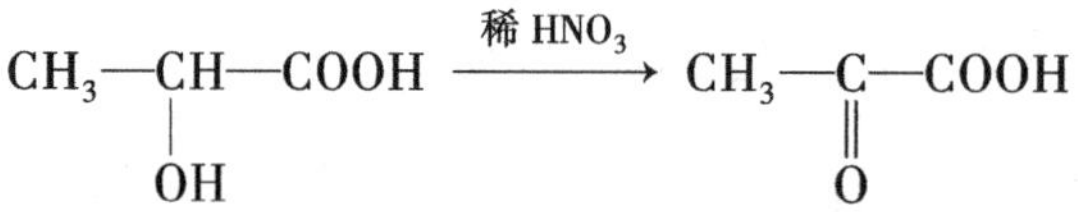

$$CH_3-CH(OH)-COOH \xrightarrow{\text{稀}HNO_3} CH_3-C(O)-COOH$$

乳酸　　　　　　　　　　　　丙酮酸

二、酮　酸

(一)酮酸的结构、分类和命名

分子中含有羧基和酮基两种官能团的化合物称为酮酸。根据酮基和羧基的相对位置不同，酮酸可分为 α、β、γ 等酮酸。

酮酸的系统命名方法与羟基酸的命名相似，酮酸的命名也是以羧酸为母体，酮基作为取代基，酮基的位置习惯用希腊字母标示。例如：

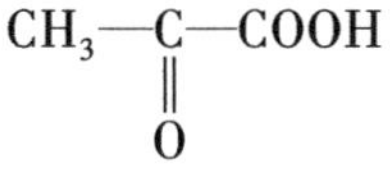

$CH_3-C(O)-COOH$　　　　$CH_3-C(O)-CH_2COOH$　　　　$O=C(COOH)-CH_2-COOH$

α-丙酮酸(丙酮酸) 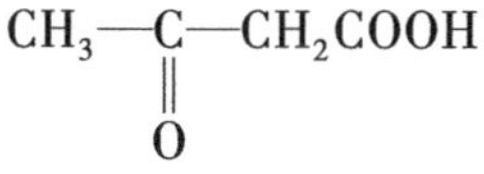　　　　　β-丁酮酸 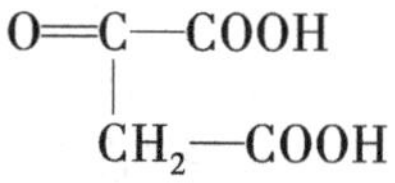　　　　　　丁酮二酸(草酰乙酸)

(二) 酮酸的性质

酮酸分子中同时含有酮基和羧基,因此,它既具有羧酸的性质,与碱成盐、与醇成酯等;又具有酮基的性质,可以被还原成羟基。由于两种官能团的相对位置和相互影响不同,不同的酮酸具有一些特殊反应。

1. **酸性** 由于酮基的存在,酮酸的酸性强于相应的醇酸,更强于相应的羧酸。例如:

$$CH_3-\underset{\underset{O}{\|}}{C}-COOH > CH_3-\underset{\underset{OH}{|}}{CH}-CH_2COOH > CH_3-CH_2-COOH$$

pK_2	2.4	3.86	4.88
	酮酸	羟基酸	羧酸

2. **脱羧反应** α-酮酸与稀硫酸共热发生脱羧反应,生成少一个碳原子的醛;β-酮酸比 α-酮酸更易脱羧,微热即发生脱羧反应,生成酮并放出 CO_2。例如:

$$CH_3-\underset{\underset{O}{\|}}{C}-COOH \xrightarrow{\text{稀 } H_2SO_4} CH_3CHO + CO_2\uparrow$$

$$CH_3-\underset{\underset{O}{\|}}{C}-CH_2-COOH \xrightarrow{\text{微热}} CH_3-\underset{\underset{O}{\|}}{C}-CH_3 + CO_2\uparrow$$

3. **还原反应** 酮酸加氢还原生成羟基酸。例如:

$$CH_3-\underset{\underset{O}{\|}}{C}-COOH \xrightarrow[\text{Na-Hg}]{+2H} CH_3-\underset{\underset{OH}{|}}{CH}-COOH$$

三、重要的羟基酸和酮酸

1. **乳酸**($CH_3-\underset{\underset{OH}{|}}{CH}-COOH$) 乳酸学名叫作 α-羟基丙酸,最初是由发酵的牛奶中发现的,所以称为乳酸。乳酸是肌肉中糖代谢的中间产物,人在剧烈活动时,急需大量能量,通过糖的无氧氧化生成乳酸,放出一部分能量以应急需,而肌肉中乳酸含量增多,因此肌肉感觉"酸胀",但在休息后,肌肉中的乳酸就逐渐转化为糖、水和二氧化碳。

乳酸为无色或淡黄色黏稠状液体,熔点 18℃,无臭、有酸味,具有吸湿性,能溶于水和乙醇。

乳酸具有消毒防腐作用,用作消毒防腐剂。加热蒸发乳酸的水溶液,可以进行空气消毒灭菌。乳酸钙($(CH_3CHOHCOO)_2Ca \cdot 5H_2O$) 医药上用作治疗维生素 D 缺乏症、肺结核等需要钙质的疾病的辅助药物;乳酸钠($CH_3CHOHCOONa$) 临床上用来纠正酸中毒。乳酸溶液还可用于治疗阴道滴虫病。

2. **β-羟基丁酸**($CH_3-CHOH-CH_2-COOH$) β-羟基丁酸为晶体,熔点为 49~50℃,吸湿性很强,极易溶于水、乙醇、乙醚,不溶于苯。它是人体内脂肪代谢的中间产物,在酶的催化下能脱氢(氧化)生成 β-丁酮酸。

$$CH_3-CH-CH_2-COOH \underset{+2H}{\overset{-2H}{\rightleftharpoons}} CH_3-C-CH_2-COOH$$
$$\quad\quad |\quad\quad\quad\quad\quad\quad\quad\quad\quad\quad\quad\quad ||$$
$$\quad\ OH\quad\quad\quad\quad\quad\quad\quad\quad\quad\quad\quad O$$

β-羟基丁酸　　　　　　　　β-丁酮酸

OH
COOH

3. 水杨酸　水杨酸别名柳酸,学名是邻-羟基苯甲酸,柳树或水杨树皮及其他许多植物中都含有水杨酸。水杨酸分子中含有酚羟基和羧基,因此它具有酚和羧酸的一些性质,如易氧化、与三氯化铁发生显色反应、水溶液呈酸性。

水杨酸具有杀菌防腐作用,可用作外用消毒和防腐。水杨酸还有解热镇痛、抗风湿作用,因为它对胃有刺激作用,所以不能内服,仅作外用,多用于治疗皮肤病。水杨酸的多种衍生物可供医药用。

OH
COONa

4. 水杨酸钠　是抗风湿症的内服药物,能缓和关节痛。水杨酸钠遇光或氧化剂易氧化成颜色很深的醌型化合物,故应避光保存。

O—C—CH₃
‖
O
COOH

5. 乙酰水杨酸　商品名叫作"阿司匹林"(Aspirin),有解热镇痛、抗炎抗风湿、抗血栓的作用,在临床上除了用于解热镇痛外,还用于预防血栓形成。

6. 丙酮酸（ $CH_3-\underset{\underset{O}{||}}{C}-COOH$ ）　丙酮酸是最简单的酮酸,为无色液体,能与水混溶。丙酮酸是动植物体内糖、脂肪和蛋白质代谢的一个重要的中间产物。丙酮酸加氢还原生成乳酸,乳酸经脱氢氧化可变成丙酮酸。这种互相转换在生物体内是在酶的催化作用下进行的。

$$CH_3-C-COOH \underset{-2(H)}{\overset{+2(H)}{\rightleftharpoons}} CH_3-CH-COOH$$
$$\quad\quad ||\quad\quad\quad\quad\quad\quad\quad\quad\quad\quad |$$
$$\quad\ O\quad\quad\quad\quad\quad\quad\quad\quad\quad\quad OH$$

丙酮酸　　　　　　　　乳酸

7. β-丁酮酸（ $CH_3-\underset{\underset{O}{||}}{C}-CH_2-COOH$ ）　β-丁酮酸又称为乙酰乙酸。它是生物体内脂肪代谢的中间产物。它的纯品为无色黏稠的液体,酸性比醋酸强。β-丁酮酸与丙酮酸同样,在细胞内由于酶的作用能与β-羟基丁酸互相转变。

$$CH_3-C-CH_2-COOH \underset{-2(H)}{\overset{+2(H)}{\rightleftharpoons}} CH_3-CH-CH_2-COOH$$
$$\quad\quad ||\quad\quad\quad\quad\quad\quad\quad\quad\quad\quad\quad\quad\quad |$$
$$\quad\ O\quad\quad\quad\quad\quad\quad\quad\quad\quad\quad\quad\quad\ OH$$

β-丁酮酸　　　　　　　　β-羟基丁酸

β-丁酮酸、β-羟基丁酸和丙酮合称酮体。酮体是脂肪在体内氧化的正常产物,在正常情况下,能被肝外组织进一步氧化分解,所以血液中酮体含量很少。但当长期饥饿或患糖尿病时,由于代谢作用发生障碍,血液中酮体含量增加。酮体呈酸性,如果酮体的含量超过了血液的抗酸缓冲能力,就会引起酸中毒,发生酸中毒和昏迷等症状,这也是糖尿病的病症。所以证明病人是否患糖尿病时,除检查尿中的葡萄糖外,还要检查是否有酮体存在。晚期糖尿病病人呼出的气体也有丙酮气味(烂苹果气味)。

重点提示

食品防腐剂是防止因微生物的作用引起食品腐败变质,延长食品保存期的一种食品添加剂,羧酸盐类可用作食品的防腐剂,如:苯甲酸钠、山梨酸钾。

讨论与思考

1. 羧基里的碳氧双键与碳碳双键性质有何异同?
2. 醇、酚、羧酸结构中均有羟基,它们性质上区别是什么?
3. 酯化反应中浓硫酸的作用是什么?
4. 阿司匹林在临床上有哪些作用?

习 题

一、名词解释

1. 酯化反应 2. 羧酸 3. 脱羧反应 4. 酮体

二、填空题

1. 羧酸从结构上看是_____中的氢原子被_____取代而生成的化合物,其官能团是_____。
2. 羧酸的羧基中脱去_____的反应称_____。如草酸加热可放出_____并生成_____。
3. 羧酸根据分子中烃基的不同,分为_____和_____;根据所含羧基数目的不同又分为_____、_____和_____。
4. 羧酸的酸性比碳酸_____,它能与_____或_____反应放出二氧化碳。
5. 乙酸与乙醇在浓硫酸作用下加热,生成_____和_____。
6. 甲酸分子中既有_____基,又含有_____基;所以分别具有_____性和_____性。利用_____反应可以鉴别甲酸和乙酸。
7. α-羟基丙酸俗称_____,在体内酶催化下,能脱氢氧化生成_____。
8. 邻-羟基苯甲酸俗称_____。由于分子中含有_____,故遇三氯化铁溶液显色。水杨酸的衍生物乙酰水杨酸俗称_____。

三、选择题

1. 羧酸的官能团是(　　)
   A. —CO—　　B. —COOH　　C. —CHO　　D. —COO—
2. 可将甲酸、乙酸区别开的试剂为(　　)
   A. 石蕊　　B. 土伦试剂　　C. 碳酸钠　　D. 碳酸氢钠

3. 乙酸与乙醇化学性质相同点是( )
   A. 与金属钠反应　　　　　　　B. 与氢氧化钠反应
   C. 与高锰酸钾反应　　　　　　D. 与碳酸钠反应
4. 下列化合物有还原性又能发生酯化反应的是( )
   A. H—CHO　　B. H—COOH　　C. CH_3—CHO　　D. CH_3—COOH
5. 能发生酯化反应又能与碳酸氢钠反应的物质是( )
   A. 苯酚　　　　B. 乙醇　　　　C. 乙醛　　　　D. 乙酸
6. H—COOH 与 CH_3—OH 在浓硫酸作用下脱水生成( )
   A. CH_3—COOH　　B. CH_3—CO—CH_3　　C. H—COOCH_3　　D. H—CO—CH_2OH
7. 下列哪组不是同分异构体( )
   A. 丙酮和丙醛　　B. 丙酸和丙酮酸　　C. 乙醇和甲醚　　D. 丙酸和甲酸乙酯
8. 下列有机物不能发生银镜反应的是( )
   A. 甲酸　　　　B. 丙酸　　　　C. 丙醛　　　　D. 甲酸乙酯
9. 下列不属于酮体组分的是( )
   A. 丙酮　　　　B. 丙酮酸　　　C. β-丁酮酸　　D. β-羟基丁酸
10. 能与碳酸氢钠反应放出二氧化碳的是( )
    A. 苯酚　　　　B. 乙酸　　　　C. 乙醛　　　　D. 甲醇

四、命名或写出结构式

1. CH_3—CH_2—CH(CH_3)—COOH
2. CH_3—CH_2—COOH
3. HOOC—COOH
4. CH_2=CH—COOH
5. 乳酸
6. β-丁酮酸
7. 苯甲酸

五、用化学方法鉴别下列物质

1. 甲酸　甲醛　甲醇　甲醚
2. 甲酸　乙酸　丙酮
3. 乙酸　丙三醇　乙醚

答案：
一、名词解释　略
二、填空题
1. 烃　羧基　羧基
2. CO_2　脱羧反应　CO_2　甲酸
3. 脂肪酸　芳香酸　一元酸　二元酸　多元酸
4. 强　碳酸钠　碳酸氢钠
5. 乙酸乙酯　水
6. 羧　醛　酸性　还原性　土伦(费林)

7. 乳酸　丙酮酸

8. 水杨酸　酚羟基　阿司匹林

三、选择题

1. B　　2. B　　3. A　　4. B　　5. D　　6. C　　7. B　　8. B　　9. B　　10. B

四、命名或写出结构式

1. 2-甲基丁酸　2. 丙酸　3. 乙二酸(草酸)　4. 丙烯酸

5. $CH_3-CH(OH)-COOH$　6. $CH_3-CO-CH_2-COOH$　7. 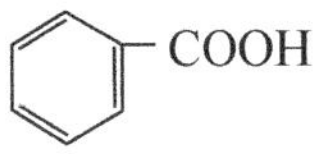 ⌬—COOH

五、用化学方法鉴别下列物质　略

(尚　杰)

第10章

胺 和 酰 胺

学习要点
1. 胺的碱性与成盐、酰化反应等化学性质
2. 酰胺的结构和化学性质
3. 尿素的结构特点及尿素的化学性质

第一节 胺和季铵盐

胺是氨的烃基衍生物,可以看作是氨分子中氢原子被烃基取代后生成的化合物。胺是含氮有机化合物中最重要的一类,广泛存在于自然界中。胺的衍生物具有重要的生理活性,在临床上常用作解热、镇痛、抗菌等药物。

一、胺和季铵盐的结构、分类和命名

根据胺分子中氮原子所连烃基种类不同,可分为脂肪胺和芳香胺。氮原子与脂肪烃基相连称为脂肪胺,与芳香环直接相连的称为芳香胺。

脂肪胺　　H_3C-NH_2　　　　$H_3C-CH_2-NH_2$　　　　$H_3C-CH_2-\underset{CH_3}{\overset{H_3C}{N}}-CH_3$

芳香胺　　Ph－NH_2　　　　Ph－$NH-CH_3$　　　　Ph－$\underset{CH_2CH_3}{\overset{H_3C}{N}}$

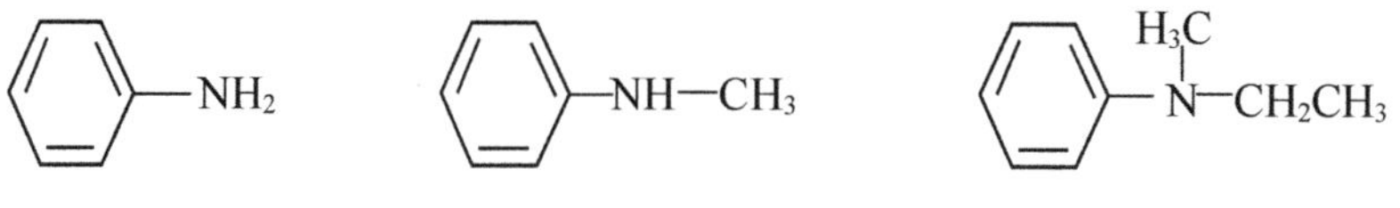

根据氮原子上所连烃基的数目不同,胺可分为伯胺(1°胺)、仲胺(2°胺)和叔胺(3°胺)。它们的结构通式为

R_1-NH_2　　　　R_1-NH-R_2　　　　$R_1-\underset{R_2}{\overset{R_3}{N}}-$
伯胺(1°胺)　　　　仲胺(2°胺)　　　　叔胺(3°胺)

其中氨基（—NH₂）、亚氨基（—NH—）和次氨基（—N—），分别是伯、仲、叔胺的官能团。

$$NH_4Cl \qquad (CH_3)NH_2^+Cl^- \qquad (CH_3)_4N^+Cl^- \quad 或 \quad \begin{bmatrix} CH_3 \\ H_3C-N^+-CH_3 \\ CH_3 \end{bmatrix} Cl^-$$

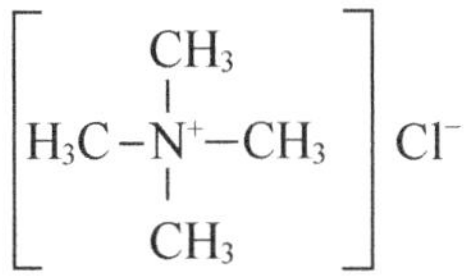

氯化铵　　　　　氯化甲铵　　　　　氯化四甲铵

当无机铵盐或氢氧化铵的 NH_4^+ 中的氢原子分别被烃基取代而生成的化合物，称为季铵盐或季铵碱。

简单胺的命名以胺为母体，根据烃基的名称，称为"某胺"；若氮原子连有多个相同的烃基时，用数字二、三表示烃基的数目称此化合物为"二某胺"或"三某胺"。例如：

$$H_2N-CH_3 \qquad H_3C-NH-C_2H_5 \qquad H_3C-NH-CH_3$$
甲胺　　　　　　　甲乙胺　　　　　　　二甲胺

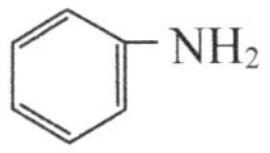

苯胺 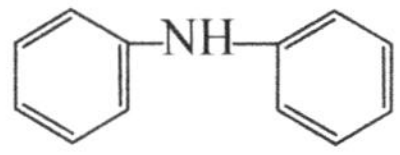　　　　　　二苯胺 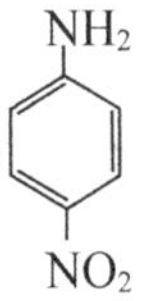　　　　　　对硝基苯胺

如果与氮原子相连的烃基不同时，把简单的烃基名称写在前面，复杂的写在后面，称为"某某胺"或"某某某胺"。例如：

$$H_3C-NH-C_2H_5 \qquad \begin{matrix} H_3C-NCH_2-C_2H_5 \\ | \\ H_5C_2 \end{matrix}$$
甲乙胺　　　　　　　　　　　甲乙丙胺

命名胺类化合物时应注意"氨""胺""铵"三个字的用法。表示基团时用"氨"，如氨基（—NH₂）、亚氨基（ NH ）、甲氨基（CH₃NH—）等；表示氨的烃基衍生物时用"胺"；表示季铵（四级铵）类及胺的盐时用"铵"。

> **重点提示**
>
> 消毒剂——苯扎溴铵与度米芬，具有强杀菌能力的消毒剂，可用于手术前洗手、皮肤和外科器械消毒，度米芬消毒效果更好、毒性更小，可用于口腔、咽喉感染的辅助治疗。

二、胺和季铵盐的性质

(一) 胺和季铵盐的物理性质

低级脂肪胺如甲胺、二甲胺、三甲胺和乙胺，在常温下为无色气体，丙胺至十一胺是液体，十一胺以上均为固体。低级胺的气味与氨相似，三甲胺有鱼腥气味，丁二胺和戊二胺等有动物尸体腐败后的气味。胺和氨相似，为极性分子，除叔胺外，都能形成分子间氢键，所以它们的沸点比相对分子质量相近的烷烃要高。胺分子间的氢键较醇分子间的氢键弱，所以胺的沸点比相应的醇和羧酸要低。

芳香胺为高沸点液体或低熔点固体,有特殊臭味,毒性较大。例如苯胺可通过消化道、呼吸道或经皮肤吸收而引起中毒。有些胺如3,4-二甲基苯胺、β-萘胺、联苯胺等具有致癌作用。

季铵盐和季铵碱属于离子化合物,一般微晶体状,易溶于水,难溶于醚、氯仿等非极性溶剂。

(二)胺和季铵盐的化学性质

胺分子中氮原子上的孤对电子能接受质子,使胺具有碱性和亲核性。胺的化学性质主要体现在这两个方面。

1. **碱性** 与氨相似,胺分子中氮原子上的孤对电子能接受质子,呈弱碱性。

$$NH_3 + H_2O \rightleftharpoons NH_4^+ + OH^-$$

$$CH_3NH_2 + H_2O \rightleftharpoons CH_3NH_3^+ + OH^-$$

脂肪胺的碱性比氨强,芳香胺的碱性比氨弱。因此,脂肪胺、芳香胺的碱性强弱顺序为:季铵碱>仲胺>伯胺>叔胺>氨>芳香胺。

胺类一般为弱碱,可与酸发生反应生成易溶于水铵盐

$$CH_3NH_2 + HCl \longrightarrow CH_3NH_3^+Cl^- \text{(或写作} CH_3NH_2 \cdot HCl\text{)}$$

$$C_6H_5-NH_2 + HCl \longrightarrow C_6H_5-NH_3^+Cl^- \text{ 或写作 } C_6H_5-NH_2 \cdot HCl$$

胺与酸形成的盐一般都是易溶于水和乙醇的晶形固体。实验室中,常常利用胺的盐易溶于水而遇强碱又重新游离析出的性质来分离和提纯胺。

季铵碱和季铵盐都是离子型化合物,分别具有碱和盐的性质;其中季铵碱如氢氧化四乙铵$[(CH_3CH_2)_4N^+OH^-]$,碱性与氢氧化钠相似。它能被酸中和生成季铵盐。

$$(CH_3CH_2)_4N^+OH^- + HCl \longrightarrow (CH_3CH_2)_4N^+Cl^- + H_2O$$

胺(特别是芳胺)易被氧化,而胺的盐则很稳定。医药上常将难溶于水的胺类药物制成盐,以增加其水溶性和稳定性。例如将局部麻醉药普鲁卡因制成盐酸普鲁卡因。

2. **酰化反应** 伯胺和仲胺与酰卤、酸酐等作用,使得氨基氮原子上的氢原子被酰基($R-\overset{O}{\underset{\|}{C}}-$)取代,生成酰胺。例如:

$$C_6H_5-NH-H + (CH_3CO)_2O \longrightarrow C_6H_5-NH-\overset{O}{\underset{\|}{C}}-CH_3 + H_3CCOOH$$

$$C_6H_5-\overset{O}{\underset{\|}{C}}-Cl + HN(CH_3)-CH_2CH_3 \xrightarrow{\text{吡啶}} C_6H_5-\overset{O}{\underset{\|}{C}}-N(CH_3)-CH_2CH_3 + HCl$$

这种使有机化合物分子中引入酰基的反应称为酰化反应。在酰化反应中提供酰基的试剂(酸酐、酰卤等)称为酰化剂。叔胺氮原子上没有可以被取代的氢原子,不能起酰化反应。

胺的酰化反应有很多重要应用。如解热镇痛药物对乙酰氨基酚(扑热息痛)和非那西丁的制备即利用了胺的这一性质。

$$HO-C_6H_4-NH_2 \xrightarrow{(CH_3CO)_2O} HO-C_6H_4-NH-\underset{\underset{O}{\|}}{C}-CH_3$$

大多数胺是液体,而经过酰化反应生成的酰胺为具有一定熔点的晶形固体,所以常利用此性质进行胺类的分离、提纯和鉴别。

三、重要的胺及其衍生物

(一) 苯胺

$$C_6H_5-NH_2$$

苯胺是最简单、最重要的芳香胺。苯胺的熔点是-6.2℃,为无色油状液体,有强烈刺激性的气味,长时间放置于空气中会因氧化而使颜色变深;微溶于水,易溶于乙醇、乙醚等有机溶剂。苯胺有毒,能透过皮肤或吸入蒸气使人中毒,苯胺中毒症状为皮肤苍白、四肢无力、头晕等,中毒的主要原因是使血红蛋白氧化为高铁血红蛋白,而使中枢神经系统受到抑制。苯胺是重要的化学试剂和化工原料,是合成药物、染料、炸药等的主要原料之一。

苯胺的碱性很弱,只能和盐酸、硫酸等强酸反应生成盐。

(二) 胆碱和乙酰胆碱类

胆碱[$HOCH_2CH_2N^+(CH_3)_3$]OH^-,化学名称为氢氧化三甲基-β-羟基乙铵,因最初从胆汁中发现,且具有碱性,故称为胆碱。纯净的胆碱为白色晶体,能吸收空气中的二氧化碳,易溶于水和醇,不溶于氯仿、乙醚等非极性溶剂。它广泛分布于生物体内,在脑组织和蛋黄中含量较高,是卵磷脂的组成部分,在体内参与脂肪代谢,能促进油脂生成磷脂,防止脂肪在肝内沉积,有抗脂肪肝作用。

乙酰胆碱[$(CH_3)_3N^+CH_2CH_2OCOCH_3$]$OH^-$是胆碱分子中羟基的乙酰化产物。它存在于相邻的神经细胞之间,是通过神经节传导神经刺激的重要物质,也称为神经递质。

(三) 苯丙胺类

苯丙胺类包括苯异丙胺和 N-甲基苯异丙胺,前者化学名为 1-苯基-2-丙胺,于 1887 年首次合成,是第一个人工合成的兴奋剂。后者的化学名为 N-甲基-1-苯基-2-丙胺,它是无色透明晶体,形状像冰(或冰糖),故称"冰毒"。它的致幻性和成瘾性极强,对人体的损害更甚于二醋吗啡,吸食1~2 周即产生严重的依赖性,并对心、脑、肺、肝、肾及神经系统产生严重的毒害作用,吸、食或注射 0.2g 即可致死,是严禁的毒品。甲基苯丙胺近几年又以"摇头丸""蓝精灵"等商品名出现,在青少年中造成极大的危害。

第二节 酰 胺

一、酰胺的结构与命名

酰胺可以看作是氨或胺分子中的氮上的氢原子被酰基取代后生成的化合物,是氨或胺的酰基衍生物。酰胺的通式为：

$$R-\overset{O}{\underset{\|}{C}}-NH_2 \qquad R-\overset{O}{\underset{\|}{C}}-NHR_1 \qquad R-\overset{O}{\underset{\|}{C}}-\underset{R_2}{\overset{R_1}{N}}$$

酰胺的命名是根据相应的酰基名称，称为"某酰胺"或"某酰某胺"；当酰胺中氮上连有烃基时，可将烃基的名称写在酰基名称的前面，并在烃基名称前加上"N-""N,N-"，表示该烃基的是与氮原子相连的。例如：

$$H-\overset{O}{\underset{\|}{C}}-NH_2 \qquad H_3C-\overset{O}{\underset{\|}{C}}-NH-CH_3 \qquad H_3C-\overset{O}{\underset{\|}{C}}-\underset{CH_3}{\overset{H_3C}{N}}-CH_3$$

甲酰胺　　　　　　　乙酰甲胺　　　　　　　N,N-二甲基乙酰胺

二、酰胺的化学性质

(一) 酰胺的酸碱性

酰胺一般是近中性的化合物，在一定条件下可表现出弱酸或弱碱性不能使石蕊试纸变色。酰胺是氨或胺的酰基衍生物，分子中有氨基或烃氨基，但其碱性比氨或胺要弱得多。

(二) 水解反应

酰胺在通常情况下较难水解。在酸或碱的存在下加热时，则可加速反应。酰胺在酸性溶液中水解生成羧酸和无机盐，在碱性溶液中水解生成羧酸盐。

$$R-\overset{O}{\underset{\|}{C}}-NH_2 + H_2O \begin{cases} \xrightarrow[\Delta]{HCl} R-COOH+NH_4Cl \\ \xrightarrow[\Delta]{NaOH} R-COOH+NH_3 \end{cases}$$

许多酰胺类化合物是医药上常用的药物，其中以非那西丁和扑热息痛较为重要。

> **重点提示**
>
> 　　非那西丁与扑热息痛都是乙酰苯胺的衍生物，非那西丁化学名称是对乙氧基乙酰苯胺，扑热息痛学名叫作对羟基乙酰苯胺(对乙酰胺基酚)，非那西丁与扑热息痛都具有解热镇痛作用。

三、医学上常见的酰胺

(一) 尿素

$$H_2N-\overset{O}{\underset{\|}{C}}-NH_2$$

尿素可以看作是碳酸分子中的两个烃基分别被氨基所取代后的化合物，简称脲。尿素是哺乳动物和人体内蛋白质代谢的最终产物，存在尿液中，故名尿素，成人每日从尿中可排出30g尿素。

尿素为白色结晶粉末，无臭、味碱，熔点133℃，易溶于水和乙醇，几乎不溶于乙醚和氯仿。尿素的化学性质如下：

1. **弱碱性** 尿素属于酰胺类化合物,但其分子有2个氨基,所以尿素具有一定的碱性。
2. **水解** 尿素在酸、碱催化下加热或在尿素酶的存在下发生水解反应,生成二氧化碳和氨气。

$$H_2N-\overset{O}{\underset{\|}{C}}-NH_2 + H_2O \xrightarrow{脲酶} 2NH_3\uparrow + CO_2\uparrow$$

$$H_2N-\overset{O}{\underset{\|}{C}}-NH_2 + H_2O + 2HCl \xrightarrow{\Delta} CO_2\uparrow + 2NH_4Cl$$

$$H_2N-\overset{O}{\underset{\|}{C}}-NH_2 + 2NaOH \xrightarrow{\Delta} 2NH_3\uparrow + Na_2CO_3$$

3. **缩二脲生成及缩二脲反应** 将尿素加热到150~160℃,两分子尿素发生缩合反应,脱去一分子氨,生成缩二脲,在缩二脲的稀碱溶液中滴加微量稀硫酸铜溶液时则产生紫红色的颜色反应,这一反应称缩二脲反应。凡是分子中含有2个或2个以上相邻酰胺键(-CONH-)的化合物都能显示这种颜色反应,故可用于某些有机物(比如多肽、蛋白质等)的分析鉴定。

$$H_2N-\overset{O}{\underset{\|}{C}}-\boxed{NH_2 + H}-NH-\overset{O}{\underset{\|}{C}}-NH_2 \xrightarrow{150\sim160℃} H_2N-\overset{O}{\underset{\|}{C}}-NH-\overset{O}{\underset{\|}{C}}-NH_2 + NH_3\uparrow$$

缩二脲的生成:

$$H_2N-\overset{O}{\underset{\|}{C}}-NH-\overset{O}{\underset{\|}{C}}-NH_2 \xrightarrow[碱性]{CuSO_4} 紫红色 \quad (缩二脲反应)$$

(二) 胍

胍可看作是尿素分子中的氧被亚氨基(—NH—)取代形成的化合物,也称为亚氨基脲。胍分子中去掉一个氢原子后剩余的基团称为胍基,去掉一个氨基后的基团称为脒基。

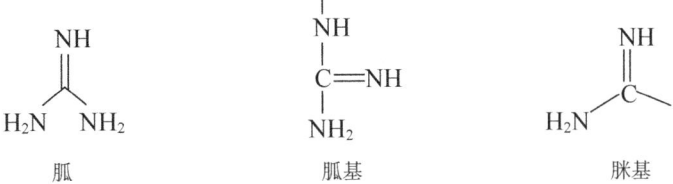

    胍   胍基   脒基

在人体内含有胍基结构的化合物主要存在于肌肉中,如肌酸、磷酸肌酸等。

讨论与思考

1. 胺的伯、仲、叔胺的分类与醇的伯、仲、叔醇的分类有什么不同?说出下列胺与醇的类别:

$$H_3C-\underset{\underset{CH_3}{|}}{\overset{\overset{CH_3}{|}}{C}}-NH_2 \text{ 与 } H_3C-\underset{\underset{CH_3}{|}}{\overset{\overset{CH_3}{|}}{C}}-OH \; ; \; H_3C-CH-CH_3 \text{ 与 } H_3C-CH-CH_3$$
$$\qquad\qquad\qquad\qquad\qquad\qquad\qquad\qquad\quad | \qquad\qquad\qquad\quad |$$
$$\qquad\qquad\qquad\qquad\qquad\qquad\qquad\qquad\; NH_2 \qquad\qquad\qquad\; OH$$

2. 什么是缩二脲反应?可用于哪些有机物的分析鉴定?

习 题

一、名词解释
1. 酰化反应 2. 酰胺 3. 缩二脲反应

二、填空题
1. 胺可以看作是_____分子中的_____原子被_____取代的化合物。
2. 胺类化合物都有碱性,但脂肪氨的碱性比氨_____,芳香氨的碱性比氨_____。_____胺和_____胺能发生酰化反应。
3. 酰氯和酸酐都能提供_____,是常用的_____。
4. 根据胺分子中烃基种类不同,胺可以分为_____和_____;还可根据胺分子中与氮原子相连烃基数目不同分为_____、_____和_____。
5. 尿素可以看作是_____分子中的两个烃基分别被_____所取代后的化合物。

三、选择题
1. 甲胺、二甲胺、三甲胺碱性的强弱顺序是(　　)
   A. 甲胺>二甲胺>三甲胺　　　　B. 二甲胺>甲胺>三甲胺
   C. 三甲胺>甲胺>二甲胺　　　　D. 二甲胺>三甲胺>甲胺
2. 下列不能发生酰化反应的胺是(　　)
   A. 甲乙胺　　　B. 二甲胺　　　C. 三甲胺　　　D. N-甲基苯胺
3. 下列物质中为叔胺的是(　　)
   A. $CH_3CH_2—NH_2$　　　　B. $(CH_3CH_2)_2NH$
   C. $(CH_3CH_2)_3N$　　　　D. $C_6H_5—NH_2$
4. 临床上使用的消毒剂"苯扎溴铵"属于(　　)
   A. 伯胺盐　　　B. 仲胺盐　　　C. 重氮盐　　　D. 季铵盐
5. 酰胺类化合物的性质是(　　)
   A. 有强碱性　　B. 有强酸性　　C. 近中性　　　D. 有弱碱性

答案:
一、名词解释　略
二、填空题
1. 氨　氢　烃基
2. 强　弱　伯胺　仲胺
3. 酰基　酰化剂
4. 脂肪胺　芳香胺　伯胺(1°胺)　仲胺(2°胺)　叔胺(3°胺)
5. 碳酸　氨基
三、选择题
1. B　2. C　3. C　4. D　5. C

(郑学锋)

第11章

杂环化合物与生物碱

学习要点
1. 杂环化合物的分类、命名
2. 常见的生物碱和杂环衍生物

第一节 杂环化合物

一、杂环化合物的分类与命名

在环状化合物的环中,除碳原子外还有其他原子,这类化合物就叫作杂环化合物。环中的其他原子就是"杂原子"。如:中的杂原子为氧、硫、氮原子。杂环化合物在自然界存在较普遍;杂环化合物在医药上具有重要的地位,如合成药物中的维生素、抗生素、抗肿瘤药等也多属于杂环化合物。

杂环化合物的分类通常以杂环骨架为基础进行分类,通常有五元杂环、六元杂环、苯稠杂环、稠杂环。

杂环化合物的命名一般按照译音法命名,在其英文汉字译音前加"口"。例如:furan 译作呋喃,pyrrole 译作吡咯等。常见杂环化合物分类及名称如表 11-1 所示。

表 11-1 常见杂环化合物的结构分类与命名

分类	含一个杂原子的杂环			多个杂原子的杂环	
五元杂环	 呋喃 furan 	噻吩 thiophenep 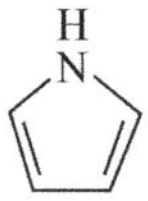	吡咯 pyrrole	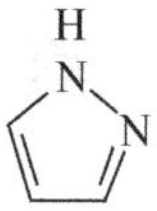 吡唑 pyrazale 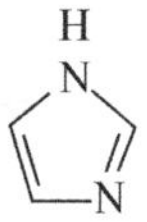	咪唑 imidazole
六元杂环		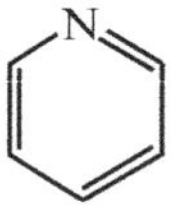 吡啶 pyridine			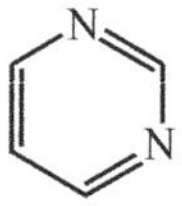 嘧啶 pyrimidine
苯稠杂环		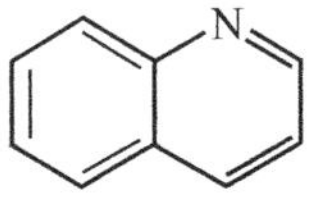 喹啉 quinoline			
稠杂环		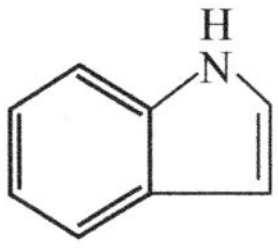 吲哚 indole			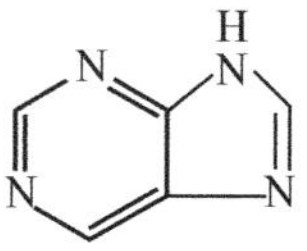 嘌呤 purine

二、杂环化合物及其衍生物

(一) 呋喃及其衍生物

呋喃存在于松木焦油中,是无色而有特殊气味的气体。沸点 32℃,不溶于水而溶于乙醇、乙醚等有机溶剂。它遇盐酸浸湿的松木片显绿色,被称为松木片反应。用此反应可以检查呋喃的存在。呋喃是有机合成的原料。呋喃坦啶、呋喃唑酮和呋喃西林是一类 5-硝基呋喃甲醛的衍生物。它们都是人工合成的广谱抗菌药物。

> **重点提示**
>
> 呋喃坦啶又称呋喃妥因,它主要用于抑制和杀灭大肠埃希菌、金黄色葡萄球菌、化脓性链球菌和伤寒杆菌等,常用于治疗泌尿系统的炎症。

(二) 吡咯及其衍生物

吡咯存于煤焦油和骨焦油中,是无色油状液体,沸点 131℃,难溶于水,易溶于乙醇、乙醚和苯等有机溶剂。在空气中它被逐渐氧化呈褐色并发生树脂化。

吡咯的衍生物广泛分布在自然界中,其中最重要的是卟啉化合物。这类化合物有一个基本结构称卟吩环,是由四个吡咯和四个次甲基交替相连而成的复杂大环,具有芳香性。含有卟吩环结构的化合物称卟啉化合物。重要的天然色素如叶绿素、血红素等都含有卟吩环。

卟吩环

1. **叶绿素** 叶绿素存在于植物的叶和绿色的茎中。植物在进行光合作用时,通过叶绿素将太阳能转变为化学能而贮藏在形成的有机化合物中。叶绿素在植物内具有重要的生理意义。

叶绿素有多种,最重要的是叶绿素 a 和叶绿素 b,它们都易溶于乙醇、乙醚、丙酮、氯仿等,难溶于石油醚。

2. **血红素** 血红素存在于高等动物的体内,是重要的色素之一。它与蛋白质结合形成血红蛋白,存在于红细胞中。血红蛋白在高等动物体内起着输送氧气和二氧化碳的作用。

(三)吡啶及其衍生物

吡啶最初发现于骨焦油中,在煤焦油中含量较多。它是具有特殊臭味的无色液体,沸点115.3℃。能与水混溶,又能溶于乙醇、乙醚、苯、石油醚等许多极性或非极性有机溶剂中,工业上用稀硫酸提取煤焦油的轻馏分,然后用氢氧化钠中和,使吡啶等碱性物质游离,再进行分馏提纯。吡啶是良好的溶剂,又是合成某些杂环化合物的原料。

吡啶的衍生物在自然界中分布广泛,如维生素 PP、维生素 B、辅酶Ⅰ及辅酶Ⅱ等都含有吡啶环。

1. **维生素 PP** 维生素 PP 是属 B 族维生素,包括 β-吡啶甲酸及 β-吡啶甲酰胺两种。结构如下。

β-吡啶甲酸(烟酸,尼克酸)　　　　β-吡啶甲酰胺(烟酰胺)

2. **维生素 B_6** 维生素 B_6 也是吡啶的衍生物,它由下列 3 种物质组成。

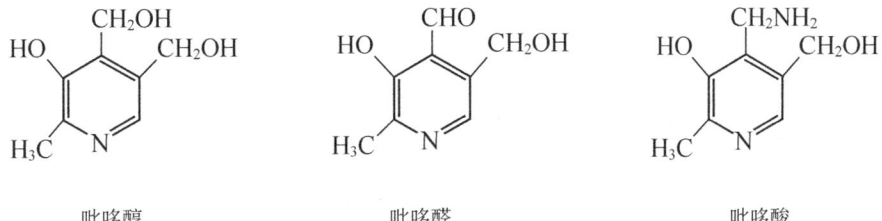

吡哆醇　　　　　　　吡哆醛　　　　　　　吡哆酸

(四)嘧啶及其衍生物

嘧啶又称 1,3-二氮苯,无色晶体,熔点 22℃,沸点 124℃,易溶于水,它的碱性比吡啶还弱。嘧啶很少存于自然界中,但它的重要衍生物胞嘧啶、尿嘧啶和胸腺嘧啶普遍存在于动植物中,都是核酸的组成部分。

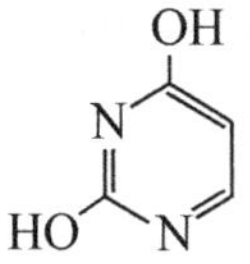

尿嘧啶(U) 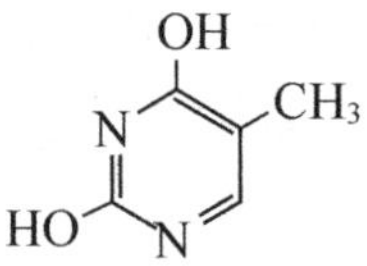　　　胸腺嘧啶(T) 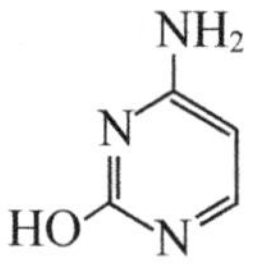　　　胞嘧啶(C)

> **重点提示**
>
> 腺嘧啶、胞嘧啶、胸腺嘧啶是遗传物质核酸的重要组成部分。

(五) 嘌呤及其衍生物

嘌呤为无色晶体,熔点216℃,易溶于水,溶液呈中性,但它却能与酸或碱作用生成盐。嘌呤本身很少存于自然界中,可它的羟基和氨基衍生物却广泛存在。其衍生物重要的有黄嘌呤和尿酸,它们存在于有机体中,并且有显著的生理作用。

嘌呤衍生物中还有腺嘌呤和鸟嘌呤,它们也是核酸的组成部分。

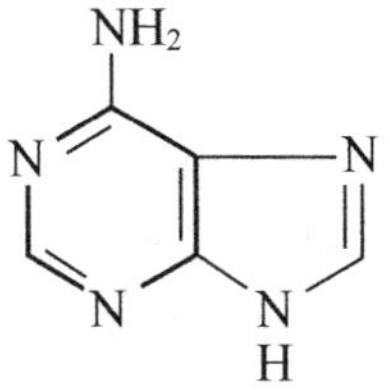

腺嘌呤 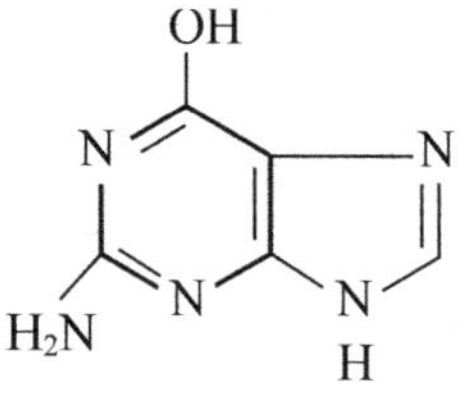　　　　　　鸟嘌呤

第二节 生物碱

生物碱是生物体内具有生理活性的一类含氮有机化合物。这类物质主要从植物中提取的,所以又叫作植物碱。生物碱多数是根据它的植物来源而命名。

一、生物碱的性质

生物碱大多数为无色或白色固体,个别有色。生物碱一般味苦,难溶于水,易溶于乙醇、乙醚等有机溶剂。

(一) 碱性

生物碱分子中含有一个或几个氮原子,这些氮原子像氨分子中的氮原子一样能接受 H^+,故一般具有弱碱性,可以和酸作用生成易溶于水的生物碱盐,生物碱盐遇强碱又可以转变为游离的生物碱。利用这个性质,可以进行生物碱的提取、分离和精制。

$$生物碱 \underset{+NaOH}{\overset{+HCl}{\rightleftharpoons}} 生物碱盐$$

（难溶于水）　　（易溶于水）

由于生物碱难溶于水而生物碱盐易溶于水,临床上使用的生物碱药物,一般都制成生物碱盐。例如盐酸麻黄碱、硫酸阿托品和磷酸可待因等。

(二) 沉淀反应

大多数生物碱或生物碱盐能与一些试剂生成难溶性盐而沉淀。这些能使生物碱发生沉淀反应的试剂,称为生物碱沉淀剂。常用的生物碱沉淀剂有苦味酸、鞣酸、氯化汞、碘化汞钾等。例如生物碱遇苦味酸生成黄色沉淀、遇鞣酸生成棕黄色沉淀、遇氯化汞生成白色沉淀。生物碱的沉淀反应,可用于生物碱的鉴别,也用于生物碱的分离和精制。

(三) 显色反应

生物碱或生物碱盐能与一些试剂发生反应呈现颜色。这些能使生物碱发生显色反应的试剂,称为生物碱显色剂。常用的生物碱显色剂有甲醛的浓硫酸溶液、重铬酸钾的浓硫酸溶液、钒酸铵的浓硫酸溶液等。例如吗啡与甲醛-浓硫酸溶液作用可呈紫色,可待因与甲醛-浓硫酸溶液作用可呈蓝色。

二、常见的生物碱

(一) 烟碱

烟碱又称尼古丁,存在于烟草之中。烟碱属于吡啶类生物碱,为无色油状液体,溶于水,有剧毒。少量对中枢神经有兴奋作用,大量会抑制中枢神经,出现头痛、恶心以致死亡。

(二) 麻黄碱

麻黄碱存在于麻黄中,为无色晶体,味苦,易溶于水。麻黄碱有兴奋交感神经、增高血压、扩张支气管的作用,是常用的平喘止咳药物。

(三) 阿托品(颠茄碱)

阿托品存在于颠茄、莨菪等植物中,为白色晶体粉末,味苦,难溶于水,易溶于乙醇。具有解痉镇痛,常用于治疗胃、肠平滑肌的痉挛,有机磷农药中毒。临床上常用的是硫酸阿托品。

(四) 茶碱、可可碱和咖啡碱

茶碱、可可碱和咖啡碱分别存在于茶叶、可可豆和咖啡中,也可以用人工合成。它们是无色针状结晶,有苦味,易溶于热水,难溶于冷水。茶碱熔点270~272℃,可可碱熔点357℃,咖啡碱熔点235℃。

茶碱、可可碱和咖啡碱都是黄嘌呤的衍生物。黄嘌呤又称为2,6-二羟基嘌呤,存在于动物的血液、肝脏和尿中。

茶碱有利尿作用和松弛平滑肌作用。咖啡碱又称咖啡因,有兴奋中枢神经、镇痛、利尿作用。可可碱能抑制肾小管再吸收和利尿作用。

(五) 金鸡纳碱(奎宁)

金鸡纳碱又称奎宁,在金鸡纳树皮中含量达15%。奎宁是无色针状晶体,无水物熔点172.8℃,味极苦,微溶于水,易溶于乙醇、乙醚等有机溶剂。奎宁可以用于治疗和预防各种疟疾并有解热作用。

(六) 吗啡

吗啡是罂粟科植物鸦片中含量最多的一种生物碱。在鸦片中的含量达10%。

吗啡是白色结晶,熔点254℃,微溶于水,水溶液有苦味。

> **重点提示**
>
> 吗啡对中枢神经有麻痹作用,有显著的止咳、镇痛、抑制肠蠕动的作用,但连续使用可成瘾。中毒后精神萎靡不振,瞳孔缩小,呼吸缓慢,逐渐呼吸困难而死亡,因此,使用时须十分慎重。

(七)秋水仙碱

秋水仙碱存在于植物秋水仙的球茎和种子中,我国云南的山慈菇中含量也较多。秋水仙碱是黄灰色针状结晶,熔点为155~157℃,能溶于水或稀乙醇溶液,易溶于氯仿,但不溶于无水乙醚和石油醚。

秋水仙碱除了可有效地诱发染色体的加倍,在农业上用于多倍体育种外,还可以治疗风痛(痛风)等疾病。特别是近年来发现它有一定的抗癌作用,能抑制癌细胞的增长,对乳腺癌、皮肤癌等有很好的疗效。

讨论与思考

阿托品存在于哪种植物中?具有哪些作用?

习 题

一、名词解释

1. 杂环化合物 2. 生物碱

二、填空题

1. 维生素 B_6 是吡啶的衍生物有_____、_____和_____三种。

2. 杂环化合物可分为_____、_____、_____和_____。

3. 嘧啶很少存于自然界中,但它的重要衍生物_____、_____和_____普遍存在于动植物中,都是_____的组成部分。

4. 嘌呤衍生物中还有_____和_____。

三、选择题

1. 可溶于水的生物碱是(   )
   A. 麻黄碱   B. 阿托品   C. 可可碱   D. 金鸡纳碱
2. 关于生物碱,下列叙述不正确的是(   )
   A. 大多具有碱性   B. 存在于生物体内
   C. 多数具有氮杂环结构   D. 属于毒品类
3. 从鸦片中可以提取(   )
   A. 肾上腺素   B. 二醋吗啡   C. 吗啡   D. 咖啡因
4. 下列化合物属于六元含氮杂环的是(   )
   A. 噻吩   B 咪唑   C. 呋喃   D. 吡啶
5. 有机磷农药中毒临床上常用的是(   )
   A. 硫酸阿托品 B. 金鸡纳碱   C. 烟碱   D. 咖啡碱

答案：

一、名词解释

1. 在环状化合物的环中,除碳原子外还有其他原子。

2. 生物体内具有生理活性的一类含氮有机化合物。

二、填空题

1. 吡哆醇　吡哆醛　吡哆酸

2. 五元杂环　六元杂环　苯稠杂环　稠杂环

3. 胞嘧啶　尿嘧啶　胸腺嘧啶　核酸

4. 腺嘌呤　鸟嘌呤

三、选择题

1. A　2. D　3. C　4. D　5. A

(郑学锋)

第12章

酯和脂类

> **学习要点**
> 1. 酯和脂类的组成、结构、性质
> 2. 卵磷脂、脑磷脂的组成和结构特点
> 3. 甾体化合物的基本结构

酯是一种重要的羧酸衍生物。脂类是油脂和类脂的总称,广泛存在于动植物体内,是生命活动不可缺少的物质。油脂是高级脂肪酸和甘油形成的酯。类脂是指性质与油脂类似的化合物,包括磷脂和甾族化合物等。

> **重点提示**
> 脂肪(属于脂类),是人体不可缺少的三大营养素之一,在人体中有重要的生理意义:①氧化提供能量;②保持体温稳定;③保护和支撑作用;④促进脂溶性维生素A、维生素D、维生素E、维生素K的吸收。

第一节 酯

一、酯的分类、结构和命名

酯是羧酸和醇脱水反应的产物。由无机酸和醇反应生成的酯,叫作无机酸酯,由羧酸和醇反应生成的酯,叫作有机酸酯。本章主要学习有机酸酯,通常简称酯。

酯可以看作是羧酸分子中羧基上的羟基被烃氧基取代后生成的化合物。一元酸酯的结构通式为

$$R-\overset{O}{\overset{\|}{C}}-O-R' \ (RCOOR') \qquad (-\overset{O}{\overset{\|}{C}}-O-)$$

酯的结构通式   酯键

其中 R 和 R′ 可以相同,也可以不相同。酯的命名是根据生成酯的羧酸和醇的名称而命名,酸名在前,醇名在后,把"醇"字改成"酯"字,称为"某酸某酯"。例如：

$$CH_3-\overset{O}{\overset{\|}{C}}-O-CH_3 \qquad\qquad H-\overset{O}{\overset{\|}{C}}-O-CH_2-CH_3$$

乙酸甲酯   甲酸乙酯

$$CH_3-\overset{O}{\overset{\|}{C}}-O-CH_2-CH_2-CH\overset{CH_3}{\underset{CH_3}{\diagdown}}$$

乙酸异戊酯   苯甲酸甲酯

二、酯的性质

(一) 物理性质

酯类广泛存在于自然界。低级的酯为无色有香味的液体,存在于各种水果和花草中,如乙酸乙酯有苹果香味,乙酸异戊酯有香蕉味,乙酸甲酯有菠萝香味。酯可作为食品和饮料及日用品的香料。高级酯为蜡状固体,一般没有气味。

> **重点提示**
>
> 医药上的酯类药物主要是血管扩张药。如亚硝酸异戊酯、硝酸甘油等,可以扩张血管,缓解心绞痛等。

酯一般比水轻,难溶于水,易溶于有机溶剂。低级酯能溶解很多有机化合物,是良好的有机溶剂。

(二) 化学性质

酯的化学性质主要是水解反应,生成羧酸和醇。

$$R-\overset{O}{\overset{\|}{C}}-O-R' + H_2O \rightleftharpoons R-COOH+R'OH$$

酯   水   羧酸   醇

酯在酸催化下的水解,是酯化反应的逆反应,但水解不完全。在碱作用下水解时,产生的酸可与碱生成盐而破坏平衡体系,实验证明在足够量的碱存在时,水解可以进行到底。

$$R-\overset{O}{\overset{\|}{C}}-O-R' + NaOH \xrightarrow[\triangle]{H_2O} R-\overset{O}{\overset{\|}{C}}-ONa + R'-OH$$

酯   羧酸钠   醇

第二节 油 脂

油脂是油和脂肪的总称。习惯上把常温下呈液态的称为油,通常来自于植物,如花生油、豆油、芝麻油等。常温下呈固态的称为脂肪,简称为脂,通常来自于动物,如猪脂、牛脂、羊脂等。油脂是动植物体的重要成分,也是人类的主要营养物质之一。

一、油脂的组成与结构

油脂是甘油和高级脂肪酸生成的甘油酯。天然油脂主要是1分子甘油和3分子高级脂肪酸形成的酯,其通式和示意图为:

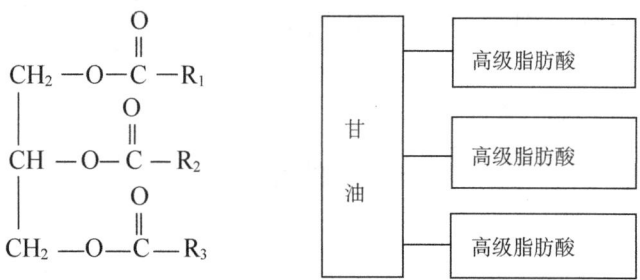

结构式中 R_1、R_2、R_3 代表饱和烃基或不饱和烃基,它们可以相同、也可以不相同,其中烃基相同的为单甘油酯(单甘油三酯),不相同的称为混甘油酯(混甘油三酯)。天然油脂大都为混甘油酯。

组成油脂的脂肪酸种类较多,大多是含偶数碳原子的直链高级脂肪酸,以含十六和十八碳原子的高级脂肪酸为常见,重要的高级脂肪酸见表12-1。

表12-1 常见油脂中所含的重要的高级脂肪酸

类 别	名 称	结构简式
饱和脂肪酸	棕榈酸(十六碳酸)	$CH_3(CH_2)_{14}COOH$
	硬脂酸(十八碳酸)	$CH_3(CH_2)_{16}COOH$
不饱和脂肪酸	油酸(9-十八碳烯酸)	$CH_3(CH_2)_7CH=CH(CH_2)_7COOH$
	亚油酸(9,12-十八碳二烯酸)	$CH_3(CH_2)_4(CH=CHCH_2)_2(CH_2)_6COOH$
	亚麻酸(9,12,15-十八碳三烯酸)	$CH_3(CH_2CH=CH)_3(CH_2)_7COOH$
	花生四烯酸(5,8,11,14-二十碳四烯酸)	$CH_3(CH_2)_4(CH=CHCH_2)_4(CH_2)_2COOH$

在油脂分子中如含有较多的低级脂肪酸和不饱和高级脂肪酸成分,这种油脂在常温下一般为液态。在油脂分子中如含有较多的饱和高级脂肪酸,这种油脂在常温下一般为固态。天然油脂是多种不同的脂肪酸的混合甘油酯的混合物。

多数的脂肪酸在人体内都能够进行合成,只有亚油酸、亚麻酸、花生四烯酸等在体内不能合成,但它们又是营养上不可缺少的脂肪酸,必须由食物供给,因而就称为必需脂肪酸。如花生四烯酸是合成体内重要活性物质前列腺的原料,人体必须从食物中摄取。

二、油脂的性质

油脂比水轻,难溶于水,易溶于汽油、乙醚、氯仿等有机溶剂。纯净的油脂是无色、无臭、无味的物质,但天然的油脂,常因含有色素和维生素而显示不同的颜色和气味,而且没有固定的熔点和沸点。

(一) 水解反应

油脂属于酯类化合物,在酸、碱或酶的作用下能发生水解反应。1mol 油脂完全水解可生成 1mol 甘油和 3mol 相应的高级脂肪酸。

$$\begin{array}{c} H_2C-O-\overset{O}{\underset{\|}{C}}-R_1 \\ | \\ HC-O-\overset{O}{\underset{\|}{C}}-R_2 \\ | \\ H_2C-O-\overset{O}{\underset{\|}{C}}-R_3 \end{array} + 3H_2O \xrightarrow{\text{酸或脂酶}} \begin{array}{c} H_2C-OH \\ | \\ HC-OH \\ | \\ H_2C-OH \end{array} + \begin{array}{c} HO-\overset{O}{\underset{\|}{C}}-R_1 \\ HO-\overset{O}{\underset{\|}{C}}-R_2 \\ HO-\overset{O}{\underset{\|}{C}}-R_3 \end{array}$$

$$\begin{array}{c} H_2C-O-\overset{O}{\underset{\|}{C}}-R_1 \\ | \\ HC-O-\overset{O}{\underset{\|}{C}}-R_2 \\ | \\ H_2C-O-\overset{O}{\underset{\|}{C}}-R_3 \end{array} + 3KOH \xrightarrow{\Delta} \begin{array}{c} H_2C-OH \\ | \\ HC-OH \\ | \\ H_2C-OH \end{array} + \begin{array}{c} R_1COOK \\ R_2COOK \\ R_3COOK \end{array}$$

若在碱性溶液中水解,生成甘油和高级脂肪酸盐,高级脂肪酸盐被称为肥皂,所以油脂在碱性溶液中发生的水解反应称为皂化反应。

由高级脂肪酸钠盐组成的肥皂,称为钠肥皂,这是常用的普遍肥皂。由高级脂肪酸钾盐组成的肥皂,称为钾肥皂,它就是医药上常用的软皂。由于软肥皂对人体皮肤、黏膜刺激性小,医药上常用作灌肠剂或乳化剂。

油脂在不完全水解时,生成脂肪酸、甘油二酯和甘油一酯。

脂肪水解后生成的甘油、脂肪酸、甘油一酯和甘油二酯在体内均可被吸收利用。

(二) 加成反应

1. **氢化** 不饱和的液态油通过催化加氢提高饱和程度,可从液态的油变成固态的脂肪。此过程称为油脂的氢化,又称为油脂的硬化。氢化后得到的固态油脂称为硬化油。硬化油不易被空气氧化变质,便于储存和运输,可作为制肥皂的原料。

2. **碘化** 油脂中不饱和脂肪酸的碳碳双键与碘的加成反应常用来测定油脂的不饱和程度。每 100g 油脂吸收碘的最大质量称为油脂的碘值。碘值越大,油脂的不饱和程度越高。碘值高低也是衡量食用油脂质量的一个标准。

医学研究证实,长期食用低碘值的油脂,容易使动脉血管硬化。所以,老年人应该食用高碘值的植物油油脂。常见油脂中脂肪酸的含量和碘值见表 12-2。

表 12-2　常见油脂中脂肪酸的含量(%)和碘值

名称	软脂酸	硬脂酸	油酸	亚油酸	碘值
牛　油	24~32	14~32	35~48	2~4	30~48
猪　油	28~30	12~18	41~48	3~8	46~70
花生油	6~9	2~6	50~57	13~26	83~105
大豆油	6~10	2~4	21~29	50~59	127~138
棉子油	19~24	1~2	23~32	40~48	103~115

3. 酸败　油脂在空气中放置过久,逐渐变质而产生难闻的气味,因为油脂受光、热、水、空气中的氧和微生物的作用,发生水解、氧化反应而生成有挥发性、有臭味的低级醛酮和脂肪酸的混合物,这个过程称为油脂的酸败,酸败的油脂不能食用。为防止油脂的酸败,必须将油脂保存在低温、避光的密闭容器中。

三、油脂的乳化

油脂难溶于水,又比水轻。若将水和油混合后用力振荡,油脂以小油滴分散于水中形成不稳定的乳浊液,放置后,小油滴互相碰撞聚集成大油滴,很快浮于水面分成油和水两层。要得到比较稳定的乳浊液,必须加入适量的乳化剂,如洗涤剂、肥皂和胆汁酸盐等。乳化剂的结构通常由两部分组成,一部分称为亲油基,一部分称为亲水基。如肥皂中的亲油基是烃基—R,亲水基部分是—COO^-Na^+。在溶液中,乳化剂的亲水基伸向水中,亲油基伸向油中,使油滴的表面形成一层乳化剂分子的保护膜,防止了小油滴相互碰撞而合并,从而形成比较稳定的乳浊液。这种利用乳化剂使油脂形成比较稳定的乳浊液的作用,称为油脂的乳化。

> **重点提示**
>
> 脂肪进入人体后,在相应酶的作用下,逐步分解,为人体提供能量和必需脂肪酸。但体内脂肪过多,会引起高血脂等疾病。

第三节　类　　脂

类脂是存在于生物体组织成分中性质类似于油脂的一类化合物,重要的类脂有磷脂和甾体化合物(固醇)。它们在生物的生命活动中起重要的作用。

一、磷　　脂

磷脂是一类含有磷酸基团的化合物,广泛分布在动植物组织中,一切细胞的细胞膜中均含有磷脂。磷脂主要存在于脑、神经组织、骨髓、心、肝、肾等器官中,蛋黄、植物的种子及胚芽中也都含有丰富的磷脂。

磷脂是含磷的脂肪酸甘油酯,性质和结构与油脂相似。磷脂完全水解后可以得到甘油、脂肪酸、磷酸和含氮的有机碱4种物质。常见的磷脂有卵磷脂和脑磷脂。

(一) 卵磷脂

卵磷脂又称磷脂酰胆碱。纯的卵磷脂是白色蜡状物质,在空气中易被氧化变成黄色或棕色,卵磷脂不溶于水、丙酮,易溶于乙醚、乙醇及氯仿中。卵磷脂在脑、神经组织、肝、肾上腺及红细胞中含量较多,尤其是蛋黄中含量较为丰富。卵磷脂与脂肪的吸收和代谢有密切关系,具有抗脂肪肝的作用,可用于防治脂肪肝。

$$\text{脂肪酸部分}\begin{cases} R-\overset{O}{\underset{\|}{C}}-O-CH_2 \\ R'-\overset{O}{\underset{\|}{C}}-O-CH \\ CH_2-O-\overset{O}{\underset{\underset{O^-}{\|}}{P}}-O-CH_2-CH_2-\overset{+}{N}(CH_3)_3 \end{cases}$$

甘油部分　　磷酸部分　　胆碱部分

(二) 脑磷脂

脑磷脂又称为磷脂酰乙醇胺,与卵磷脂并存于动物机体各组织及器官中,尤其是动物脑组织中含量较多。脑磷脂不稳定易被空气氧化成棕黑色,可溶于乙醇,不溶于乙醚。

脑磷脂与血液凝固有关。血小板内能促进血液凝固的凝血激酶就是脑磷脂和蛋白质组成的。

$$\begin{cases} R-\overset{O}{\underset{\|}{C}}-O-CH_2 \\ R'-\overset{O}{\underset{\|}{C}}-O-CH \\ CH_2-O-\overset{O}{\underset{\underset{O^-}{\|}}{P}}-O-CH_2-CH_2-\overset{+}{N}H_3 \end{cases}$$

脂肪酸部分　　甘油部分　　磷酸部分　　胆胺部分

二、甾族化合物

甾族化合物又称为类固醇化合物,是广泛存在于生物体内的一类重要的天然物质。其独特的生物学性质对机体的生理作用有着十分重要的意义。

甾族化合物的基本结构

甾族化合物分子中含有环戊烷并氢化菲四环结构,四环分别用 A、B、C、D 表示,环上的碳原子按照固定顺序编号。

大多数甾族化合物甾 C_{10} 和 C_{13} 上各连有一个甲基,在 C_{17} 上连有一个取代基,构成了甾族化合物的基本骨架结构。

甾族化合物种类很多,结构复杂,其名称常用俗名。

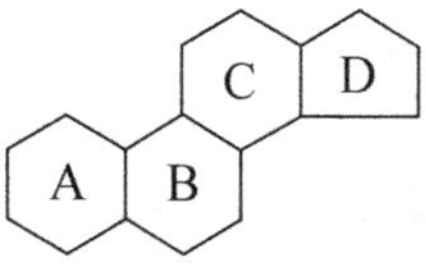

环戊烷全氢菲甾 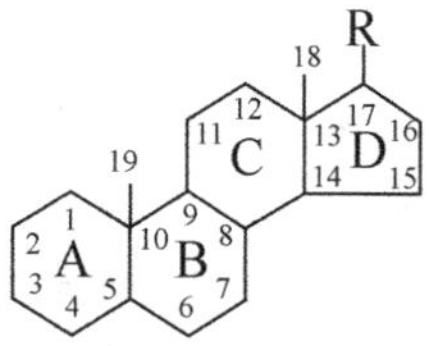   甾族化合物的基本骨架

三、医学中的甾族化合物

(一) 甾醇

甾醇是一类饱和或不饱和的仲醇。在动物体内以酯的形式存在，在植物体内以苷的形式存在。在甾醇中最重要的是胆固醇。

1. 胆固醇 胆固醇最初是从胆结石中发现的一种固体醇，因而称为胆固醇。胆固醇为无色或略带黄色的蜡状物，熔点148℃，难溶于水，易溶于乙醚、氯仿等有机溶剂。正常人血液中胆固醇的含量为2.82～5.95mmol/L，当摄入过多或代谢异常时，它可从血液中沉淀出来，引起结石或动脉硬化。在胆汁液中，若有胆固醇沉积，则形成胆结石。

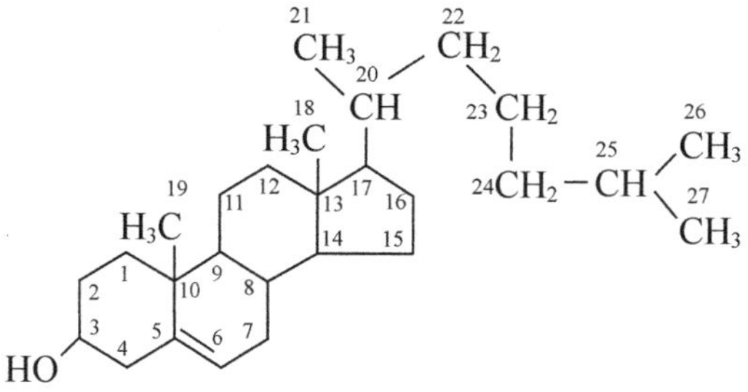

胆固醇

2. 7-脱氢胆固醇 7-脱氢胆固醇是一种动物甾醇，存在于人体皮肤中，当受到紫外线照射时可发生开环反应转变为维生素D_3。适当晒太阳是获得维生素D_3的最简单方法。

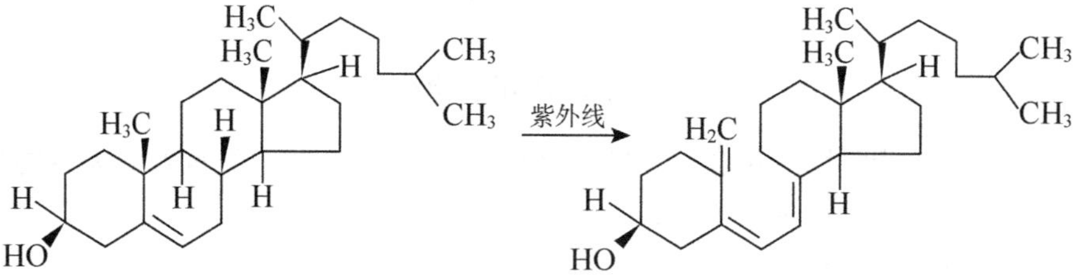

7-脱氢胆固醇　　　维生素D_3

(二) 胆甾酸

在动物胆汁中，含有几种结构与胆固醇类似的酸性化合物统称为胆甾酸。其中人体内重要的胆甾酸是胆酸和脱氧胆酸。在碱性胆汁中胆汁酸以钠盐或钾盐的形式存在，称为胆汁酸盐，胆汁酸盐对油脂的消化吸收起着重要的作用。

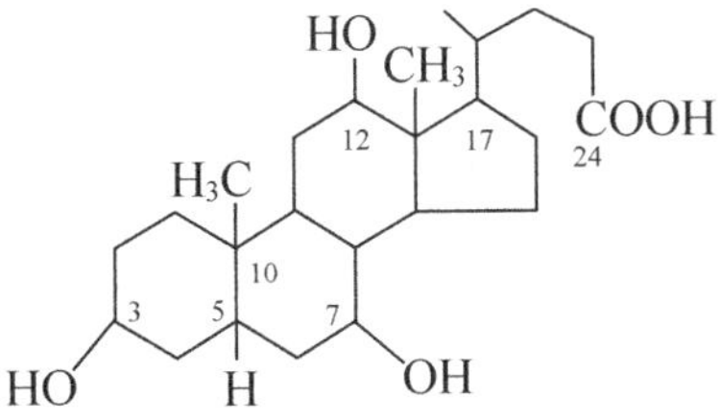

胆酸 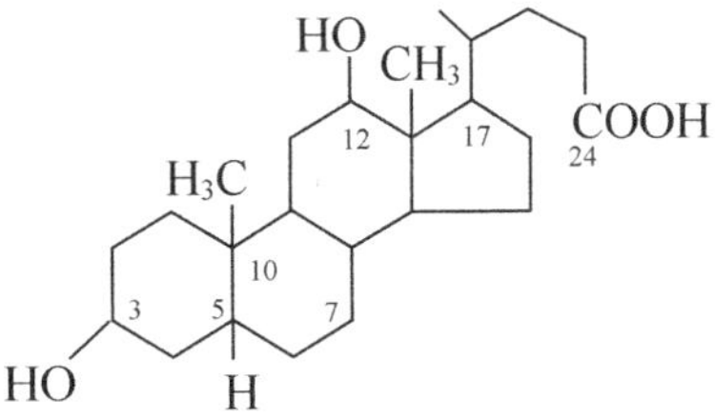　　　　　　　　　　脱氧胆酸

讨论与思考

1. 说出在家庭中常用食用油的化学组成。
2. 从营养角度考虑,叙述食用植物油、动物油对人体的影响。
3. 肥皂、洗衣粉等洗涤剂,为什么可以去除油污?

习　题

一、名词解释

1. 酯　2. 必需脂肪酸　3. 油脂的乳化　4. 皂化反应

二、填空题

1. 油脂是_____和_____的总称。它是由高级脂肪酸和_____生成的甘油酯。
2. 酯在酸性条件下发生水解反应,生成_____和_____,所以该反应是_____反应的逆反应。
3. 从结构上可看,酯是由_____和_____连接而成的化合物。

三、选择题

1. 一元羧酸酯的结构通式是(　　)
   A. R_1COR_2　　　B. R_1OR_2　　　C. R_1COOR_2　　　D. R-COOH
2. 1mol 油脂完全水解后能生成(　　)
   A. 1mol 甘油和 1mol 二酰甘油　　　B. 1mol 甘油和 1mol 脂肪酸
   C. 3mol 甘油和 1mol 脂肪酸　　　　D. 1mol 甘油和 3mol 脂肪酸
3. 加热油脂与氢氧化钾溶液的混合物,可生成甘油和脂肪酸钾,这个反应称为油脂的(　　)
   A. 酯化　　　B. 乳化　　　C. 氢化　　　D. 皂化
4. 医药上常用软皂的成分是(　　)
   A. 高级脂肪酸盐　　　　　　B. 高级脂肪酸钠盐
   C. 高级脂肪酸钾盐　　　　　D. 高级脂肪酸钾、钠盐
5. 既能发生皂化反应,又能发生氢化反应的物质是(　　)
   A. 乙酸乙酯　　　　　　B. 甘油三软脂酸酯
   C. 硬脂酸　　　　　　　D. 甘油三油酸酯
6. 油脂碘值的大小可以用来判断油脂的(　　)
   A. 相对分子质量　　B. 酸败程度　　C. 不饱和程度　　D. 溶解度
7. 制肥皂的副产物是(　　)

A. 硬化物　　　B. 硬脂酸　　　C. 甘油　　　D. 乙二醇
8. 人体内不能合成,必须由食物供给的脂肪酸是(　　)
　　　A. 油酸　　　B. 亚油酸　　　C. 硬脂酸　　　D. 乙酸
9. 下列物质能跟乙醇发生酯化反应的是(　　)
　　　A. 乙醚　　　B. 乙酸　　　C. 丙酮　　　D. 苯酚

四、问答题

1. 酯的官能团是什么？写出酯的通式。
2. 酯和油脂在分子结构中有何不同？在化学性质上有何不同？

五、写出下列化合物的结构简式

1. 乙酸甲酯　2. 苯甲酸甲酯　3. 软脂酸　4. 硬脂酸　5. 油脂的结构通式

答案：

一、名词解释　略

二、填空题

1. 油　脂肪　甘油
2. 羧酸　醇　酯化
3. 酰基　烃氧基

三、选择题

1. C　2. D　3. D　4. C　5. D　6. C　7. C　8. B　9. B

四、问答题　略

五、写出下列化合物的结构简式　略

(张彩霞　郑学锋)

第13章

糖 类

学习要点
1. 糖类的概念、分类
2. 单糖的结构和主要化学性质
3. 双糖和多糖的结构特点、水解产物及性质

糖类是自然界中最丰富的有机化合物之一。糖类广泛分布于动、植物及微生物体内。自然界中的糖以植物含量最多,为干重的85%~95%,主要以淀粉、纤维素的形式存在于粮食、谷物、薯类、豆类以及米面制品和蔬菜水果中;动物性食品中糖很少,主要以糖原的形式存在,约占干重的2%。

糖的重要生理功能是供给生命活动所需能量,人体所需能量的50%~70%来自糖,糖还是组织细胞重要的组成成分。糖类由C、H、O三种元素组成,早期发现这类物质都符合$Cn(H_2O)m$的通式,糖类又称碳水化合物。但随着科学研究表明,碳水化合物这个名称并不完全符合糖类结构特点。从化学结构上看,糖类是多羟基醛、多羟基酮及其脱水缩合物。根据糖类能否水解和水解产物情况分为3大类。

单糖:不能水解的多羟基醛和多羟基酮,如葡萄糖、果糖和半乳糖。

低聚糖:水解后生成2~10个单糖分子的糖,水解后生成2分子单糖的糖是双糖,如麦芽糖、蔗糖和乳糖等。

多糖:水解后生成10个以上单糖分子的糖,如淀粉、纤维素和糖原等。

第一节 单 糖

单糖可分为多羟基醛(醛糖)和多羟基酮(酮糖)。根据分子中碳原子的数目,单糖可分为丙糖、丁糖、戊糖、己糖等。自然界中戊糖、己糖最为普遍。单糖中最广泛也最重要的是葡萄糖。与医学关系密切的有葡萄糖、果糖、核糖、脱氧核糖。

一、葡 萄 糖

葡萄糖的分子式为$C_6H_{12}O_6$,其结构简式为$CH_2OH(CHOH)_4CHO$。

(一) 葡萄糖的结构

葡萄糖的结构有开链结构和环状结构。开链结构和环状结构可以互变,使得葡萄糖具有变旋光现象。

1. **开链结构** 为分子中的 6 个碳原子连接成直链,含有一个醛基和 5 个羟基,属己醛糖。自然界中存在的单糖构型大多属于 D 型的。葡萄糖的开链结构构型如下。

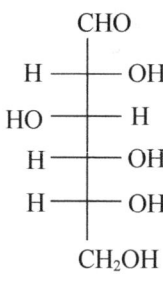

D-葡萄糖

2. **环状结构式** C_5 的羟基与 C_1 的羰基生成环状半缩醛而构成环,这样形成的环是六元环,比较稳定。葡萄糖的环状结构从环的稳定性来看,过长的氧原子价键是不合理的。英国学者哈沃斯(Haworth)提出平面六元环的书写方式。把 5 个碳原子和一个氧原子组成六元含氧杂环,称为吡喃环,以此为平面,环中碳原子所连的原子或原子团分别写在环平面的上方或下方,以表示它们在空间的位置,这样写成的结构为哈沃斯式。哈沃斯式在糖化学中广泛使用,其结构表示如下。

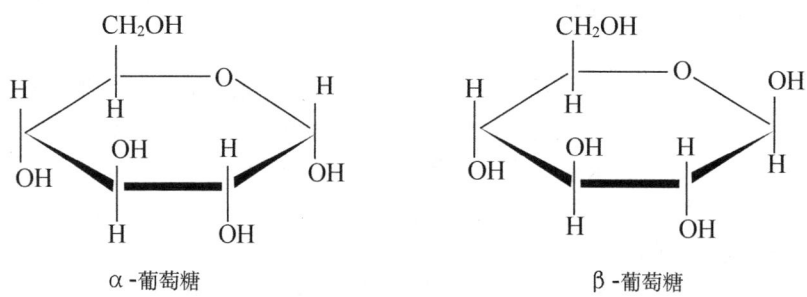

α-葡萄糖   β-葡萄糖

(二) 葡萄糖的用途

葡萄糖在自然界中分布很广,因在葡萄中含量较高而得名。葡萄糖是无色或白色结晶粉末,有甜味,但甜度仅为蔗糖的 60%,熔点为 146℃,易溶于水,稍溶于乙醇,不溶于乙醚,葡萄糖是右旋糖。

> **重点提示**
>
> 人体血液中的葡萄糖称为血糖,正常人空腹血糖值为 3.9~6.1mmol/L。血糖浓度的相对恒定对人体,特别是大脑有着重要的生理意义。葡萄糖是人类重要的营养物质,可以直接被人体吸收利用。在医学上葡萄糖用作营养品,并有强心利尿和解毒作用,临床上用于治疗水肿、血糖过低、心肌炎等。

二、果 糖

果糖分子式为 $C_6H_{12}O_6$,和葡萄糖是同分异构体。

(一)果糖的结构

结构简式 $CH_2OH(CHOH)_3COCH_2OH$,是己酮糖。果糖的结构也有开链结构和环状结构。

1. 开链结构　果糖分子中 C_2 是酮基,其开链结构式如下。

$$
\begin{array}{c}
CH_2OH \\
| \\
C=O \\
| \\
HO-C-H \\
| \\
H-C-OH \\
| \\
H-C-OH \\
| \\
CH_2OH
\end{array}
$$

2. 环状结构　果糖分子中 C_2 酮基与 C_6 或 C_5 上的羟基形成两种不同的环状结构,用哈沃斯式表示如下。

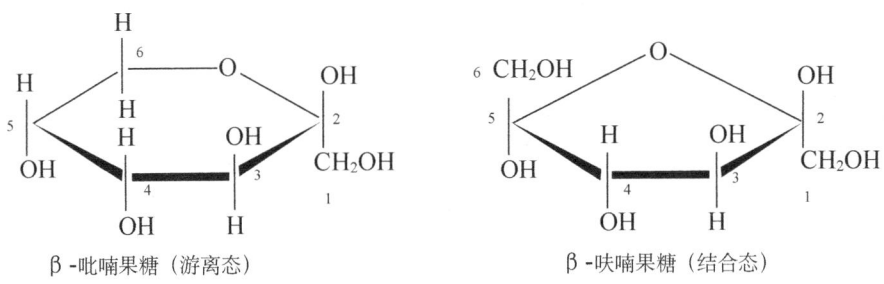

β-吡喃果糖(游离态)　　　　β-呋喃果糖(结合态)

(二)果糖的用途

纯净的果糖是无色的晶体。熔点为105℃,易溶于水。果糖主要存在于水果和蜂蜜中,以结合态作为蔗糖的组成成分。果糖为天然糖中最甜的糖,甜度为蔗糖的170%,蜂蜜的甜度主要因为有果糖的存在。果糖可用于糖尿病、肝病病人供给能量和补充体液。

三、核糖和2-脱氧核糖

核糖的分子式为 $C_5H_{10}O_5$,脱氧核糖的分子式为 $C_5H_{10}O_4$,它们都是戊醛糖。

(一)结构

核糖和脱氧核糖的开链式结构和哈沃斯式结构分别如下。

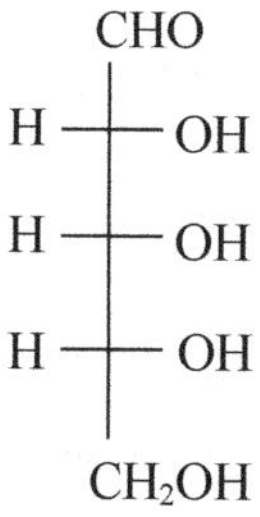

核糖 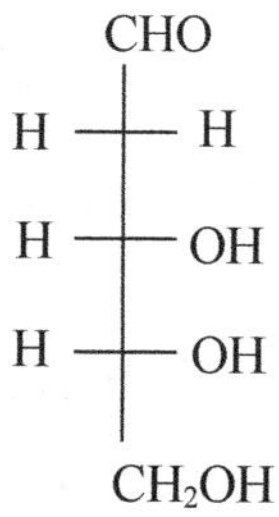　　　脱氧核糖

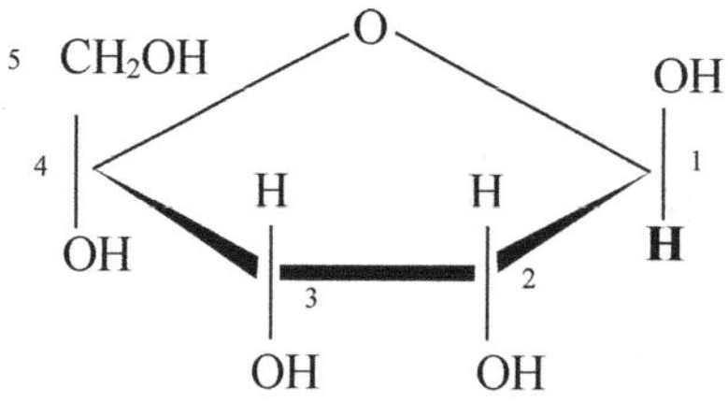

β-呋喃核糖 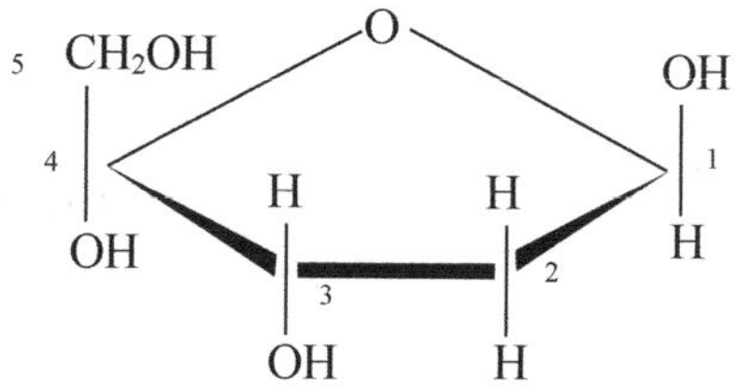　　　β-呋喃脱氧核糖

(二)用途

核糖和脱氧核糖分别是核糖核酸(RNA)和脱氧核糖核酸(DNA)的重要组成成分。RNA参与蛋白质的生物合成过程,DNA储存生物体的遗传信息。它们是人类生命活动中重要的遗传物质。

四、单糖的主要化学性质

(一)与碱性弱氧化剂的反应

单糖无论是醛糖还是酮糖,在弱碱性条件下,都能被弱氧化剂如斐林试剂和班氏试剂等氧化,说明单糖具有还原性。凡是具有还原性的糖称为还原性糖。单糖都是还原性糖。

$$单糖 + [Ag(NH_3)_2]^+ \xrightarrow[\Delta]{OH^-} Ag\downarrow + 复杂氧化产物$$

$$单糖 + Cu^{2+}(配离子) \xrightarrow[\Delta]{OH^-} Cu_2O\downarrow + 复杂氧化产物$$

临床检验中常用班氏试剂检验尿中是否含有葡萄糖,并根据砖红色沉淀颜色的深浅来判断葡萄糖的含量。

重点提示

班氏试剂可以鉴别还原性糖和非还原性糖。

(二)在人体内的氧化反应

在体内酶的催化下,葡萄糖的伯醇羟基被氧化成羧基,生成葡萄糖醛酸。葡萄糖醛酸与有毒物质如醇、酚等结合成无毒化合物随尿排出体外,可起到解毒和保肝作用。

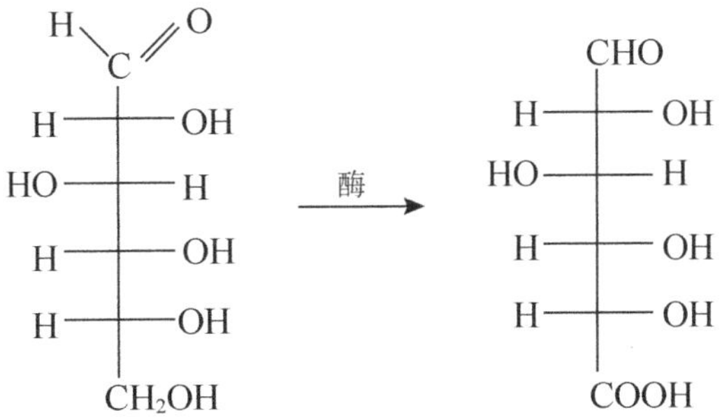

$$\underset{\text{D-葡萄糖}}{\begin{array}{c}\text{CHO}\\|\\\text{H—C—OH}\\|\\\text{HO—C—H}\\|\\\text{H—C—OH}\\|\\\text{H—C—OH}\\|\\\text{CH}_2\text{OH}\end{array}}\xrightarrow{\text{酶}}\underset{\text{D-葡萄糖醛酸}}{\begin{array}{c}\text{CHO}\\|\\\text{H—C—OH}\\|\\\text{HO—C—H}\\|\\\text{H—C—OH}\\|\\\text{H—C—OH}\\|\\\text{COOH}\end{array}}$$

(三) 成酯反应

单糖分子中的羟基能和酸作用生成酯。如人体内的葡萄糖在酶的作用下可与磷酸生成葡萄糖-1-磷酸酯或葡萄糖-6-磷酸酯,它们是糖代谢的中间产物,在生命活动中具有重要作用。其反应式如下。

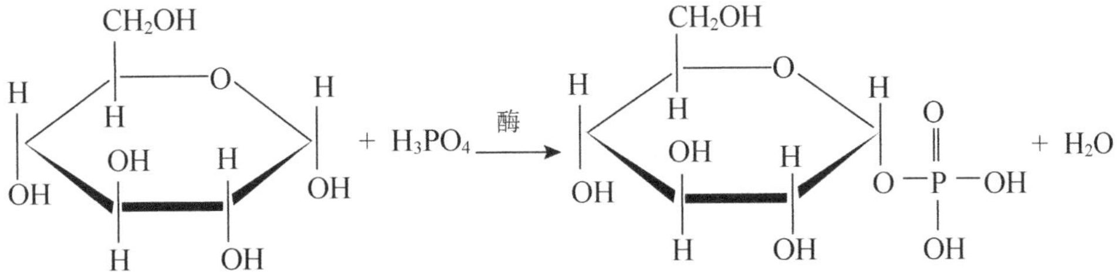

α-葡萄糖 + H_3PO_4 $\xrightarrow{\text{酶}}$ α-葡萄糖-1-磷酸酯 + H_2O

第二节 双糖和多糖

一、常见的双糖

双糖是能水解生成2分子单糖的糖,其中2分子单糖可以相同,也可以不同。常见的双糖有蔗糖、麦芽糖和乳糖,分子式均为 $C_{12}H_{22}O_{11}$,三者互为同分异构体。

(一) 麦芽糖

因主要存在于麦芽中而得名,它是淀粉在淀粉酶的作用下水解的中间产物。

麦芽糖可以看作是2分子的葡萄糖脱水缩合形成。其结构为

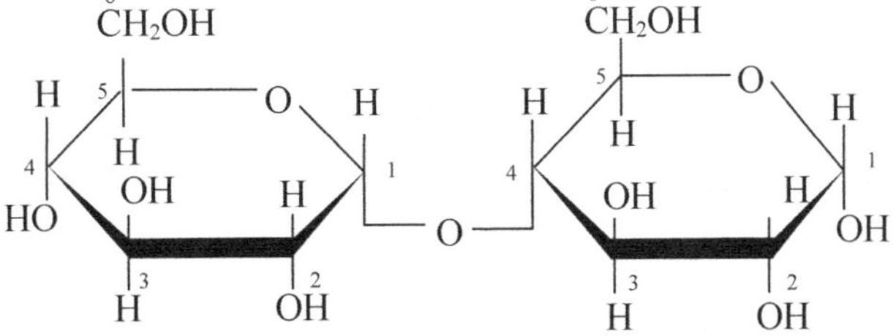

麦芽糖分子结构

纯净的麦芽糖为白色晶体,易溶于水甜度约为蔗糖的70%,可用作糖果及细菌的培养基。

(二)蔗糖

蔗糖是自然界分布最广的双糖,广泛分布于植物体内,在甜菜、甘蔗和水果中含量极高。以蔗糖为主要成分的食糖根据纯度由高到低分为:冰糖、白砂糖、棉白糖和红糖。

纯净的蔗糖为白色的晶体,溶度为186℃,易溶于水难溶于乙醇,甜味仅次于果糖。蔗糖可以看作由1分子葡萄糖和1分子果糖脱水形成,其结构式为:

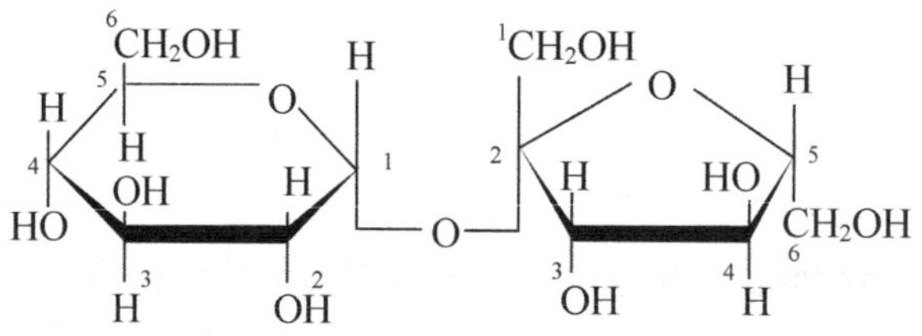

蔗糖分子结构

蔗糖水解后生成1分子果糖和1分子葡萄糖,两者的混合物称为转化糖,比蔗糖甜。蜂蜜中含有大量的转化糖。

蔗糖主要供食用,在医药上用作矫味剂。加热后可用作着色剂。高浓度的蔗糖可抑制细菌的生长,可用作医药上的防腐剂和抗氧化剂。

(三)乳糖

存在哺乳动物乳汁中,因此而得名。乳糖的分子结构是由1分子葡萄糖和1分子半乳糖缩合形成。甜度约是蔗糖的1/6,乳糖为白色的结晶性颗粒或粉末;无臭,味微甜;乳糖在水中易溶,在乙醇、氯仿或乙醚中不溶。乳糖结构式如下。

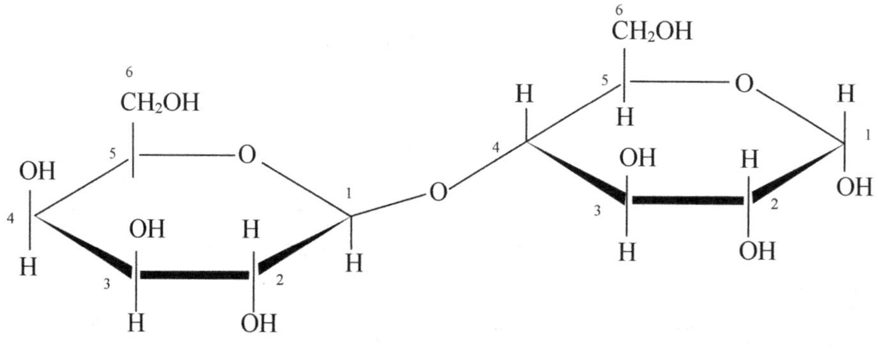

β-半乳糖部分　　　　　α-葡萄糖部分

工业中从乳清中提取,用于制造婴儿食品、糖果、人造牛奶等。医学上常用作矫味剂。

二、常见的多糖

多糖是由许多个单糖分子脱水缩合而成的高分子化合物,分子量很大,是天然的高分子化合物,分子通式用$(C_6H_{10}O_5)n$表示。广泛分布于自然界,是生物体的重要组成成分。常见的多糖有淀粉、糖原和纤维素等,在体内有重要的作用。如作为能量储存在生物体内,构成生物的骨架。还有糖的衍生物,在物质代谢中发挥重要作用。

多糖的性质与单糖和双糖差别较大,大多不溶于水,没有甜味,少数能与水形成胶体溶液,在酸或酶的作用下最终完全水解为单糖。

(一) 淀粉

主要存在于植物的果实、种子及块茎里,如大米含淀粉可达到80%。淀粉是人类最重要的食物之一。淀粉是由α-葡萄糖组成。根据结构不同,淀粉可分为直链淀粉和支链淀粉,天然淀粉中支链淀粉有70%~80%。如以小圆圈表示葡萄糖单元,直链淀粉和支链淀粉的结构如图13-1,图13-2所示。

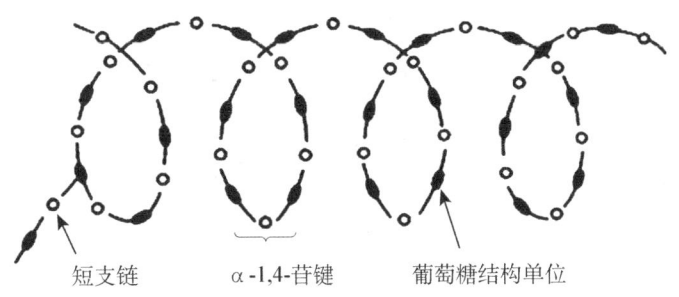

图13-1 直链淀粉结构

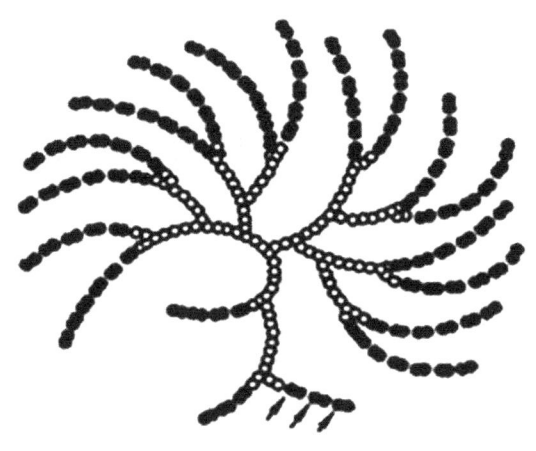

图13-2 支链淀粉结构

以上两种淀粉,进入人体后,先在唾液淀粉酶的作用下水解生成麦芽糖,然后麦芽糖在肠液麦芽糖酶的作用下最终水解为人类可以吸收的葡萄糖。淀粉的水解过程如下。

$$(C_6H_{10}O_5)_n \xrightarrow{水} (C_6H_{10}O_5)_m \xrightarrow{水} C_{12}H_{22}O_{11} \xrightarrow{水} C_6H_{12}O_6 \quad (n>m)$$
淀粉　　　　　　糊精　　　　　麦芽糖　　　葡萄糖

淀粉为白色、无臭、无味的粉状物质,与碘试液显蓝色或蓝紫色,反应很灵敏,常用来检验淀粉或碘的存在。

(二) 糖原

糖原是人和动物体内葡萄糖的储存形式。糖原主要存在于肝和肌肉中,因此,有肝糖原和肌糖原之分。

糖原的组成单位也是α-葡萄糖,结构与支链淀粉相似,但支链更多,更稠密,相对分子质量更大，各支链点之间的间隔大约5个或6个葡萄糖单元。其结构如图13-3所示。

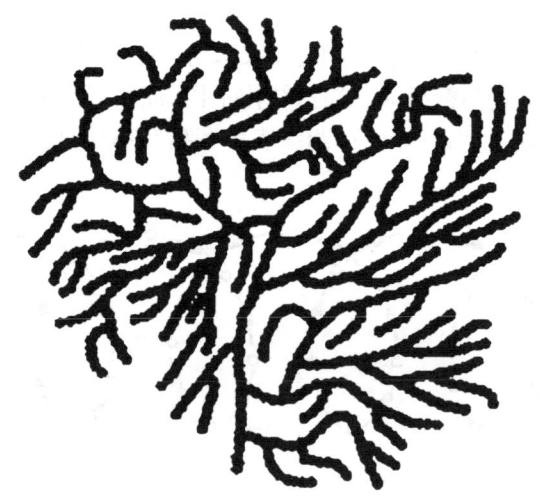

图13-3　糖原结构

糖原是无定型粉末，不溶于冷水，溶于热水成透明胶体溶液，与碘反应显红棕色。糖原水解的最终产物是α-葡萄糖。

糖原对维持人体血糖浓度的相对恒定有重要的调节作用。当饱食后，血糖浓度升高，肝、肌能把多余的葡萄糖合成糖原储存起来；当饥饿时，血糖浓度降低，储存的肝糖原即可分解为葡萄糖进入血液，维持血糖浓度正常，保证大脑等重要器官的能量供应。

（三）纤维素

纤维素是自然界中分布最广、含量最多的一种多糖，是植物细胞壁的主要成分。木材中含纤维素50%～70%，棉花的纤维素含量在90%以上。

纤维素的组成单位是β-葡萄糖，相对分子量很大，每个分子中至少含有1500个葡萄糖单位，结构与直链淀粉相似（图13-4）。

图13-4　纤维素结构

> 重点提示
>
> 纤维素呈白色，韧性强，一般不溶于水及有机溶剂。牛、羊、马等食草动物的体内能分泌纤维素水解酶，它能将纤维素水解成葡萄糖，所以纤维素可作为食草动物的饲料。人体内没有纤维素水解酶，因此纤维素不能被人体消化，但纤维素却具有吸附大量水分，促进肠蠕动，防止便秘，使致癌物质在肠道内的停留时间缩短，减少对肠道的不良刺激，此外还能降低胆固醇，预防和治疗糖尿病。因此，称它为第七种营养素。

讨论与思考

1. 糖是否都甜？甜的是否都是糖？
2. 如何用化学方法鉴别葡萄糖、蔗糖、淀粉？
3. 把糖称为碳水化合物是否正确？为什么？

习　题

一、填空题

1. 根据水解情况,糖类可分为_____、_____和_____。
2. 血液中的_____称为血糖,正常人的血糖值为_____。
3. 淀粉的组成单位是_____,糖原彻底水解的产物是_____,纤维素的组成单位是_____。
4. 蔗糖的水解产物是_____,麦芽糖的水解产物是_____,乳糖的水解产物是_____。

二、选择题

1. 下列各个选项中,属于动植物细胞共有的糖类是(　　)
   A. 葡萄糖、核糖、脱氧核糖　　B. 葡萄糖、淀粉、果糖
   C. 淀粉、脱氧核糖、乳糖　　　D. 麦芽糖、果糖、乳糖
2. 下列糖中最甜的是(　　)
   A. 乳糖　　　B. 葡萄糖　　　C. 麦芽糖　　　D. 果糖
3. 临床上检验尿糖常用(　　)
   A. 土伦试剂　B. 莫利希试剂　C. 班氏试剂　　D. 希夫试剂
4. 没有还原性的糖是(　　)
   A. 葡萄糖　　B. 蔗糖　　　　C. 麦芽糖　　　D. 果糖
5. 在人体的肝和骨骼肌中含量较多的糖是(　　)
   A. 乳糖　　　B. 淀粉　　　　C. 麦芽糖　　　D. 糖原
6. 糖原经过酶的催化作用,最后水解成(　　)
   A. 麦芽糖　　B. 乳糖　　　　C. 葡萄糖　　　D. CO_2 和 H_2O
7. 下列糖中具有还原性的是(　　)
   A. 蔗糖　　　B. 果糖　　　　C. 淀粉　　　　D. 纤维素
8. 糖原和淀粉完全水解后的产物分别是(　　)
   A. 葡萄糖、葡萄糖　B. 葡萄糖　果糖　C. 核糖、葡萄糖　D. 乳糖、果糖
9. 植物细胞和动物细胞中储藏能量的物质依此是(　　)
   A. 纤维素和糖原　B. 麦芽糖和乳糖　C. 淀粉和糖原　D. 葡萄糖和纤维素
10. 下列糖中,人体消化酶不能消化的是(　　)
    A. 糖原　　　B. 蔗糖　　　　C. 淀粉　　　　D. 纤维素

答案：
一、填空题
1. 单糖　寡糖　多糖

2. 葡萄糖　3.9~6.1mmol/L

3. α-葡萄糖　α-葡萄糖　β-葡萄糖

4. 葡萄糖和果糖　葡萄糖　葡萄糖和半乳糖

二、选择题

1. A　2. D　3. C　4. B　5. D　6. C　7. B　8. A　9. C　10. D

(张宗霞)

第 14 章

氨基酸和蛋白质

学习要点
1. 氨基酸和蛋白质的性质
2. 氨基酸和蛋白质的结构和组成
3. 成肽反应和蛋白质的颜色反应

蛋白质是一类复杂的高分子化合物,相对分子质量一般在1万~10万,有的甚至更高。它广泛存在于生物体内,是一切细胞的重要组成部分、生命的重要物质基础。蛋白质是人体及体内一切细胞的基本构成物质,生命的重要物质基础。我们身上的肌肉、内脏、皮肤、毛发、大脑、血液、骨骼的主要成分都是蛋白质。如皮肤受伤,伤口愈合需要大量的蛋白质。一切蛋白质水解的最终产物都有 α-氨基酸,即 α-氨基酸是构成蛋白质的结构单元。

第一节 氨 基 酸

一、氨基酸的结构、分类和命名

(一) 结构

分子中既含有氨基又含有羧基的双官能团化合物称为氨基酸。构成蛋白质的 α-氨基酸可以用下列通式表示。

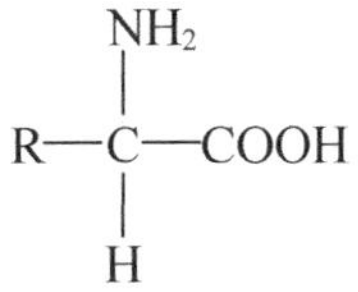

$$R-\underset{\underset{H}{|}}{\overset{\overset{NH_2}{|}}{C}}-COOH$$

(二) 氨基酸的分类

根据氨基酸和羧基的相对位置,分为 α-氨基酸、β-氨基酸、γ-氨基酸等。因组成人体蛋白质的氨基酸都是 α-氨基酸,故本节讨论 α-氨基酸。

根据化学结构,α-氨基酸可分为脂肪族氨基酸、芳香族氨基酸和杂环氨基酸3大类。

根据 α-氨基酸分子中所含氨基和羧基的相对数目,可将 α-氨基酸分为:中性氨基酸,其分子中氨基和羧基的数目相等;酸性氨基酸:指分子的羧基比氨基数目多;碱性氨基酸:分子中氨基比羧基的数目多。

(三) 氨基酸的命名

α-氨基酸的系统命名法以羧酸为母体,称为 α-氨基酸某酸。但通常根据氨基酸的来源和特性采用俗名,如天门冬氨酸因从天门冬植物中发现而得名;甘氨酸则具有甜味而得名。一些重要的 α-氨基酸的分类、名称、结构式、英文代号、字母代号等见表 14-1。

表 14-1 构成蛋白质的 α-氨基酸某酸

俗名(系统命名)	结构式	英文及简写	等电点(pI)
	中性氨基酸		
甘氨酸(氨基乙酸)	H_2N-CH_2COOH	Gly(G)	5.97
丙氨酸(α-氨基-丙酸)	$CH_3CH(NH_2)COOH$	Ala(A)	6.00
丝氨酸(α-氨基-β-羟基丙酸)	$HO-CH_2CH(NH_2)COOH$	Ser(S)	5.68
*缬氨酸(α-氨基-β-甲基丁酸)	$(CH_3)_2CHCH(NH_2)COOH$	Val(V)	5.96
苏氨酸(α-氨基-β-羟基丁酸)	$CH_3CH(OH)CH(NH_2)COOH$	Thr(T)	6.53
亮氨酸(α-氨基-γ-甲基戊酸)	$(CH_3)_2CHCH_2CH(NH_2)COOH$	Leu(L)	6.02
*异亮氨酸(α-氨基-β-甲基戊酸)	$CH_3CH_2CH(CH_3)CH(NH_2)COOH$	Ile(I)	5.98
半胱氨酸(α-氨基-β-巯基丙酸)	$CH_2(SH)CH(NH_2)COOH$	Cys(C)	5.05
*蛋氨酸(α-氨基-γ-甲硫基丁酸)	$CH_3SCH_2CH_2CH(NH_2)COOH$	Met(M)	5.74
*苯丙氨酸(α-氨基-β-苯基丙酸)	C₆H₅—$CH_2CH(NH_2)COOH$	Phe(F)	6.30
酪氨酸(α-氨基-β-对羟苯基丙酸)	$HO-$C₆H₄$-CH_2CH(NH_2)COOH$	Tyr(Y)	5.66
脯氨酸(α-羧基-四氢吡咯)	吡咯烷-COOH	Pro(P)	6.30
*色氨酸(β-3-吲哚-α-氨基丙酸)	吲哚-$CH_2CH(NH_2)COOH$	Try(W)	5.89
	酸性氨基酸		
天门冬氨酸(α-氨基丁二酸)	$HOOCCH_2CH(NH_2)COOH$	Asp(D)	2.77
谷氨酸(α-氨基戊二酸)	$HOOCCH_2CH_2CH(NH_2)COOH$	Glu(E)	3.22
	碱性氨基酸		
精氨酸(α-氨基-δ-胍基戊酸)	$NH_2-C(=NH)-NHCH_2CH_2CH_2CH(NH_2)COOH$	Arg(R)	10.76
*赖氨酸(α,ε-二氨基己酸)	$H_2NCH_2CH_2CH_2CH_2CH(NH_2)COOH$	Lys(K)	9.74
组氨酸(α-氨基-β-咪唑-丙酸)	咪唑-$CH_2CH(NH_2)COOH$	His(H)	7.59

标有"*"为营养必需氨基酸

(四)营养必需氨基酸医学功能

1. **亮氨酸功能** 促进睡眠,减低对疼痛的敏感,缓解偏头痛,缓和焦躁及紧张情绪,减轻因酒精而引起人体中化学反应失调的症状,并有助于控制酒精中毒。常见食物有:牛奶、鱼类、香蕉、花生及所有含丰富蛋白质的食物。

2. **赖氨酸功能** 可减低或防止单纯性疱疹感染(热病疱疹和口唇疱疹)的发生,能使注意力高度集中,使制造能量的脂肪酸可被正常利用,有助于消除某些不孕症。常见食物有:鱼肉、豆类制品、脱脂牛奶、杏仁、花生、南瓜子和芝麻。

3. **苯丙氨酸功能** 低饥饿感,提高性欲,改善记忆力及提高思维的敏捷度,消除抑郁情绪。常见食物有:面包、豆类制品、脱脂牛奶、杏仁、花生、南瓜子和芝麻。

4. **亮氨酸、缬氨酸功能** 血红蛋白形成必需,调节糖和能量的水平,帮助提高体能,帮助修复肌肉组织,加快创伤愈合,治疗肝功能衰竭,提高血糖水平,增加生长激素的产生。常见食物有:鸡蛋、大豆、黑麦、全麦、糙米、鱼类与奶制品。

5. **苏氨酸功能** 是协助蛋白质被人体吸收,利用所不可缺少的氨基酸,防止肝中脂肪的累积,促进抗体的产生,增强免疫系统。常见食物有:肉类等。

6. **蛋氨酸功能** 帮助分解脂肪,能预防脂肪肝、心血管疾病和肾脏疾病的发生,有害物质如铅等重金属除去,防止肌肉软弱无力,治疗风湿热和怀孕时的毒血症,一种有利的抗氧化剂。常见食物有:大豆、其他豆类、鱼类、大蒜、肉类、洋葱和酸奶。

7. **色氨酸功能** 有助于减轻焦躁不安感,促进睡眠,可控制酒精中毒。常见食物有:糙米、肉类、花生米、大豆蛋白。

构成蛋白质的 α-氨基酸有 21 种,其中大多数 α-氨基酸在人体内能自身合成,称为非必需氨基酸;只有 8 种在人体不能合成,必须通过食物摄取,称为必需氨基酸(表 14-1 中带 * 者)。

二、氨基酸的性质

(一)氨基酸的物理性质

氨基酸均为无色晶体,大多数都能溶于水,难溶于酒精和乙醚中,有的氨基酸具有甜味,也有的无味或苦味。谷氨酸的钠盐则具有鲜味。氨基酸的熔点都较高,加热到熔点时,易分解放出二氧化碳。

(二)氨基酸的主要化学性质

由于氨基酸中既有羧基又存在氨基,两种官能团相互影响,因此,不仅有两种官能团的性质,同时也具有一些特殊性质。

1. **两性电离和等电点** 氨基酸分子中含有酸性的羧基和碱性的氨基,是两性化合物,既能与酸作用又能与碱作用生成盐。

α-氨基酸溶于水时,能发生两性电离。酸式电离产生氢离子,使 α-氨基酸成为带负电荷的阴离子,而氨基结合水中的氢离子,发生碱式电离,使 α-氨基酸成为带正电荷的阳离子。

在同一个氨基酸分子中,氨基也能接受羧基上电离出的氢离子,使分子成为带有正电荷和负电荷的两性离子即分子内盐。此时溶液的 pH 称为该氨基酸的等电点,用 pI 表示。氨基酸在溶液中存在的形式与 pH 的变化可用下式来表示。

$$\text{R-CH(NH}_2\text{)-COO}^- \underset{OH^-}{\overset{H^+}{\rightleftharpoons}} \text{R-CH(NH}_3^+\text{)-COO}^- \underset{OH^-}{\overset{H^+}{\rightleftharpoons}} \text{R-CH(NH}_3^+\text{)-COOH}$$

阴离子 　　　　两性离子 　　　　阳离子
溶液 pH>7 　　　溶液 pH=pI 　　　溶液 pH<7

在等电点时,氨基酸的溶解度最小,容易从溶液中析出结晶,因而可以用调节等电点的方法从混合物中分离某些氨基酸。

当溶液 pH>pI 时,抑制氨基酸的碱式电离,则酸式电离为主,结果氨基酸带负电荷。此时,若在溶液中通直流电,则氨基酸向电源正极移动。当溶液 pH<pI 时,抑制氨基酸的酸式电离,结果氨基酸带正电荷,在电场作用下,向电源的负极移动。

由于各种氨基酸的化学组成不同,因此它们的等电点不同(见表 14-1)。中性氨基酸的等电点一般在 4.8~6.5,酸性氨基酸为 2.8~3.2,碱性氨基酸为 7.6~11。

2. 成肽反应 两个氨基酸分子在酸或碱的作用下,受热脱水生成二肽。例如:

$$\text{H}_2\text{NCH(R)-CO-[OH+H]-NH-CH(R)-CO-OH} \xrightarrow[\Delta]{H^+ \text{或} OH^-} \text{H}_2\text{N-CH(R)-CO-NH-CH(R)-COOH} + \text{H}_2\text{O}$$

二肽分子中的酰胺键 $-\overset{O}{\underset{\parallel}{C}}-\overset{H}{\underset{|}{N}}-$ 称为肽键。二肽分子中两端自由的氨基和羧基还可以继续与其他 α-氨基酸缩合成三肽、四肽、五肽……不同的氨基酸分子通过多个肽键连接起来,形成多肽。其通式为:

$$\text{H}_2\text{N-CH(R}_1\text{)-CO-NH-CH(R}_2\text{)-CO-NH-CH(R}_3\text{)-CO} \cdots\cdots \text{NH-CH(R}_n\text{)-COOH}$$

因此,肽可看作由 2 个或 2 个以上的氨基酸分子脱水后以肽键连结的化合物。肽分子保留游离氨基的部分称 N—端,保留游离羧基的部分为 C—端。书写肽的结构式,把 N—端写在左边,把 C—端写在右边。多肽的命名是以 C—端氨基酸为母体,称某氨酸,其他氨基酸残基从 N—端开始,依次称某氨酸,放在母体的前面,称"某氨酰某氨酸",例:甘氨酰丙氨酸。

> **重点提示**
>
> 氨基酸是蛋白质组成的基本单位,氨基酸既有氨基又有羧基,氨基酸能表现出两性和两性电离及成肽反应。

第二节 蛋 白 质

一、蛋白质的组成和结构

蛋白质是由许多 α-氨基酸通过肽键而连接而成的高分子化合物,也是多肽,通常把相对分子质量低于 10 000 的称为多肽,高于 10 000 的视为蛋白质。

蛋白质是组成细胞原生质最重要的物质。如果人不从外部供给蛋白质,生命就无法维持。当患者不能经口从食物中摄取蛋白质或摄取量不足的情况下,就不得不采用胃肠道外途径来补给蛋白质氮源,以维持人体必要的营养成分。所以说,蛋白质是生命的物质基础。

(一) 蛋白质的组成

蛋白质主要由 C、H、O、N、S 等元素组成,有些蛋白质中还含有 P、Fe、I、Mn、Zn 等元素,天然蛋白质各种元素含量为

C:50%~55%   H:6.0%~7.3%
O:19%~24%   N:13%~19%   S:0~4%

经实验发现:大多数蛋白质的含氮量近似为 16%,即任何生物样品中,每克氮相当于 6.25g 蛋白质。6.25 称为蛋白质系数。只要测出生物样品的含氮量,就可以计算出其中蛋白质的大致含量。

(二) 蛋白质的结构

蛋白质的结构非常复杂,分为一级、二级、三级、四级结构。

1. 一级结构　由各种不同的 α-氨基酸按一定的排列顺序,通过肽键相互结合而构成的多肽链,是蛋白质的基本结构,称一级结构。即蛋白质的一级结构就是蛋白质分子中各种氨基酸的连接方式和排列顺序。

2. 二级结构　多肽键由于氢键的引力而卷曲盘旋成螺旋状的结构,叫作蛋白质的二级结构。

螺旋状的多肽分子内作用力(如二硫键、酯键、氢键、疏水键等)的作用,使 α-螺旋本身再进一步卷曲折叠而成特殊的层状、球状和纤维状等复杂的立体结构,叫作蛋白质的三级结构。2 条或 2 条以上具有三级结构的肽链,通过氢键、疏水键、静电引力等缔合而成的特殊结构视为蛋白质的四级结构(图 14-1 和图 14-2)。

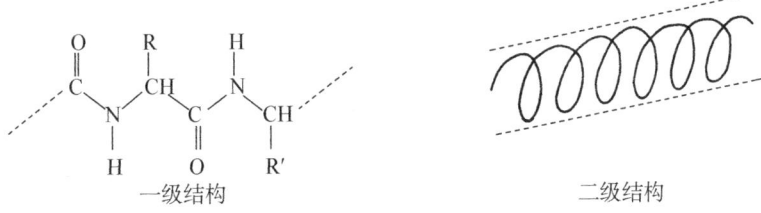

一级结构　　　　　　　　二级结构

图 14-1　蛋白质的一级结构和二级结构

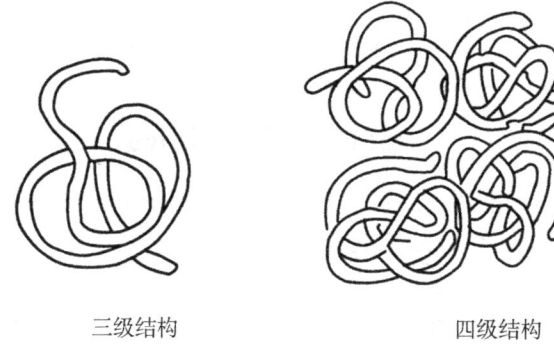

图 14-2 蛋白质的三级结构和四级结构

二、蛋白质的性质

由于蛋白质是 α-氨基酸通过肽键连结形成的高分子化合物,所以蛋白质的理化性质有一部分与氨基酸相同,如两性电离;一部分与氨基酸不同,如胶体性质(电泳)、盐析、变性和水解等。

蛋白质有与 α-氨基酸相似的性质,又具有高分子化合物的特性。

(一)两性电离和等电点

蛋白质与 α-氨基酸一样,可以发生两性电离,形成两性离子。它在酸性环境中得到 H^+ 成为正离子,在碱性环境中失去 H^+ 成为负离子。若调节溶液的 pH,使蛋白质分子成为两性离子,其分子净电荷电为零,在电场作用下,既不向正极移动,也不向负极移动,此时溶液的 pH 称为该种蛋白质的等电点,以 pI 表示。不同的蛋白质有不同的等电点,表 14-2 列出了一些常见蛋白质的等电点。多数蛋白质的等电点接近于 5.0,由于人体体液的 pH 约为 7.4,所以体内蛋白质大多为负离子,并与 K^+、Na^+、Ca^{2+}、Mg^{2+} 等正离子结合成盐,称为蛋白质盐。它与蛋白质可组成缓冲对,在人体内起着重要的缓冲作用。

表 14-2 一些常见蛋白质的等电点(pI)

蛋白质	来源	等电点	蛋白质	来源	等电点
乳清蛋白	牛乳	5.12	胰蛋白酶	胰液	5
酪蛋白	牛乳	4.6	胃蛋白酶	猪胃	2.75~3
卵清蛋白	鸡蛋	4.84~4.9	丝蛋白	蚕丝	2~2.4
血清蛋白	马血	4.88	核糖核酸酶		9.5
肌球蛋白	肌肉	7	溶菌酶		11

(二)胶体性质——电泳现象

蛋白质是高分子化合物,其分子颗粒大小在胶体粒子范围(1~100nm)内,因此蛋白质溶液具有胶体溶液的性质。例如不能通过半透膜,能在电场中发生电泳等。同时,蛋白质溶液作为一种高分子化合物溶液,还有自己的特性,如稳定性大、扩散慢、黏度大、对溶胶有保护作用等。蛋白质溶液非常稳定,是因为蛋白质分子表面有许多亲水基团,如—COOH,—NH$_2$,—CO—,—OH,=NH 等。这些亲水基团强烈地吸引水分子,在蛋白质粒子外面形成一层较厚的水化膜,避免了蛋白质粒子因碰撞而聚集,发生沉淀;另一个原因是蛋白质在 pH 为非等电点的溶液中,带有相同的电荷,互相排斥,阻止了蛋白质粒子的凝聚。

(三)盐析

在蛋白质溶液中加入一定量的电解质(如硫酸钠、硫酸铵等),蛋白质便沉淀析出,这种现象称为蛋白质的盐析。其原因是加入电解质,能中和蛋白质颗粒所带的电荷,同时盐能破坏蛋白质颗粒表面的水化膜,从而使其凝聚。蛋白质的盐析是一个可逆过程,在一定条件下,盐析出来的蛋白质,仍然能够溶于水,并能恢复原来的生理活性。

使不同的蛋白质发生盐析所需要盐的浓度不同。例如,球蛋白在半饱和硫酸铵溶液中即可析出,而白蛋白却要在饱和硫酸铵溶液中才能析出。因此,可以用逐渐增大盐溶液浓度的方法,使不同的蛋白质从溶液中析出,从而得以分离。这种操作方法称为分段盐析。在临床检验上,利用分段盐析可以测定血清白蛋白和球蛋白的含量,借以帮助诊断某些疾病。

(四)变性

蛋白质在某些物理或化学因素(如加热、高压、超声波、紫外线,X 射线、强酸、强碱、重金属盐、乙醇等)的影响下,分子内部结构发生改变,使其理化性质和生物活性也随之改变,这种现象叫作蛋白质的变性。例如,煮鸡蛋、用酒精杀菌、有机体不能耐高温、重金属盐会使有机体中毒等,都属于蛋白质变性。

变性后的蛋白质溶解度减小,容易凝固沉淀,不能重新溶解于水;具有生物活性的蛋白质变性后会失去原有的活性,因此,蛋白质的变性是不可逆的。此外,蛋白质变性后容易被蛋白酶水解,因而含有蛋白质的食物煮熟后,更易被消化。

蛋白质的变性原理已广泛地应用于医学实践中。如用酒精、高温、紫外线照射等进行消毒灭菌;用热凝法检查尿蛋白;用放射性核素治疗癌症等。在制备和保存激素、疫苗、酶类、血清等制剂时,应避免其变性,以防止其失去生物活性。

(五)蛋白质的水解

蛋白质在酸、碱的水溶液中加热或在酶的催化下,能水解为分子量较小的化合物。其水解过程如下。

$$蛋白质 \longrightarrow 多肽 \longrightarrow 二肽 \longrightarrow \alpha\text{-氨基酸}$$

(六)颜色反应

蛋白质分子中的肽链和氨基酸残基能与某些试剂发生作用,生成有颜色的化合物。利用蛋白质的这一性质,可对蛋白质进行定性鉴定和定量测定。

1. 缩二脲反应　蛋白质在强碱性溶液中与硫酸铜溶液作用,呈现紫色或紫红色,并且蛋白质的含量越多,产生的颜色也越深。医学上利用这个反应来测定血清蛋白质的总量及其中白蛋白和球蛋白的含量。

2. 黄蛋白反应　蛋白质分子组成中含有带苯环的氨基酸残基时,与浓硝酸作用呈黄色,再加碱则变为橙色。皮肤上沾有浓硝酸时会变黄,也就是这个原因。

> **重点提示**
>
> 蛋白质是生命的物质基础,蛋白质的主要组成元素:C、H、O、N,蛋白质有基本结构和空间结构,蛋白质的主要化学性质:两性电离和等电点、蛋白质的盐析、蛋白质的变性、蛋白质的水解反应、蛋白质的显色反应。

讨论与思考

1. 氨基酸为什么既能与酸反应又能与碱反应?
2. 为什么可灌服大量的牛奶、豆浆和生鸡蛋清来作为抢救重金属盐中毒的病人?

习　题

一、选择题

1. 人体必需氨基酸有(　　)
   A. 6种　　　　B. 7种　　　　C. 8种　　　　D. 21种
2. 欲使蛋白质沉淀且不变性,宜选用(　　)
   A. 重金属盐　　B. 浓硫酸　　　C. 硫酸铵　　　D. 酒精
3. 将亮氨酸(pI=6.0)溶于水中,使溶液呈酸性(pH<5),则下列粒子中存在最多的是(　　)
   A. 中性分子　　B. 阳离子　　　C. 阴离子　　　D. 两性离子
4. 血液中的蛋白质大多数的等电点在5左右,则蛋白质在血液中主要以什么形式存在(　　)
   A. 阳离子　　　B. 阴离子　　　C. 两性离子　　D. 中性分子
5. 临床上检验患者尿中蛋白质,利用蛋白质受热凝固的性质,这是属于(　　)
   A. 水解反应　　B. 显色反应　　C. 变性　　　　D. 盐析
6. 下列物质中不含蛋白质的是(　　)
   A. 明胶　　　　B. 牛奶　　　　C. 豆浆　　　　D. 酪氨酸
7. 蛋白质中主要存在的化学键是(　　)
   A. 肽键　　　　B. 氢键　　　　C. 酯键　　　　D. 二硫键
8. 重金属盐使人中毒,是由于(　　)
   A. 使蛋白质变性　B. 发生了盐析　C. 发生了氧化反应　D. 生成了配合物

二、简答题

1. 为什么 $\varphi B=0.75$ 的酒精的消毒作用比 $\varphi B=0.95$ 的酒精强?
2. 硫酸铜溶液为什么可以用作杀虫剂?误服升汞($HgCl_2$,能溶于水)的人,为什么有生命危险?
3. 为什么"煮沸法"可消毒医疗器械?
4. 为什么可灌服大量的牛奶、豆浆和生鸡蛋清来作为抢救重金属盐中毒的病人?

答案：
一、选择题
1. C   2. C   3. B   4. B   5. C   6. D   7. A   8. A
二、简答题　略

（吴晓辉　张　勇）

实验部分

一、化学实验室规则

（一）实验规则

（1）课前认真预习，理解实验目的、步骤、操作要领及注意事项。

（2）准时进入实验室，按规定就座，安静守纪，未经许可不乱动实验台上物品和仪器。

（3）实验开始先检查仪器药品，如有缺损及时报告老师，未经老师同意不得任意动用备用仪器及备用药品。

（4）实验中要严格遵守操用规程，不得将其他药物（包括生病用药）私自带入实验中；必须按规定用量取用药品，特别是危险药品的使用步骤、方法、用量更应谨慎小心。

（5）实验完毕后谨慎处理易腐蚀、易燃、易爆及有毒物质。废液和废物要分别放入废液桶和废物瓶里，下课时再将废液集中倒入指定的大废液桶内。实验完毕后做好整理工作，洗净仪器，整理好桌凳，经老师同意方可离开。

（6）以原始记录为依据，认真书写实验报告，按时交给指导教师。

（二）安全规则

（1）凡进行有危险性的实验，工作人员应先检查防护措施，确证防护妥当后，才可进行实验。实验中不得擅自离开，实验完成后立即做好善后清理工作，以防事故发生。

（2）加强个人防护意识，取样时戴好劳动保护用品并及时更换，凡有害或有刺激性易挥发气体应在通风柜内进行。腐蚀和刺激性药品，如强酸、碱、冰醋酸等，取用时尽可能戴上橡皮手套和防护眼镜，倾倒时，切勿直对容器口俯视，吸取时，应使用吸耳球。禁用裸手直接拿取上述物品。

（3）不使用无标签（或标志）容器盛放的试剂、试样。

（4）实验中产生的废液、废物应集中处理，不得任意排放；酸、碱或有毒物品溅落时，应及时清理及除毒。

（5）一旦发生失火事故，首先应撤除一切火源，关闭电闸，然后用沙子或干粉灭火器灭火。及时向主管领导汇报情况。

（6）实验结束，必须洗手后方可进食，不准把食物、食具带进实验室。人员离室前要检查水、电、燃气和门窗，确保安全。

（三）意外事故处理

1. **玻璃割伤**　先取出伤口内的异物，然后在伤口处抹上红药水，必要时撒上消炎粉或敷些消炎膏,并用绷带包扎。若伤口过大,应立即到医院医治。

2. 烫伤　可用稀 $KMnO_4$ 或苦味酸溶液冲洗灼伤处,再涂上黄色的苦味酸溶液、烫伤膏或红花油,切勿用水冲洗。

3. 强酸致伤　立即用大量水冲洗,然后用 5% $NaHCO_3$ 溶液洗,或用稀氨水冲洗,最后用水冲洗。

4. 强碱致伤　先用大量水冲洗,再用 2%醋酸溶液冲洗,最后用水冲洗。如果溅入眼内,则先用 2%硼酸溶液洗,再用水冲洗。

5. 起火　实验室失火后,要立即组织灭火,同时尽快移开可燃物,切断电源,以防火势扩大。灭火的方法可根据情况而定,一般小火用湿布、石棉布或沙覆盖燃烧物即可,火势大时可用泡沫或干粉灭火器灭火。但要注意电器设备所引起的火灾,不能用泡沫灭火器,以免触电。可先切断电源,再用二氧化碳或四氯化碳灭火器灭火。若衣服着火时,应立即用石棉布或厚外衣盖熄,火势较大时,应卧地打滚。

二、常用化学仪器的使用及注意事项

见实验表1。

实验表1　常用化学仪器的使用及注意事项

名称	用途与注意事项
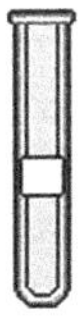 试管	主要用途:少量物质的反应器;收集少量气体;少量物质的溶解;可用作简易气体发生器;做洗气瓶 使用方法和注意事项:盛放液体不超过试管容积的1/2;如加热不超过1/3;加热前应将试管外擦干;加热后应放回试管架上;使用试管夹加热
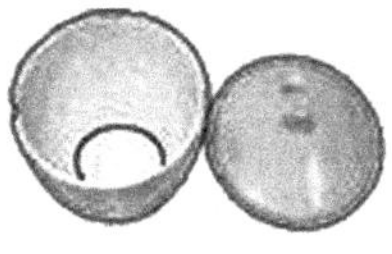 瓷坩埚	主要用途:高温灼烧固体物质 分类:瓷坩埚、铁坩埚、石英坩埚 使用方法和注意事项:灼烧时放在泥三角上;灼热的坩埚用坩埚钳夹取,避免骤冷;定量实验的冷却应在干燥器中进行
 蒸发皿	主要用途:蒸发液体或浓缩溶液或结晶,焙干物质 使用方法和注意事项:瓷质仪器,可直接加热,但不能骤冷,蒸发溶液时不可加得太满,液面应距边缘 1cm 以下(液体量不超过容积的2/3),近干时应停止加热(剩余溶液利用余热蒸发),使用时一般放于三脚架上
 燃烧匙	主要用途:少量固体燃烧反应器 使用方法和注意事项:做铁、铜等物质的燃烧实验时要铺细沙;用后处理附着物至干净

续表

名称	用途与注意事项
烧杯	主要用途:配制、浓缩、稀释溶液或较多试剂的反应容器;试管水浴加热;盛装液体;加热液体;盛放腐蚀性药品称量 使用方法和注意事项:加热应放在石棉网上,且外部擦干;溶解固体时要轻轻搅拌,玻璃棒不碰器壁;反应液体不超过容量的2/3;加热时液体不超过1/3;从烧杯中倾倒液体时,应从杯嘴向下倾倒;按照反应容量选用相应规格的烧杯(常用规格多为100ml、250ml、500ml、1000ml等)
平底烧瓶 圆底烧瓶	主要用途:用作较多试剂量反应的容器;煮沸或在加热情况下进行反应的容器 使用方法和注意事项:加热应放在石棉网上,且外部擦干;不适用于长时间加热,当瓶内液体过少时,加热容易使烧瓶破裂;液体不超过容量的2/3;应垫石棉网加热或通过其他水浴加热,且放陶瓷碎片;加热时用铁架台固定
蒸馏烧瓶	主要用途:液体蒸馏;制备气体的发生器 使用方法和注意事项:加热时垫石棉网;液体不超过容量的1/2;蒸馏时温度计水银球应在支管口处;用铁架台固定
锥形瓶	主要用途:反应器如中和滴定;盛放试剂;蒸馏时做接收器;可加热液体物质 使用方法和注意事项:放石棉网加热,液体不超过容量的1/2;滴定时液体不能太多,以便滴定时震荡
细口试剂瓶 广口试剂瓶	主要用途:广口试剂瓶盛放固体试剂,细口瓶盛放液体试剂 使用方法和注意事项:不能加热和作为反应容器;取试剂时瓶塞倒放,用后塞紧;瓶口内侧磨砂,不盛放碱性试剂,如盛放碱性试剂,须改用橡胶塞;盛放有机溶剂,要用玻璃塞,不用胶塞;不使用时应及时洗净并在磨口塞与瓶颈之间垫上纸条
滴瓶 滴管	主要用途:盛放少量液体试剂,吸取或滴加少量液体 使用方法和注意事项:棕色瓶盛放见光易分解物质;滴液时,滴管不能吸得过满;滴管不能深入容器内,不能横放或倒放;滴管专用!不得与其他试剂滴管混用

续表

名称	用途与注意事项
 容量瓶	主要用途:用于精确配制一定体积和一定物质的量浓度的溶液 使用方法和注意事项:不得做反应器,不得加热,瓶塞不互换;用前检漏,不储存试剂,不直接溶解物质;使用时选合适的规格;使用的标准温度为20℃,在不同温度下使用应校正
 温度计	主要用途:用于温度测定 使用方法和注意事项:不允许超过它的最高量程;不能当搅拌棒使用;注意水银球位置
 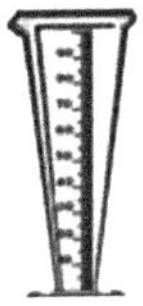 量筒 量杯	主要用途:粗略量取液体的体积 使用方法和注意事项:刻度由下而上,无"0"刻度;使用时选合适的规格;不可用作反应器,不得加热,不能直接配溶液;读数平视
 酒精灯	主要用途:常用热源 使用方法和注意事项:酒精量不超过容积的2/3,也不宜少于1/2;加热用外焰;用火柴点燃,不用酒精灯对火,不吹灯;禁止向燃着的酒精灯中加酒精;用后用灯帽盖灭
 漏斗	主要用途:过滤或向小口容器中转移液体;易溶气体尾气吸收 使用方法和注意事项:不得加热使用;过滤时,滤纸角对漏斗角;滤纸边缘低于漏斗边缘,液面低于滤纸边缘;杯靠棒,棒靠滤纸,漏斗颈尖端出口紧靠承接滤液的容器壁(一角、二低、三靠紧)
  球形分液漏斗 分液漏斗	主要用途:分离密度不同且互不相溶的液体;用于反应器的随时加液装置;用于萃取分离 使用方法和注意事项:检验是否漏液;分离液体时,下层液体由下口放出,上层液体由上口倒出;不宜长时间装碱性溶液;使用时盖塞上的凹槽和漏斗口上的小孔对齐(连通大气)

续表

名称	用途与注意事项
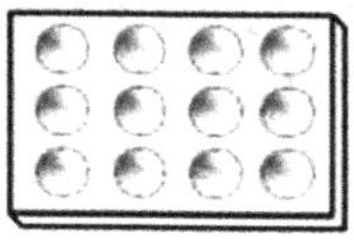 点滴板	主要用途:用于产生颜色和生成有色沉淀的点滴反应 使用方法和注意事项:有黑白两种点滴板,使用时注意选择;试剂常用量为1~2滴
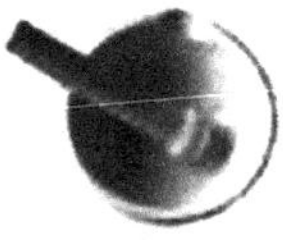 研钵	主要用途:研碎和混合固体物质 使用方法和注意事项:不能直接加热或作为反应容器;避免易爆物品的混合研磨;只能研磨、挤压,勿敲击;研磨的物质量不宜超过1/3

三、化学试剂规格

见实验表2。

实验表2　化学试剂规格

	保证试剂(G·R)	分析纯(A·R)	化学纯(C·P)	实验试剂(L·R)
全国统一化学试剂质量标准	一级品	二级品	三级品	四级品
标志	绿色标签	红色标签	蓝色标签	
用途	精密分析及科研院所	一般分析及科研	常规分析及教学研究	实验原料与辅助试剂

(张彩霞)

实验一　化学实验基本操作

【实验目的】

1. 会进行试管、烧杯等玻璃仪器的洗涤和干燥。
2. 正确使用托盘天平和量筒等仪器。
3. 通过粗盐的提纯,较熟练地进行研磨、称量、溶解、搅拌、加热、过滤、蒸发等基本操作。

【实验用品】

试管、试管夹、试管刷、烧杯、漏斗及漏斗架、酒精灯、托盘天平及砝码、药匙、蒸发皿、研钵、玻璃棒、铁架台(附铁圈、铁夹)、石棉网、量筒、去污粉、食盐、蒸馏水。

【实验内容和步骤】

(一)玻璃仪器的洗涤和干燥

1. 洗涤 为了保证实验结果的准确,实验所用的玻璃仪器都应该洁净。根据实验要求、污物性质和污染程度选用适当洗涤方法。

(1)用水刷洗:一般的玻璃仪器可先用自来水冲洗,再用试管刷刷洗。刷洗时,将试管刷在器皿里转动或上下移动,然后再用自来水冲洗几次,最后用少量蒸馏水淋洗1~2次。此方法可洗去器皿上的可溶物,但往往不能除去油污和有机物质。

(2)用去污粉(或洗衣粉)洗:先把器皿用水润湿,用试管刷蘸少量去污粉刷洗,再依次用自来水、蒸馏水冲洗,此法适宜洗涤油污。

(3)用铬酸洗液洗:如果仪器污染严重,可用铬酸洗液洗涤。洗液有强烈的腐蚀性,使用时要注意安全,防止溅到皮肤或衣服上。

把洗涤过的仪器倒置,如果观察内壁附有一层均匀的水膜,证明已洗干净;如果挂有水珠,表明仍有残存油污,还要洗涤。

2. 干燥 干燥的方法有以下几种。

(1)晾干:不急等用的仪器可放置于干燥处,使其自然晾干。

(2)烘干:把仪器内的水倒干后放进电烘箱内烘干。

(3)烤干:急用的烧杯、蒸发皿可置于石棉网上用小火烤干。试管可直接烤干,但要从底部加热,试管口向下,以免水珠倒流炸裂试管。不断来回移动试管,不见水珠后,将试管口向上赶尽水气。

(4)吹干:带有刻度的计量仪器,不能用加热的方法进行干燥,而应在洗净的仪器中加入少量易挥发的有机溶剂(乙醇或乙醇与丙酮按体积比1:1的混合物),用电吹风吹干,如不急用可晾干。

(二)托盘天平的使用

托盘天平(实验图1)用于精密度不高的称量,能称准到0.1g。它附有一套砝码,放在砝码盒中。砝码的总重量等于天平的最大载重量。砝码须用镊子夹取。托盘天平使用步骤如下。

1. 调零点 在称量前,先检查天平的指针是否停在刻度盘上的中间位置,若不在中间,可调节天平下面的螺旋钮,使指针指在中间的零点。

2. 称量 左盘放物品,右盘放砝码。如果要称量一定质量的药品,则先在右盘加够砝码,在左盘加减药品,使天平平衡;如果称量某药品的质量,则先将药品放在左盘,在右盘加减砝码,使天平至平衡为止。有些托盘天平附有游码及刻度尺,称少量药品可用游码。游码标度尺上每一大格表示为1g。

称量时不可将药品直接放在天平盘上,可在两盘放等量的纸片或用已称过质量的小烧杯盛放药品。

称量后,把砝码放回砝码盒中,并将天平两盘重叠一起,以免天平摆动磨损刀口。

(三)量筒的使用

量筒(实验图2)是常用的有刻度的量器,用于较粗略地量取一定体积的液体。可根据需要选用不同容积的量筒,可准确到0.1ml。

实验图1 托盘天平

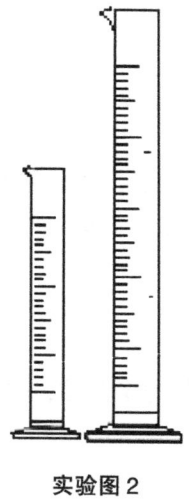

实验图 2

量取液体时,应使视线与量筒内液体凹液面低部处于同一水平,凹液面所切的刻度为所取溶液的体积。若视线偏高或偏低都会造成误差。量筒不得加热,也不可作反应容器。

(四)食盐的提纯

1. **研磨** 将约 10g 粗食盐放入研钵内,研成细粉。
2. **称量** 由托盘天平称取 5g 粗食盐。
3. **溶解** 把称好的粗食盐细粉置于小烧杯中,加蒸馏水约 20ml,搅拌使其溶解。为了加速溶解,可边搅拌边加热。
4. **过滤** 根据漏斗大小取滤纸一张。对折 2 次,第二次对折时使滤纸两边相交成 10°的交角。如系方形滤纸,可将折好的滤纸一角朝下放入漏斗中,不要展开,紧贴漏斗内壁沿漏斗边沿把滤纸外向压一弧形折痕,然后取出滤纸沿折痕稍下的地方剪去多余部分。如实验图 3 所示,展开滤纸使呈圆锥形,放在漏斗里用水润湿。

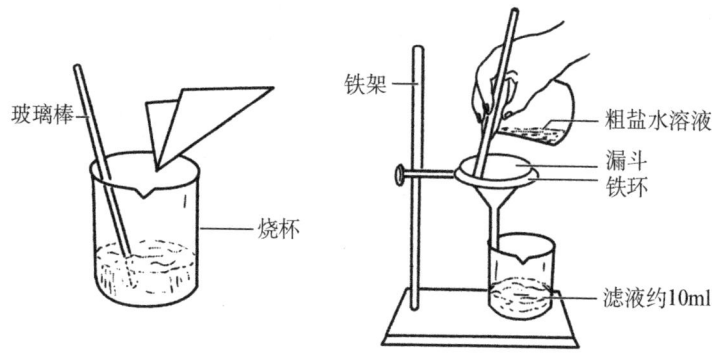

实验图 3

使其紧贴在漏斗内壁上并将漏斗固定在漏斗架或铁架台的铁圈上。另取一干净烧杯放在漏斗下面接收滤液。将粗盐溶液沿玻璃棒慢慢倾入漏斗内进行过滤。倾注液体时,玻璃棒下端应朝着滤纸的重叠层,先倾入上层清液,后倾入残渣,并使漏斗内的液面低于滤纸的边缘。

5. **蒸发** 将澄清的食盐滤液倾入干净的蒸发皿内,放在铁架台的铁环上,垫上石棉网,用酒精灯加热蒸发浓缩。当蒸发皿的底部出现食盐的结晶时,用玻璃棒不断地搅拌溶液,即将干涸再用漏斗将蒸发皿罩住,并继续加热,直到水完全蒸发。即得纯白色的精制食盐。冷却后将所得的精盐称量,如实验图 4 所示,并计算食盐的提纯率。

$$提纯率 = \frac{精盐的质量(g)}{粗盐的质量(g)} \times 100\%$$

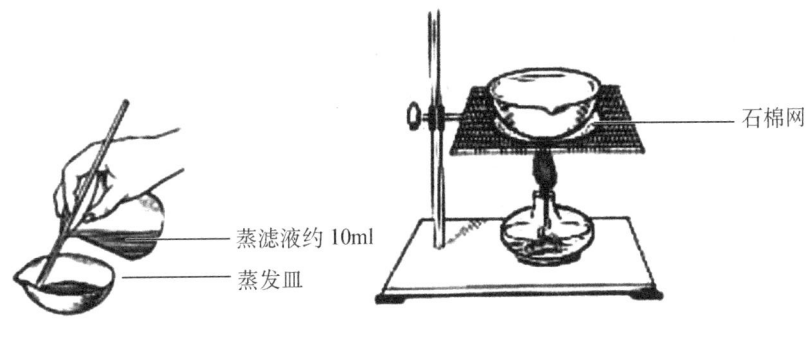

实验图 4

【思考题】
1. 玻璃仪器的洗涤方法有哪些？怎样说明仪器已洗涤干净？
2. 过滤操作应注意哪些问题？

（张彩霞）

实验二　溶液的配制与稀释

【实验目的】
1. 通过实验学会托盘天平、移液管、容量瓶和量筒的使用方法。
2. 通过实验掌握一定物质的量浓度、质量浓度的溶液配制的操作技能。
3. 掌握不同浓度溶液的稀释方法和操作技能。

【实验仪器和试剂】
烧杯、托盘天平、移液管（包括移液管和吸量管）、容量瓶、玻璃棒、洗耳球、量筒、滴管、角匙。

高锰酸钾、氯化钠、无水碳酸氢钠。1mol/L 的乳酸钠溶液、体积分数为 0.95 的药用酒精、浓盐酸。

【实验内容及方法】
1. 复习托盘天平、量筒、容量瓶、移液管等常用仪器的使用方法，详细操作见常用仪器的使用。
2. 溶液的配制。
（1）质量浓度溶液的配制：配制 9g/L 生理盐水 100ml。
①计算：算出配制浓度为 9g/L 的 NaCl 溶液 100ml 所需 NaCl 的质量。
②称量：用托盘天平称量所需 NaCl 的质量，倒入 50ml 的小烧杯中。
③溶解：用量筒量取 20ml 的蒸馏水倒入烧杯中，用玻璃棒搅拌使 NaCl 完全溶解。
④转移：将烧杯中的 NaCl 溶液沿玻璃棒转入到 100ml 的容量瓶中，再用少量的蒸馏水洗涤烧杯 2~3 次，洗液倒入容量瓶中。
⑤定容：继续往容量瓶中缓缓倒入蒸馏水至近刻度 1cm 处，改用滴管慢慢滴加蒸馏水至液凹面最低处与标线相切。最后盖好瓶塞将瓶倒置转动数次，使溶液混匀即得 100ml 9g/L 的

生理盐水。最后将溶液倒入指定的回收瓶中。

(2)物质的量浓度的配制:配制 100ml 0.1mol/L Na_2CO_3 溶液

①计算:算出配制浓度为 0.1mol/L 的 Na_2CO_3 溶液 100ml 所需 Na_2CO_3 的质量。

②称量:用托盘天平称量所需 Na_2CO_3 的质量,倒入 50ml 的小烧杯中。

③溶解:用量筒量取 30ml 的蒸馏水倒入烧杯中,用玻璃棒搅拌使 Na_2CO_3 完全溶解。

④转移:将烧杯中的 Na_2CO_3 溶液沿玻璃棒转入到 100ml 的容量瓶中,再用少量的蒸馏水洗涤烧杯 2~3 次,洗液倒入容量瓶中。

⑤定容:继续往容量瓶中缓缓倒入蒸馏水至近刻度 1cm 处,改用滴管慢慢滴加蒸馏水至液凹面最低处与标线相切。最后盖好瓶塞将瓶倒置转动数次,使溶液混匀即得 100ml、0.1mol/L 的 Na_2CO_3 溶液。最后将溶液倒入指定的回收瓶中。

(3)粗略配制一定质量分数的溶液:粗略配制用来外用杀菌消毒的 0.1% 高锰酸钾洗液 100ml。

用托盘天平称量 0.1g 的高锰酸钾晶体,倒入到 250ml 的烧杯中,用 100ml 的量筒量取 100ml 的蒸馏水(由于水的密度为 1g/ml,所以 100ml 的水的质量就是 100g)倒入烧杯中,用玻璃棒搅拌完全溶解、均匀即可。

3. 溶液的稀释。

(1)用 1mol/L 的乳酸钠溶液稀释成 1/6mol/L 的乳酸钠溶液 100ml。

①计算:算出配制 1/6mol/L 的乳酸钠溶液 100ml 需用 1mol/L 的乳酸钠溶液的体积。

②移取:用 10ml 的带刻度的移液管量取所需 1mol/L 的乳酸钠溶液的体积,放入 100ml 的容量瓶中。

③定容:往容量瓶中缓慢倒入蒸馏水至离刻线 1cm 处,改用滴管慢慢滴加蒸馏水至液凹面最低处与标线相切。最后盖好瓶塞,将瓶倒置转动数次,使溶液混匀即得 100ml 1/6mol/L 的乳酸钠溶液。最后倒入指定的回收瓶中,洗涤容量瓶。

(2)用体积分数为 0.95 的药用酒精配制体积分数为 0.75 的医用消毒酒精 95ml。

①计算:根据稀释公式,算出配制体积分数为 0.75 的医用消毒酒精 95ml,需要体积分数为 0.95 的药用酒精的体积。

②量取:用 100ml 的量筒量取所需体积分数为 0.95 的药用酒精的体积。

③定容:在量筒中加蒸馏水至接近 95ml 的刻度线,改用滴管滴加蒸馏水至 95ml,用玻璃棒搅拌均匀即可。最后倒入到指定的回收瓶中回收。

说明:因为医用消毒酒精是外用的,精确度要求不高,所以可以粗略地使用量筒配制。

(3)用浓盐酸(质量分数是 0.36,密度为 1.180kg/L)稀释成浓度为 0.2mol/L 稀盐酸 100ml。

①计算:计算配制浓度为 0.2mol/L 稀盐酸 100ml 所需浓盐酸(质量分数是 0.36,密度为 1.180kg/L)的体积。

②移取:用 5ml 带刻度的移液管吸取所需浓盐酸的体积,放入 100ml 的容量瓶中。

③定容:往容量瓶中缓慢倒入蒸馏水至离刻线 1cm 处,改用滴管慢慢滴加蒸馏水至液凹面最低处与标线相切。最后盖好瓶塞,将瓶倒置转动数次,使溶液混匀即得 100ml 0.2mol/L 的稀盐酸溶液。最后倒入指定的回收瓶中,洗涤容量瓶。

【思考题】
1. 使用托盘天平应注意什么？怎样调节托盘天平的零点？
2. 在用容量瓶配制溶液时，洗涤溶解溶质所用的烧杯时，应将洗液并入到容量瓶中，而容量瓶中配制好的溶液倒入试剂瓶后，洗容量瓶的洗液是否要并入到试剂瓶中，为什么？
3. 精确配制与粗略配制在仪器选择上有何不同？

(张彩霞)

实验三　烃的化学性质

【实验目的】
1. 比较饱和烃和不饱和烃的化学性质。
2. 比较苯和苯的同系物的化学性质。

【实验原理】
烷烃化学性质较稳定，很难被氧化，也不能发生加成反应。
不饱和烃的化学性质较活泼，很容易被氧化，也能发生加成反应。
苯和甲苯化学性质也较稳定。但甲苯存在侧链，由于苯环和侧链的相互影响，所以甲苯能被氧化。

【实验用品】
1. 仪器　试管及试管架、侧支试管、药匙、胶管、尖嘴玻璃管、橡皮塞、棉花、酒精灯、温度计、大烧杯、石棉网、小烧杯。
2. 药品　液状石蜡、松节油、苯、甲苯、溴水、0.5g/L 高锰酸钾溶液 3mol/L、硫酸、浓硫酸、浓硝酸、电石(碳化钙)。

【实验内容及方法】
1. 烷烃和烯烃的化学性质比较
(1) 与高锰酸钾溶液的反应：取一支试管，加入液状石蜡 1ml，再加入 0.5g/L 高锰酸钾溶液 1 滴，振荡试管，观察高锰酸钾溶液的褪色情况；另取一支试管，加入松节油 1ml，再加入 0.5g/L 高锰酸钾溶液 1 滴，振荡试管，观察高锰酸钾溶液的褪色情况。比较现象，说明原因。
(2) 与溴水的反应：取一支试管，加入液状石蜡 1ml，再加入溴水 1ml，振荡试管，静置分层，观察下层溴水的褪色情况；另取一支试管，加入松节油 1ml，再加入溴水 1ml，振荡试管，静置分层，观察下层溴水的褪色情况。比较现象，说明原因。

2. 乙炔的制备和性质
(1) 乙炔的制备：取一支侧支试管，在支管处套上胶管并在胶管末端套上尖嘴玻璃管，然后在侧支试管内投入 2 小块电石，再加入 3~4ml 水，立即把一团疏松的棉花从上端塞进支管以下，管口用橡皮塞住，生成的气体经支管导出。
(2) 乙炔的性质：将生成的气体通入事先准备好的盛有 1ml 高锰酸钾溶液的试管中，观察现象，说明原因。
将生成的气体通入事先准备好的盛有 1ml 溴水的试管中，观察现象，写出化学反应式。
在尖嘴玻璃管口点燃生成的气体，观察气体燃烧时的现象，写出化学反应式。

3. 苯和甲苯的化学性质比较

(1) 与高锰酸钾溶液的反应:取一支试管,加入苯 1ml,再加入 0.5g/L 高锰酸钾溶液 2 滴和 3mol/L 硫酸 5 滴,振荡试管,观察高锰酸钾溶液的褪色情况;另取一支试管,加入甲苯 1ml,再加入 0.5g/L 高锰酸钾溶液 2 滴和 3mol/L 硫酸 5 滴,振荡试管,观察高锰酸钾溶液的褪色情况。比较现象,说明原因。

(2) 与溴水的反应:取一支试管,加入苯 1ml,再加入溴水 1ml,振荡试管,观察溴水的褪色情况;另取一支试管,加入甲苯 1ml,再加入溴水 1ml,振荡试管,观察溴水的褪色情况。比较现象,说明原因。

4. 苯的硝化反应　在大试管中加入 1.5ml 浓硝酸,2ml 浓硫酸,摇匀,待混合液冷却后,逐滴加入 1ml 苯,振荡试管,混合均匀,然后将试管放入 60℃ 的水浴中加热,10min 后,把试管里的物质倒入盛有约 20ml 水的小烧杯中,观察生成物的颜色和状态,并闻气味,写出化学反应式。

【说明】

1. 液状石蜡　液状石蜡是 $C_{18} \sim C_{24}$ 的烷烃的混合物,此处作为烷烃的代表。

2. 松节油　松节油是一种从松脂中获得的香精油,学名蒎烯,结构式为

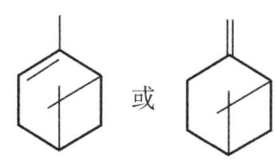

松节油的结构与环烯烃类似,所以把它作为烯烃的代表。

【思考题】

1. 烷烃在光照下可以与卤素发生取代反应,本实验中为什么还要用溴水来鉴别烷烃和烯烃?

2. 用什么试剂可以鉴别甲苯和松节油?

3. 用什么试剂可以鉴别苯和松节油?

(张彩霞)

实验四　醇和酚的性质

【实验目的】

1. 认识醇和酚的结构与化学性质的关系。
2. 掌握醇和酚的化学性质及其鉴别方法。

【实验用品】

1. 仪器　试管、大试管、酒精灯、火柴、小刀、镊子、铁架台、温度计、水浴锅、烧杯。
2. 材料　PH 试纸、滤纸。
3. 药品　金属钠、2.5mol/L 氢氧化钠溶液、1.5mol/L 硝酸、0.3mol/L 硫酸铜溶液、甘油、无水乙醇、酚酞指示剂、正丁醇、卢卡斯试剂、仲丁醇、叔丁醇、蓝色石蕊试纸、饱和的碳酸氢钠溶液、0.2mol/L 苯酚溶液、0.2mol/L 邻苯二酚、0.2mol/L 苯甲醇、饱和溴水、0.17mol/L 重铬酸

钾溶液、0.06mol/L 三氯化铁溶液。

【实验内容及方法】

1. 醇的化学性质

(1) 醇与金属钠的反应：取干燥试管 1 支，加入无水乙醇 1ml，用镊子取绿豆大小金属钠 1 粒，用滤纸吸干表面煤油，放入试管中，观察有无气体产生。用拇指按住试管口，待生成较多气体时，用点燃的火柴接近管口，有无爆鸣声。当钠完全溶解后、冷却，在试管内凝成固体。然后滴加水直到固体消失，再滴入 1 滴酚酞试液，观察并解释发生的变化，写出有关的化学方程式。

(2) 醇的氧化反应：取试管 3 支，分别加入正丁醇、仲丁醇、叔丁醇 10 滴，再取试管 1 支，加 10 滴蒸馏水作为对照。然后各加入 1.5mol/L 硝酸 1ml，0.17mol/L 重铬酸钾溶液 3~4 滴，振摇，观察并解释发生的变化，写出有关的化学方程式。

(3) 多元醇与氢氧化铜的反应：取试管 1 支，加入 2.5mol/L 氢氧化钠溶液和 0.3mol/L 硫酸铜溶液制得氢氧化铜沉淀。用滴管移去上部清液，将沉淀液分为 2 支试管，在其中的一支试管中加入甘油 15 滴，另一支试管中加入乙醇 15 滴，用力振荡，观察各有何现象。说明原因，写出有关的化学方程式。

2. 苯酚的化学性质

(1) 苯酚的弱酸性试验：取蓝色石蕊试纸一小片，放在表面皿上，用蒸馏水湿润，在试纸上加 1 滴 0.2mol/L 苯酚溶液，观察并解释发生的变化。另取试管 2 支，各加苯酚少许和水 1ml，振摇，观察现象。在其中的一支试管中加入 2.5mol/L 氢氧化钠溶液数滴，振摇，观察现象；往另一支试管中加入饱和的碳酸氢钠溶液 1ml，振摇，观察并解释现象，写出有关化学方程式。

(2) 苯酚与溴水的反应：在试管中加 0.2mol/L 苯酚溶液 2 滴，逐滴加入饱和溴水，振摇，直至白色沉淀生成，观察并解释现象，写出有关化学方程式。

(3) 苯酚与三氯化铁反应：取试管 3 支，分别加 0.2mol/L 苯酚溶液，0.2mol/L 邻苯二酚溶液，0.2mol/L 苯甲醇 10 滴，再各加 0.06mol/L 三氯化铁溶液 1 滴，振摇，观察并解释现象，写出有关化学方程式。

【思考题】

1. 伯醇、仲醇和叔醇的氧化反应现象有何不同？
2. 为什么具有邻羟基的多元醇能溶解氢氧化铜而一元醇不能？
3. 苯酚为什么溶于氢氧化钠溶液而不溶于碳酸氢钠溶液？

(张彩霞)

实验五　醛和酮的性质

【实验目的】
1. 观察醛、酮的化学反应，认识醛、酮的分子结构与化学性质的关系。
2. 掌握醛、酮的化学性质及其鉴别方法。

【实验原理】
　　醛、酮分子中都含有羰基，所以具有相似的化学性质，主要表现在能与氢发生加成。因它们结构上又有差异，所以化学性质有所不同。在一般反应中，醛比酮更活泼，某些反应只有醛能发生，如醛能与托(土)伦试剂、斐林试剂、希夫试剂反应，而酮则不能与之反应。

丙酮在碱性溶液中能与亚硝酰铁氰化钠作用显紫红色,此反应可检验丙酮的存在。

【实验用品】

1. 仪器　试管、烧杯、恒温箱、酒精灯、铁架台、石棉网、试管架。

2. 药品　乙醛、丙酮、苯甲醛、2mol/L氨水、1mol/L氢氧化钠溶液、0.1mol/L硝酸银溶液、希夫试剂、斐林试剂(甲、乙)、亚硝酰铁氰化钠溶液。

【实验内容及方法】

1. 醛和酮的还原性比较

(1) 与托(土)伦试剂的反应:取一支洁净的试管,在其中加入0.1mol/L硝酸银溶液1ml,边振荡边滴加2mol/L氨水,直到生成的氧化银沉淀恰好溶解为止(氨水切勿过量),所得澄清溶液即为土伦试剂。将托(土)伦试剂分别等装于2支洁净的试管中,然后分别加入乙醛、丙酮溶液各5滴,摇匀,放在60℃的水浴中加热数分钟,观察并解释发生的现象,写出有关的化学方程式。

(2) 与斐林试剂反应:取一支洁净的大试管,在其中加入斐林试剂甲溶液和乙液液各2ml,混匀后所得蓝色溶液即为斐林试剂。将制得的斐林试剂分装于2支洁净的试管中,分别加入乙醛、丙酮各5滴,振摇,放在沸水浴中加热3~5min,观察并解释发生的现象,写出有关的化学方程式。

(3) 与希夫试剂的反应:取2支试管,各加希夫试剂1ml,然后分别加入乙醛、丙酮各5滴,振荡混匀,观察并解释发生的现象,写出有关的化学方程式。

2. 丙酮的检验　取一支洁净的试管,在其中加入丙酮2ml,然后加入0.05mol/L亚硝酰铁氰化钠10滴,再加入1mol/L氢氧化钠溶液5滴,观察有何现象发生。

进行银镜反应的注意事项:在配制托(土)伦试剂时应加入1~2滴氢氧化钠溶液,使溶液呈碱性,因为碱性条件下,有利于醛的氧化;试管内壁应十分干净,避免产生黑色的银细粒而不是形成银镜。氨水加入量应以沉淀消失为准,过多的氨水影响实验结果;反应物不能直接用明火加热,反应完毕,应加入硝酸少许,将银镜洗去,否则成爆炸性的雷酸银。

【思考题】

1. 醛、酮的化学性质有哪些不同?根据你所学的知识,归纳总结醛、酮的鉴别方法。

2. 如何配制托(土)伦试剂?银镜反应时应注意什么?

3. 斐林试剂为何要临时配制?哪类物质可发生斐林反应?

(张彩霞)

实验六　羧酸和酯的性质

【实验目的】

1. 认识羧酸和取代羧酸的一般性质,会制取乙酸乙酯。

2. 掌握油脂的皂化反应,加深对油脂性质的理解。

3. 通过观察油脂的乳化,进一步理解人体内胆汁酸盐的生理作用。

【实验用品】

1. 仪器　试管、烧杯、酒精灯、三角铁架、石棉网、试管架、试管夹、玻璃棒、点滴板、带导管橡皮塞。

2. 药品　1mol/L 醋酸、1mol/L 草酸、1mol/L 氢氧化钠、广泛 pH 试纸、冰醋酸、蓝色石蕊试纸、无水碳酸钠、无水乙醇、澄清石灰水、浓硫酸、苯甲酸、植物油、动物脂肪、乙醇、饱和食盐水、1.5mol/L 硫酸、6mol/L 氢氧化钠溶液、0.3mol/L 硫酸铜溶液、2.5mol/L 氢氧化钠溶液、洗涤剂。

【实验内容与步骤】

1. 羧酸的酸性

(1) 与酸碱指示剂作用：在点滴板的凹穴中，分别滴入 1mol/L 醋酸 和 1mol/L 草酸各 2 滴，用广泛 pH 试纸测其近似 pH。

(2) 与碱反应：取试管一支，盛苯甲酸晶体少许，加蒸馏水 1ml，振荡，在苯甲酸浑浊液中滴入 1mol/L 氢氧化钠数滴至溶液澄清，试写出化学方程式。

(3) 与碳酸盐反应：取试管一支，加少量无水碳酸钠，再滴入 1mol/L 醋酸数滴，有何现象，试写出化学方程式。

(4) 羧酸的酯化：取干燥试管一支，加入无水乙醇 2ml 和冰醋酸 20 滴，再缓慢加入浓硫酸 10 滴，边加边振荡，混匀后，按实验图 5 把装置连接好，导管口距饱和碳酸钠液面 1~2mm，用小火加热 3~5min 后停止加热。取下盛饱和碳酸钠溶液的试管，观察饱和碳酸钠溶液液面上生成物的状态和颜色，闻其气味。写出化学反应方程式。

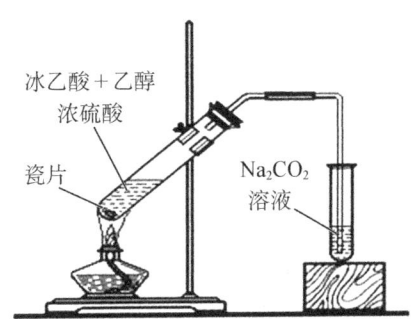

实验图 5　乙酸乙酯的制备

2. 油脂的乳化　取一支洁净的试管，在其中加入 2ml 水，5 滴植物油，充分振荡后，观察有什么现象发生。静置片刻后，可发现什么现象。再向试管中加入洗涤剂，充分振荡，观察发生的现象。解释原因。

3. 油脂的皂化　取一支洁净的试管，加入少许动物脂肪，20 滴乙醇，6mol/L 氢氧化钠溶液 20 滴，振摇使其充分混合。把试管放在沸水浴中，边加热边振摇，5min 后试管内容物混合均匀，皂化反应完成。取出试管，加入 10ml 热的饱和食盐水，搅拌，肥皂浮于表面，冷却后，过滤。集取肥皂，保留滤液，做以下实验。

(1) 取少许肥皂，放入试管中，加 2ml 蒸馏水，加热振荡使其溶解。滴加 1.5mol/L 的硫酸，振荡使溶液呈酸性，观察并解释实验结果。

(2) 取滤液，加入新制的氢氧化铜絮状沉淀（用 2.5mol/L 氢氧化钠溶液与 0.3mol/L 硫酸铜溶液各 5 滴混合而成），振摇，观察并解释所发生的变化。

【思考题】

1. 二元羧酸比一元羧酸易脱羧，为什么？
2. 制取酯时，接收器中盛有饱和碳酸钠溶液，为什么？

(张彩霞)

实验七　糖类化合物的性质

【实验目的】

1. 熟练进行糖类化合物的鉴别。

2. 进一步练习点滴板、试管、滴管和水浴加热等基本操作。

【实验用品】

1. 仪器 试管、烧杯、酒精灯、石棉网、试管架、点滴板、吸管、试管夹、表面皿。

2. 药品:0.5mol/L 葡萄糖、0.5mol/L 果糖、0.5mol/L 麦芽糖、0.5mol/L 蔗糖、20g/L 淀粉、10g/L $AgNO_3$、50g/L NaOH、0.2mol/L $NH_3 \cdot H_2O$、班氏试剂、浓硫酸、碘试液。

【实验内容及方法】

1. 糖的还原性

(1)与托(土)伦试剂的反应:在一试管内加入 2ml 10g/L $AgNO_3$,加 1 滴 50g/L NaOH,逐滴加入 0.2mol/L $NH_3 \cdot H_2O$ 使沉淀刚好消失为止,即得土伦试剂。另取 5 支试管,分别加入 5 滴 0.5mol/L 葡萄糖、0.5mol/L 果糖、0.5mol/L 麦芽糖、0.5mol/L 蔗糖、20g/L 淀粉,然后各加入 10 滴土伦试剂,放在 60℃ 的热水浴中加热数分钟,观察并解释发生的变化。

(2)与班氏试剂反应:取 5 支试管,各加入 1ml 班氏试剂,放在水浴中微热,再分别加入 5 滴 0.5mol/L 葡萄糖、果糖、麦芽糖、蔗糖和 20g/L 淀粉溶液,摇匀,放在 50~60℃ 的热水浴中加热 2~3min,观察并解释发生的变化。

2. 淀粉遇碘的反应 在试管里滴加 1ml 20g/L 淀粉溶液,然后往试管里滴入 1 滴碘试液,振摇,观察颜色变化;再将此溶液稀释到淡蓝色,加热,再冷却,观察变化并加以解释。

3. 蔗糖和淀粉的水解

(1)蔗糖的水解:取 2 支洁净的大试管,各加入 1ml 0.5mol/L 蔗糖,一支中加 1 滴浓硫酸,摇匀,然后放在沸水浴中加热 5~10min,冷却后滴入 50g/L NaOH 至溶液呈碱性后,再各加入 10 滴班氏试剂,加热,观察两试管各有何现象发生,并加以解释。

(2)淀粉的水解:取一支大试管,加入 3ml 20g/L 淀粉溶液,再加 2 滴浓硫酸,振摇,置沸水浴中加热 5min。每隔 1~2min 用滴管吸取溶液 1 滴,置点滴板的凹穴里,滴入碘试液 1 滴并注意观察,直至用碘试液检验不再呈现颜色时停止加热。然后取出试管,滴加 50g/L 的 NaOH 溶液中和至溶液呈碱性为止。取此溶液 2ml 于另一试管中,加入班氏试剂 1ml,加热后观察有何现象发生。说明原因并写出有关的化学方程式。

【思考题】

1. 怎样证明某淀粉溶液已经完全水解?淀粉水解后要用氢氧化钠中和至碱性,再加班氏试剂,这是为什么?

2. 怎样检验葡萄、苹果、蜂蜜中含有葡萄糖?

(张彩霞)

实验八 蛋白质

【实验目的】

1. 初步学会鸡蛋白溶液分段盐析的实验操作。
2. 会用蛋白质的颜色反应来鉴别蛋白质。
3. 会进行蛋白质变性的实验操作。

【实验器材和试剂】

试管、试管架、试管夹、漏斗、漏斗架、滤纸、剪刀、酒精灯、量筒、玻璃棒、火柴、烧杯。

鸡蛋白溶液、鸡蛋白 NaCl 溶液、饱和硫酸铵溶液、硫酸铵、药用酒精、浓硝酸、浓氨水、20g/L 醋酸铅、0.1mol/L 硝酸银、0.1mol/L 氢氧化钠、0.1mol/L 硫酸铜。

【实验内容与步骤】

1. 蛋白质的盐析　取大试管一支,加入鸡蛋清 NaCl 溶液及饱和硫酸铵溶液各 5ml,振荡后静置 5min,观察是否析出球蛋白,说明原因。取上述浑浊液 1ml 于另一支试管中,加蒸馏水 3ml,振荡,观察析出的球蛋白是否重新溶解,说明原因。

将剩余浑浊液用滤纸过滤,取澄清液 2ml,加入硫酸铵,直至不再溶解为止,观察析出的白蛋白是否重新溶解,说明原因。

2. 蛋白质的变性

(1) 乙醇对蛋白质的作用:取试管 1 支,加鸡蛋白溶液 1ml,沿试管壁加乙醇 20 滴,观察两液面处有无浑浊,说明原因。

(2) 重金属盐对蛋白质的作用:取试管 2 支,各加入鸡蛋白溶液 1ml,向第一支试管中滴入硝酸银溶液 5 滴,向第二支试管中滴入醋酸铅溶液 5 滴,观察现象,说明原因。再往上述两支试管中各加入蒸馏水 3ml,振荡,观察沉淀是否溶解,为什么。

(3) 加热对蛋白质的作用:取试管 1 支,加鸡蛋白溶液 2ml,用酒精灯加热,有何现象,说明原因。

3. 蛋白质的颜色反应

(1) 缩二脲反应:取试管 1 支,加入鸡蛋白溶液和氢氧化钠溶液各 2ml,再滴入硫酸铜溶液 3 滴,振荡,溶液呈什么颜色,说明原因。

(2) 黄蛋白反应:取试管 2 支,加入鸡蛋白溶液 1ml,浓硝酸 5 滴,有何现象。将此试管在酒精灯上加热,又有何现象。冷却后,加浓氨水 1ml,观察颜色变化。

(张彩霞)

《医学化学基础》数字化辅助教学资料

一、网络教学资料

1. 网址 www.ecsponline.com/topic.php?topic_id=29
2. 内容

(1) 教学大纲及学时安排

(2) 教学用PPT课件

二、手机版数字化辅助学习资料

1. 网址(二维码)

2. 内容

(1) 知识点/考点标注及正确答案

(2) 练习题:每本教材一套,含问答题、填空题、选择题等多种形式

(3) 模拟试卷

三、相关选择题答案

第2章 物质结构和元素周期律

1. C   2. B   3. A   4. C   5. A   6. C   7. D   8. B   9. B   10. C
11. C   12. B   13. D

第3章 溶液

1. C   2. D   3. C   4. D   5. A   6. B   7. A   8. A   9. A   10. D

第4章 电解质溶液

1. B   2. C   3. C   4. A   5. C   6. A   7. B   8. D   9. C   10. B
11. D   12. C   13. A   14. C   15. A   16. D   17. A   18. A   19. A   20. D
21. C   22. B   23. D   24. B   25. B   26. C   27. C   28. A   29. A   30. C
31. C   32. D   33. B   34. B   35. A   36. D   37. B

第6章 烃

1. A   2. D   3. D   4. C   5. C   6. D   7. D   8. B   9. D   10. C
11. D   12. A   13. C   14. C   15. A   16. B   17. A   18. B   19. A   20. C

第7章 醇、酚和醚

1. C   2. B   3. D   4. B   5. D   6. C   7. D   8. B   9. B   10. C
11. B   12. A   13. C   14. D   15. C

第8章 醛和酮

1. C   2. B   3. D   4. A   5. B   6. A   7. C   8. B   9. B   10. A

第9章 羧酸及取代羧酸

1. B   2. B   3. D   4. A   5. D   6. B   7. B   8. A   9. D   10. C

11.B 12.D 13.D 14.B 15.B 16.B 17.A 18.B 19.D 20.A
21.D 22.B 23.D 24.D 25.B 26.D 27.B 28.B 29.C

第12章 酯和脂类
1.D 2.A 3.D 4.A 5.B 6.C 7.B 8.C 9.D 10.D
11.D 12.D 13.C 14.B 15.D 16.A 17.C 18.B 19.A 20.C
21.C 22.D 23.A 24.C 25.C

第13章 糖类
1.C 2.D 3.A 4.B 5.B 6.A 7.B 8.A 9.D 10.D
11.B 12.D 13.D 14.D 15.C 16.A 17.A 18.D 19.C 20.C
21.C 22.A 23.D 24.A 25.C 26.C 27.C 28.C 29.D 30.C

第14章 氨基酸和蛋白质
1.C 2.D 3.C 4.C 5.B 6.A 7.A 8.C 9.D 10.B